中华优秀传统文化在现代管理中的创造性转化与创新性发展工程
"中华优秀传统文化与现代管理融合"丛书

人本管理会计

王俊清◎著

企业管理出版社
ENTERPRISE MANAGEMENT PUBLISHING HOUSE

图书在版编目（CIP）数据

人本管理会计 / 王俊清著. -- 北京 ：企业管理出
版社，2025．4．--（"中华优秀传统文化与现代管理融
合"丛书）. -- ISBN 978-7-5164-3262-4

Ⅰ．F275.2

中国国家版本馆CIP数据核字第2025JV8660号

书　　名：人本管理会计

书　　号：ISBN 978-7-5164-3262-4

作　　者：王俊清

责任编辑：陈　戈　周灵均

特约设计：李晶晶

出版发行：企业管理出版社

经　　销：新华书店

地　　址：北京市海淀区紫竹院南路17号　　邮　　编：100048

网　　址：http://www.emph.cn　　　　电子信箱：2508978735@qq.com

电　　话：编辑部（010）68701408　　发行部（010）68417763　68414644

印　　刷：北京联兴盛业印刷股份有限公司

版　　次：2025年4月第1版

印　　次：2025年4月第1次印刷

开　　本：710mm×1000mm　1/16

印　　张：23

字　　数：285千字

定　　价：128.00元

编 委 会

序　一

/

以中华优秀传统文化为源　启中国式现代管理新篇

　　中华优秀传统文化形成于中华民族漫长的历史发展过程中，不断被创造和丰富，不断推陈出新、与时俱进，成为滋养中国式现代化的不竭营养。它包含的丰富哲学思想、价值观念、艺术情趣和科学智慧，是中华民族的宝贵精神矿藏。党的十八大以来，以习近平同志为核心的党中央高度重视中华优秀传统文化的创造性转化和创新性发展。习近平总书记指出"中华优秀传统文化是中华民族的精神命脉，是涵养社会主义核心价值观的重要源泉，也是我们在世界文化激荡中站稳脚跟的坚实根基"。

　　管理既是人类的一项基本实践活动，也是一个理论研究领域。随着社会的发展，管理在各个领域变得越来越重要。从个体管理到组织管理，从经济管理到政务管理，从作坊管理到企业管理，管理不断被赋予新的意义和充实新的内容。而在历史进程中，一个国家的文化将不可避免地对管理产生巨大的影响，可以说，每一个重要时期的管理方式无不带有深深的文化印记。随着中国步入新时代，在管理领域实施中华优秀传统文化的创造性转化和创新性发展，已经成为一项应用面广、需求量大、题材丰富、潜力巨大的工作，在一些重要领域可能产生重大的理论突破和丰硕的实践成果。

第一，中华优秀传统文化中蕴含着丰富的管理思想。中华优秀传统文化源远流长、博大精深，在管理方面有着极为丰富的内涵等待提炼和转化。比如，儒家倡导"仁政"思想，强调执政者要以仁爱之心实施管理，尤其要注重道德感化与人文关怀。借助这种理念改善企业管理，将会推进构建和谐的组织人际关系，提升员工的忠诚度，增强其归属感。又如，道家的"无为而治"理念延伸到今天的企业管理之中，就是倡导顺应客观规律，避免过度干预，使组织在一种相对宽松自由的环境中实现自我调节与发展，管理者与员工可各安其位、各司其职，充分发挥个体的创造力。再如，法家的"法治"观念启示企业管理要建立健全规章制度，以严谨的体制机制确保组织运行的有序性与规范性，做到赏罚分明，激励员工积极进取。可以明确，中华优秀传统文化为现代管理提供了多元的探索视角与深厚的理论基石。

第二，现代管理越来越重视文化的功能和作用。现代管理是在人类社会工业化进程中产生并发展的科学工具，对人类经济社会发展起到了至关重要的推进作用。自近代西方工业革命前后，现代管理理念与方法不断创造革新，在推动企业从传统的小作坊模式向大规模、高效率的现代化企业，进而向数字化企业转型的过程中，文化的作用被空前强调，由此衍生的企业使命、愿景、价值观成为企业发展最为强劲的内生动力。以文化引导的科学管理，要求不仅要有合理的组织架构设计、生产流程优化等手段，而且要有周密的人力资源规划、奖惩激励机制等方法，这都极大地增强了员工在企业中的归属感并促进员工发挥能动作用，在创造更多的经济价值的同时体现重要的社会价值。以人为本的现代管理之所以在推动产业升级、促进经济增长、提升国际竞争力等方面须臾不可缺少，是因为其体现出企业的使命不仅是获取利润，更要注重社会责任与可持续发展，在环境保护、社会公平等方面发挥积极影响力，推动人类社会向着更加文明、和谐、包容、可持续的方向迈进。今天，管理又面临数字技术的挑战，更加需要更多元的思想基础和文化资源的支持。

第三，中华优秀传统文化与现代管理结合研究具有极强的必要性。随着全球经济一体化进程的加速，文化多元化背景下的管理面临着前所未有的挑战与机遇。一方面，现代管理理论多源于西方，在应用于本土企业与组织时，往往会出现"水土不服"的现象，难以充分契合中国员工与生俱来的文化背景与社会心理。中华优秀传统文化所蕴含的价值观、思维方式与行为准则能够为现代管理面对中国员工时提供本土化的解决方案，使其更具适应性与生命力。另一方面，中华优秀传统文化因其指导性、亲和性、教化性而能够在现代企业中找到新的传承与发展路径，其与现代管理的结合能够为经济与社会注入新的活力，从而实现优秀传统文化在企业管理实践中的创造性转化和创新性发展。这种结合不仅有助于提升中国企业与组织的管理水平，增强文化自信，还能够为世界管理理论贡献独特的中国智慧与中国方案，促进不同文化的交流互鉴与共同发展。

近年来，中国企业在钢铁、建材、石化、高铁、电子、航空航天、新能源汽车等领域通过锻长板、补短板、强弱项，大步迈向全球产业链和价值链的中高端，成果显著。中国企业取得的每一个成就、每一项进步，离不开中国特色现代管理思想、理论、知识、方法的应用与创新。中国特色的现代管理既有"洋为中用"的丰富内容，也与中华优秀传统文化的"古为今用"密不可分。

　　"中华优秀传统文化与现代管理融合"丛书（以下简称"丛书"）正是在这一时代背景下应运而生的，旨在为中华优秀传统文化与现代管理的深度融合探寻路径、总结经验、提供借鉴，为推动中国特色现代管理事业贡献智慧与力量。

　　"丛书"汇聚了中国传统文化学者和实践专家双方的力量，尝试从现代管理领域常见、常用的知识、概念角度细分开来，在每个现代管理细分领域，回望追溯中华优秀传统文化中的对应领域，重在通过有强大生命力的思想和智慧精华，以"古今融会贯通"的方式，进行深入研究、探索，以期推出对我国现代管理有更强滋养力和更高使用价值的系列成果。

　　文化学者的治学之道，往往是深入研究经典文献，挖掘其中蕴含的智慧，并对其进行系统性的整理与理论升华。据此形成的中华优秀传统文化为现代管理提供了深厚的文化底蕴与理论支撑。研究者从浩瀚典籍中梳理出优秀传统文化在不同历史时期的管理实践案例，分析其成功经验与失败教训，为现代管理提供了宝贵的历史借鉴。

　　实践专家则将传统文化理念应用于实际管理工作中，通过在企业或组织内部开展文化建设、管理模式创新等实践活动，检验传统文化在现代管理中的可行性与有效性，并根据实践反馈不断调整与完善应用方法。他们从企业或组织运营的微观层面出发，为传统文化与现代管理的结合提供了丰富的实践经验与现实案例，使传统文化在现代管理中的应用更具操作性与针对性。

　　"丛书"涵盖了从传统文化与现代管理理论研究到不同行业、不同领域应用实践案例分析等多方面内容，形成了一套较为完整的知识体系。"丛书"不仅是研究成果的结晶，更可看作传播中华优秀传统文化与现代管理理念的重要尝试。还可以将"丛书"看作一座丰富的知识宝库，它全方位、多层次地为广大读者提供了中华优秀传统文化在现代管理中应用与发展的工具包。

可以毫不夸张地说，每一本图书都凝聚着作者的智慧与心血，或是对某一传统管理思想在现代管理语境下的创新性解读，或是对某一行业或领域运用优秀传统文化提升管理效能的深度探索，或是对传统文化与现代管理融合实践中成功案例与经验教训的详细总结。"丛书"通过文字的力量，将传统文化的魅力与现代管理的智慧传递给广大读者。

在未来的发展征程中，我们将持续深入推进中华优秀传统文化在现代管理中的创造性转化和创新性发展工作。我们坚信，在全社会的共同努力下，中华优秀传统文化必将在现代管理的广阔舞台上绽放出更加绚丽多彩的光芒。在中华优秀传统文化与现代管理融合发展的道路上砥砺前行，为实现中华民族伟大复兴的中国梦做出更大的贡献！

是为序。

朱宏任

中国企业联合会、中国企业家协会

党委书记、常务副会长兼秘书长

序　二

/

文化传承　任重道远

财政部国资预算项目"中华优秀传统文化在现代管理中的创造性转化与创新性发展工程"系列成果——"中华优秀传统文化与现代管理融合"丛书和读者见面了。

一

这是一组可贵的成果，也是一组不够完美的成果。

说她可贵，因为这是大力弘扬中华优秀传统文化（以下简称优秀文化）、提升文化自信、"振民育德"的工作成果。

说她可贵，因为这套丛书汇集了国内该领域一批优秀专家学者的优秀研究成果和一批真心践行优秀文化的企业和社会机构的卓有成效的经验。

说她可贵，因为这套成果是近年来传统文化与现代管理有效融合的规模最大的成果之一。

说她可贵，还因为这个项目得到了财政部、国务院国资委、中国企业联合会等部门的宝贵指导和支持，得到了许多专家学者、企业家等朋友的无私帮助。

说她不够完美，因为学习践行传承发展优秀文化永无止境、永远在进步完善的路上，正如王阳明所讲"善无尽""未有止"。

说她不够完美，因为优秀文化在现代管理的创造性转化与创新性发展中，还需要更多的研究专家、社会力量投入其中。

说她不够完美，还因为在践行优秀文化过程中，很多单位尚处于摸索阶段，且需要更多真心践行优秀文化的个人和组织。

当然，项目结项时间紧、任务重，也是一个逆向推动的因素。

二

2022年，在征求多位管理专家和管理者意见的基础上，我们根据有关文件精神和要求，成立专门领导小组，认真准备，申报国资预算项目"中华优秀传统文化在现代管理中的创造性转化与创新性发展工程"。经过严格的评审筛选，我们荣幸地获准承担该项目的总运作任务。之后，我们就紧锣密鼓地开始了调研工作，走访研究机构和专家，考察践行优秀文化的企业和社会机构，寻找适合承担子项目的专家学者和实践单位。

最初我们的计划是，该项目分成"管理自己""管理他人""管理事务""实践案例"几部分，共由60多个子项目组成；且主要由专家学者的研究成果专著组成，再加上几个实践案例。但是，在调研的初期，我们发现一些新情况，于是基于客观现实，适时做出了调整。

第一，我们知道做好该项目的工作难度，因为我们预想，在优秀文化和现代管理两个领域都有较深造诣并能融会贯通的专家学者不够多。在调研过程中，我们很快发现，实际上这样的专家学者比我们预想的更少。与此同时，我们在广东等地考察调研过程中，发现有一批真心践行优秀文化的企业和社会机构。经过慎重研究，我们决定适当提高践行案例比重，研究专著占比适当降低，但绝对数不一定减少，必要时可加大自有资金投入，支持更多优秀项目。

第二，对于子项目的具体设置，我们不执着于最初的设想，固定甚至限制在一些话题里，而是根据实际"供给方"和"需求方"情况，实事求是地做必要的调整，旨在吸引更多优秀专家、践行者参与项目，支持更多优秀文化与现代管理融合的优秀成果研发和实践案例创作的出版宣传，以利于文化传承发展。

第三，开始阶段，我们主要以推荐的方式选择承担子项目的专家、企业和社会机构。运作一段时间后，考虑到这个项目的重要性和影响力，我们觉得应该面向全社会吸纳优秀专家和机构参与这个项目。在请示有关方面同意后，我们于2023年9月开始公开征集研究人员、研究成果和实践案例，并得到了广泛响应，许多人主动申请参与承担子项目。

三

这个项目从开始就注重社会效益，我们按照有关文件精神，对子项目研发创作提出了不同于一般研究课题的建议，形成了这个项目自身的特点。

（一）重视情怀与担当

我们很重视参与项目的专家和机构在弘扬优秀文化方面的情怀和担当，比如，要求子项目承担人"发心要正，导人向善""充分体现优秀文化'优秀'二字内涵，对传统文化去粗取精、去伪存真"等。这一点与通常的课题项目有明显不同。

（二）子项目内容覆盖面广

一是众多专家学者从不同角度将优秀文化与现代管理有机融合。二是在确保质量的前提下，充分考虑到子项目的代表性和示范效果，聚合了企业、学校、社区、医院、培训机构及有地方政府背景的机构；其他还有民间传统智慧等内容。

（三）研究范式和叙述方式的创新

我们提倡"选择现代管理的一个领域，把与此密切相关的优秀文化高度融合、打成一片，再以现代人喜闻乐见的形式，与选择的现代管理领域实现融会贯通"，在传统文化方面不局限于某人、某家某派、某经典，以避免顾此失彼、支离散乱。尽管在研究范式创新方面的实际效果还不够理想，有的专家甚至不习惯突破既有的研究范式和纯学术叙述方式，但还是有很多子项目在一定程度上实现了研究范式和叙述方式的创新。另外，在创作形式上，我们尽量发挥创作者的才华智慧，不做形式上的硬性要求，不因形式伤害内容。

（四）强调本体意识

"本体观"是中华优秀传统文化的重要标志，相当于王阳明强调的"宗旨"和"头脑"。两千多年来，特别是近现代以来，很多学者在认知优秀文化方面往往失其本体，多在细枝末节上下功夫；于是，著述虽多，有的却如王阳明讲的"不明其本，而徒事其末"。这次很多子项目内容在优秀文化端本清源和体用一源方面有了宝贵的探索。

（五）实践丰富，案例创新

案例部分加强了践行优秀文化带来的生动事例和感人故事，给人以触动和启示。比如，有的地方践行优秀文化后，离婚率、刑事案件大幅度下降；有家房地产开发商，在企业最困难的时候，仍将大部分现金支付给建筑商，说"他们更难"；有的企业上新项目时，首先问的是"这个项目有没有公害？""符不符合国家发展大势？""能不能切实帮到一批人？"；有家民营职业学校，以前不少学生素质不高，后来他们以优秀文化教化学生，收到良好效果，学生素质明显提高，有的家长流着眼泪跟校长道谢："感谢学校救了我们全家！"；等等。

四

调研考察过程也是我们学习总结反省的过程。通过调研，我们学到了许多书本中学不到的东西，收获了满满的启发和感动。同时，我们发现，在学习阐释践行优秀文化上，有些基本问题还需要进一步厘清和重视。试举几点：

（一）"小学"与"大学"

这里的"小学"指的是传统意义上的文字学、音韵学、训诂学等，而"大学"是指"大学之道在明明德"的大学。现在，不少学者特别是文史哲背景的学者，在"小学"范畴苦苦用功，做出了很多学术成果，还需要在"大学"修身悟本上下功夫。陆九渊说："读书固不可不晓文义，然只以晓文义为是，只是儿童之学，须看意旨所在。"又说"血脉不明，沉溺章句何益？"

（二）王道与霸道

霸道更契合现代竞争理念，所以更为今人所看重。商学领域的很多人都偏爱霸道，认为王道是慢功夫、不现实，霸道更功利、见效快。孟子说："仲尼之徒无道桓、文之事者。"（桓、文指的是齐桓公和晋文公，春秋著名两霸）王阳明更说这是"孔门家法"。对于王道和霸道，王阳明在其"拔本塞源论"中有专门论述："三代之衰，王道熄而霸术焰……霸者之徒，窃取先王之近似者，假之于外，以内济其私己之欲，天下靡然而宗之，圣人之道遂以芜塞。相仿相效，日求所以富强之说，倾诈之谋，攻伐之计……既其久也，斗争劫夺，不胜其祸……而霸术亦有所不能行矣。"

其实，霸道思想在工业化以来的西方思想家和学者论著中体现得很多。虽然工业化确实给人类带来了福祉，但是也带来了许多不良后果。联合国《未来契约》（2024年）中指出："我们面临日益严峻、关乎存亡的灾难性风险"。

（三）小人儒与君子儒

在"小人儒与君子儒"方面，其实还是一个是否明白优秀文化的本体问题。陆九渊说："古之所谓小人儒者，亦不过依据末节细行以自律"，而君子儒简单来说是"修身上达"。现在很多真心践行优秀文化的个人和单位做得很好，但也有些人和机构，日常所做不少都还停留在小人儒层面。这些当然非常重要，因为我们在这方面严重缺课，需要好好补课，但是不能局限于或满足于小人儒，要时刻也不能忘了行"君子儒"。不可把小人儒当作优秀文化的究竟内涵，这样会误己误人。

（四）以财发身与以身发财

《大学》讲："仁者以财发身，不仁者以身发财"。以财发身的目的是修身做人，以身发财的目的是逐利。我们看到有的身家亿万的人活得很辛苦、焦虑不安，这在一定意义上讲就是以身发财。我们在调查过程中也发现有的企业家通过学习践行优秀文化，从办企业"焦虑多""压力大"到办企业"有欢喜心"。王阳明说："常快活便是功夫。""有欢喜心"的企业往往员工满足感、幸福感更强，事业也更顺利，因为他们不再贪婪自私甚至损人利己，而是充满善念和爱心，更符合天理，所谓"得道者多助"。

（五）喻义与喻利

子曰："君子喻于义，小人喻于利"。义利关系在传统文化中是一个很重要的话题，也是优秀文化与现代管理融合绕不开的话题。前面讲到的那家开发商，在企业困难的时候，仍坚持把大部分现金支付给建筑商，他们收获的是"做好事，好事来"。相反，在文化传承中，有的机构打着"文化搭台经济唱戏"的幌子，利用人们学习优秀文化的热情，搞媚俗的文化活动赚钱，歪曲了优秀文化的内涵和价值，影响很坏。我们发现，在义利观方面，一是很多情况下把义和利当作对立的两个方面；二是对义利观的认知似乎每况愈下，特别是在西方近代资本主义精神和人性恶假设背景下，对人性恶的利用和鼓励（所谓"私恶即公利"），出现了太多的重利轻义、危害社会的行为，以致产生了联合国《未来契约》中"可持续发展目标的实现岌岌可危"的情况。人类只有树立正确的义利观，才能共同构建人类命运共同体。

（六）笃行与空谈

党的十八大以来，党中央坚持把文化建设摆在治国理政突出位置，全国上下掀起了弘扬中华优秀传统文化的热潮，文化建设在正本清源、守正创新中取得了历史性成就。在大好形势下，有一些个人和机构在真心学习践行优秀文化方面存在不足，他们往往只停留在口头说教、走过场、做表面文章，缺乏真心真实笃行。他们这么做，是对群众学习传承优秀文化的误导，影响不好。

五

文化关乎国本、国运，是一个国家、一个民族发展中最基本、最深沉、最持久的力量。

中华文明源远流长，中华文化博大精深。弘扬中华优秀传统文化任重道远。

"中华优秀传统文化与现代管理融合"丛书的出版，不仅凝聚了子项目承担者的优秀研究成果和实践经验，同事们也付出了很大努力。我们在项目组织运作和编辑出版工作中，仍会存在这样那样的缺点和不足。成绩是我们进一步做好工作的动力，不足是我们今后努力的潜力。真诚期待广大专家学者、企业家、管理者、读者，对我们的工作提出批评指正，帮助我们改进、成长。

企业管理出版社国资预算项目领导小组

前　言

/

　　2024年11月29日，财政部发布了《关于全面深化管理会计应用的指导意见》（财会〔2024〕22号），对管理会计5年和10年的发展目标做出规划。在进一步全面深化改革、推进中国式现代化的进程中，我国经济与全球经济的关系，从全面融入进入积极引领阶段，我国经济将在全球化中发挥越来越重要的作用，这也为我国的管理会计发展提供了有力支撑，创造了发展机遇。

　　我国的管理会计必将在构建高水平社会主义市场经济体制和健全推动经济高质量发展体制机制下取得长足发展，这是毋庸置疑的。从过去的经验来看，虽然管理会计在我国已经具有一定的实践基础，但管理会计工具体系的深化仍然困难重重。我们要认识到，企业仅仅依靠引入国外的管理会计工具和方法，从"术"的层面来解决中国企业管理中出现的诸多问题，会有收获，但难以治本，因此，仍需要通过实践、探索，不断总结和改进完善，融合中华优秀传统文化，从"道"的层面走出一条独特的管理会计创新之路。

　　管理会计的工具理性和价值理性都是会计理性的组成部分，现实情况却是工具理性的成分越来越多，而价值理性的成分越来越少。对现行财务会计"见物不见人"的批评由来已久，但"见物不见人"的状况不管是财务会计还是管理会计都没有多少改变。企业是由人组成的，管理是借力，这个力主要来源于人而不是资本。工具理性只注重效率，时间就是金钱，效率就是生命，这就导致人自身也被工具化，而价值理性关注人性的世界，一个人文的世界和一个有意义的世界。管理会计的工具理性与价值理性相辅相成，应当让两者平衡发展，单单强调任何一方都是有失偏颇的。

管理会计的工具理性是要正确地做事，而价值理性是要做正确的事。改革开放以来，借鉴西方的科学技术，各行各业充分利用工具理性，实现了跨越式发展。一方面，极大地丰富了广大人民的物质生活；另一方面，因为价值理性存在较大空场，给人们带来了普遍的不安和焦虑。自泰罗创立科学管理 100 多年以来，现代管理发展到现在形成了一整套管理思想和管理体系，对企业管理有着巨大的价值，但是对人而言，现代管理的各种工具终究是"术"，管理会计工具也不例外。传统的管理会计，把人当工具，一线劳动者缺乏职业尊严，成了物本管理会计中的"物"，自然难以形成职业精神。

物本管理会计的战略管理、预算管理、成本管理、营运管理、投融资管理、绩效管理和风险管理等手段是《管理会计应用指引》对管理会计工具理性的重大贡献，将来需要全面深化，服务于企业高质量发展；然而，"有无相生，难易相成，长短相形，高下相倾，音声相和，前后相随"，任何事物都是相对相生，而且相互依存的，有物本管理会计就应有人本管理会计，全面深化管理会计应用需要从"物本管理"转向"人本管理"。

数据资产和智慧资本在价值创造中作用的提升，股东资本主义的式微以及利益相关者资本主义的崛起，公司宗旨也正在发生嬗变，这些都是不争的事实。本书提出的"人本管理会计"，重点研究如何在中国式现代化进程中发展和建立中国管理会计的价值理性，并使之具有普适价值。"大学之道，在明明德，在亲民，在止于至善。"（《大学》）明德是仁心，孟子提出仁心有四个善端，即恻隐、羞恶、辞让、是非。亲民是明明德的途径，进入和体察人民的生活是明明德的唯一途径，推己及人，把平等的关爱拓展到更多的人身上，从而走向最高的善，实现人生的最高目标，也就是达到明明德的目标。学习中华优秀传统文化是为了求道、明道、悟道，《大学》的三纲领，为研究人本管理会计指明了思想方向，而《管子》《孙子兵法》《论语》《道德经》等蕴含着人类管理思想的精髓，将来仍会影响世界管理学的诸多领域，也是激活人本管理会计的时代生命力。

"以人为本"是中国文化的根本精神，人本管理会计的价值理性之"道"，核心应是中华优秀传统文化蕴含的理财思想，人本管理会计的意义离不开经邦济国。"物有本末；德本财末；道善则得之，不善则失之；货悖而入者，亦悖而出。"（《大学》）顺适人性的基本面，在企业伦理的指导下进行制度安排和机制设计，服务于企业商业向善。

人本管理会计发端于中国自主管理会计的研究，要将中华优秀传统文化的智慧与西方现代管理会计理论进行有机结合。历史越悠久，越要看世界，从国际化的视角，创新研究方法和研究范式。应当指出的是，人本管理会计强调以道御术，不是否定传统物本管理会计的工具性，而是把"道"与"术"揉成"一张皮"，这是因为企业的业务一直是变化的，能够保持稳定的唯有它的价值观，管理会计能否发挥应有的作用，能否形成中国的自主管理会计学，取决于管理会计能否形成鲜活的、充满中华人文精神的价值理性。

"物本管理"逐步向"人本管理"发展是管理会计发展的必然趋势。中华文明从古至今都有着卓越的闪光点与创造力，中华文化一脉相承，从物质、精神、制度等多个层面都有所体现，被全世界所认可及效仿。"以人为本""天人合一"，都是对世界文明做出的极大贡献。中国孕育出的管理思想蔚为大观，诸子百家碰撞出极其丰富而深刻的管理思想。"人能弘道，非道弘人。"（《论语·卫灵公》）人本管理会计要把中华优秀传统文化中具有当代价值、世界意义的理财文化精髓提炼出来，提升人的生命质量及对生命的体悟，基于物本管理会计，又超越物本管理会计，用人本逻辑超越资本逻辑，"中魂西制"，形成具有中庸精神的人本管理会计。

管理的真谛归根结底是激发和调动人们对企业的热爱和积极性，谁掌握了以人为中心的理念，谁就掌握了做企业的真谛，企业运营中没有比员工、客户、投资者对企业有信心更重要的事。丹娜·左哈尔提出的量子管理思想，我们认为本质上就是中国式管理，她将每个员工都看作特殊的能量球，放手让员工集体发挥创意，"由下而上"地为公司注入源源不绝的动力。宋志平提出，企业成功与否，最终会归结到一个个真实的"人"——员工、客户及投资者。中国式现代化以及由此引申出的人本管理会计，仅仅依靠管理会计的理论创新是不够的，必须高度重视中国式现代化实践进程中产生的实践思想、实践知识，坚持实务创新，并进行总结和归纳，这也是人本管理会计研究的使命所在。

本书是笔者融合自身 29 年的财务工作经历，在 2019 年辽宁省企业管理进步成果二等奖《数字经济时代创新阿米巴经营模式在技术服务业中的应用》、财政学史与财政文化年会（2024）宣讲论文《中国传统理财思想及重要人物研究》，以及论文《WSR 方法论的中国化管理会计报告研究》（会计之友，2024）的基础上潜心研究，点滴积累，才使本书得以成型。人本管理会计，不是另起炉灶建立新的管理会计分支，也不是将人力资源会计"换汤不换药"地变换名称，而是推陈出新，坚持"以人为本"的根本原则，吸收物本管理会计的精华，把优秀的中国传统理财思想系统地运用到管理会计领域，坚持战略的起点是价值观，用中华人文精神指导深化制度安排和机制设计，进一步转化、突破、发展，从根本上促进物本管理会计的革新发展，进而将会计系统发展成更加适合中国式现代化发展的管理会计系统。

本书共分为八章，第一章主要探讨人本管理会计研究问题与路径，第二章从恒大现象探讨企业伦理建设的迫切性，第三章梳理了人本管理会计的研究，第四章回顾人本管理会计的研究理论，第五章研究人本管理会计的物理维度，第六章研究人本管理会计的事理维度，第七章研究人本管理会计的人理维度，第八章总结人本管理会计的中国实践典型镜像。

恒大集团的财务状况，代表性地反映了在管理会计的工具理性过度扩张而价值理性日渐式微的今天，管理会计正面临价值理性缺失之痛。中国企业要实现高质量发展，不能无视高层管理者变得越来越现实，无休止地追求"财务自由"，而对精神层面的价值理性越来越淡漠的状况。当物质文明发展到一定程度后，人本管理会计的价值理性要比以《管理会计应用指引》为代表的管理会计工具理性的影响和作用更大、更广泛、更深远。中国式现代化需要建立人本管理会计观，面对共同富裕、物质文明和精神文明相协调，以及人与自然和谐共生等新发展理念，企业理财制度要吸纳必要的伦理价值，在管理会计应用工具的制定、执行和评价过程中，引入"商业向善"的伦理判断以及实事求是的基本原则，强调管理会计自身的终极目标或管理会计价值理性的正当性。

人们通常会追求权力、声誉等自身利益的最大化，这是人性的基本面。正如《红楼梦》"正邪两赋"的哲学总纲所言，人性既非本善也非本恶，而是动态的，受到多种因素的影响，但整体终归是邪不压正，因此自由和尊严也是人性的基本面。人活着是为了超越人性，这在知识经济时代表现得尤为明显。企业及其员工具有类量子特性，成功的企业还得靠人，人本管理会计的正义思想要求在企业运营中选对人，顺应人的趋利本性，构建企业伦理，激发人性的活力，解放生产力，以义制利，让大家都以长期主义来创造价值，这是人本管理会计需要关注的根本性问题。

本书算是国内外研究人本管理会计相关方向的较少作品之一。因笔者对 WSR 方法论（物理—事理—人理方法论）和量子管理学的理解不足，且相关参考文献数量有限，即使经历多次修改，书中难免存在疏漏之处，希望同行专家、学者和广大读者予以批评指正。

在撰写本书的过程中，笔者得到了许多专家学者的帮助和指导，参考了大量相关学术文献，在此表示诚挚的谢意。

王俊清

二〇二五年一月

目　录

/

附：研究框架

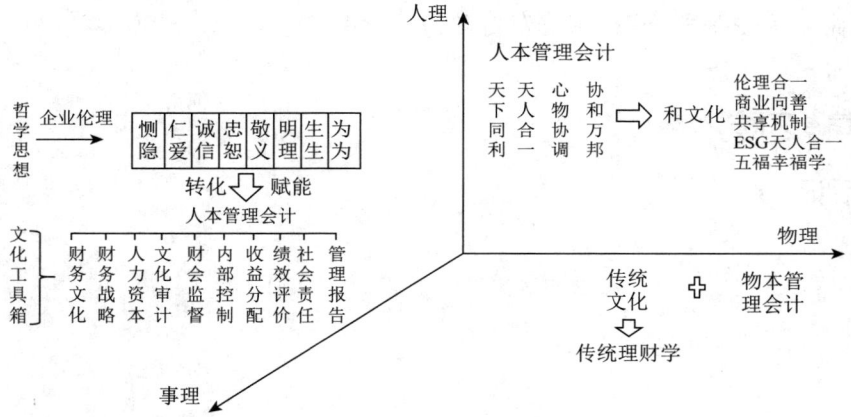

第一章
人本管理会计研究问题与路径

人本主义在东方文明中一直受到特别的重视，在中华文明中更是如此，人本主义提倡"社会的组成应该是人化与物化两者相辅相成、和谐统一"（陈明德等，2017）。人本主义是人本管理会计的标识性概念，人本管理会计中的"人本"即"以人为本"，强调人具有非常高的地位，既是研究的基础，也是研究的核心，中华优秀传统文化强调的"人和""人能弘道，非道弘人"，以及古希腊哲学家普罗泰戈拉提出的"人是万物的尺度"等，都是"以人为本"的体现。

WSR方法论是具有东方特色的方法论，其应用范围非常广泛，尤其是在复杂系统及问题的应用中。该方结论具有以下特点：一是分析起点是三维框架；二是在管理系统中强调整体性和综合性；三是强调人的作用，价值观、人际关系在系统管理中具有重要的作用（赵国杰等，2016）。本书研究采用WSR方法论，以和谐为目标对人本管理会计开展理论分析，从中国哲学思辨视角对其进行研究，是对中国情境下管理会计理论研究的拓展。

——

第一节　研究背景

随着全球经济一体化的深入发展以及我国市场经济的不断完善，会计作为现代经济体系中的"语言"和"信息系统"，其重要性日益凸显，同时又面临前所未有的机遇与挑战。随着新行业、新技术和新商业模式的不断涌现，传统财务报告概念框架难以满足现代会计信息使用者的需求，作为会计工作重要组成部分的管理会计也不例外。在管理实践中，"四平八稳"的科层制管理、"胡萝卜加大棒"式的业绩评价、"日新月异"的预算管理、非黑即白的SWOT分析（一种基于内外部竞争环境和竞争条件的态势分析方法）框架、顾此失彼的平衡计分卡（BSC）等，使管理会计把自己封闭在科学管理体系内修修补补，逐渐陷入困境，甚至连基本的相关性都在快速地遗失。

更严峻的是，传统管理会计根深蒂固的物本思想，以及伦理思想在企业管理中的淡化，使得人类在经济发展的同时也面临前所未有的危机。管理会计的商业向善迫在眉睫。一方面，片面强调利润最大化，容易产生道德虚无主义，使得财务造假等违法行为愈演愈烈；另一方面，股东财富最大化主导的物质文明，造成科技文化和人文文化的失衡，可能引发道德危机。2024年我国完成了对《中华人民共和国会计法》（以下简称《会计法》）的修订，目的在于打击企业以伪造变造凭证、利用关联方虚构交易或第三方配合、滥用会计政策和会计估计等方式实施的财务造假行为，提高处罚力度，增加违法成本，依法严肃问责，这是会计工作在与"法"同行，但是，会计工作也要与"德"同行。

开展人本管理研究，不仅具有学术意义，更有重要的现实意义。管理会计的中国实践必须将延续中华之文脉作为会计文化的重点，并不断发展中华优秀传统理财文化思想，推动中华优秀传统文化的创造性、创新性在管理会计领域的进步与发展。

本书进行的人本管理会计研究，旨在用"中魂西制"的理念，以"中庸"为核心思想，提出人本管理会计的概念与理论框架，以中华人文精神指引企业"天人合一"之"道"，增益西方会计"扬善弃恶"之"术"。

人本管理会计属于人本会计的领域，一直致力于人本会计研究的徐国君教授同他的硕士生和博士生团队，在人本审计、人本会计、人本财务等方向展开了具有人本内涵和特征的相关研究。本研究的不同之处在于选择了"人本管理会计"这一分支，认为中国式现代化的人本会计观是管理会计发展的方针，中国式现代化理念为管理会计发展提供了机遇。以 WSR 方法论研究中华优秀传统文化蕴含的理财伦理思想，分析如何用哲学思想影响管理会计的人本内涵，使价值理性统摄工具理性。"仁者以财发身"，和文化是人本管理会计的文化核心，通过中华优秀传统文化的人文精神平衡重塑管理会计的价值。用"以人为本"的五福思想阐释企业幸福学，并介绍人本管理会计思想的中国优秀企业实践。人本管理会计旨在构建中国特色的自主会计知识体系，具有重要的现实意义。

第二节　研究思想及研究内容

博大精深的中华传统文化，春秋诸子百家以及佛学思想，融汇创造了"以人为本"的独具特色的中华人文精神。人本管理会计的"以人为本"，目的是摆脱心为物役、见物不见人的传统管理会计思想，追溯到人这个原点。一切为了人，一切依靠人，一切发展人，以"正德、利用、厚生、惟和"为人本化理财思想主线，将传统理财思想精华按照人本逻辑线进行集成融合、完善提升，指导传统管理会计的工具性，正视传统文化中漠视个性、忽视个人权利、公权监督难以及过于强调亲情等局限性，从而发展出独具中国特色的实用性管理会计。

一、"经济人"假设的资本逻辑惯性

20世纪初期，由泰罗创立的科学管理是在"经济人"假设的前提下形成的"物本管理"，在"时间研究"和"动作研究"中，人被物化为"经济动物"，附属于机器设备，被当作机器来管理。此时的科学管理是以物本为中心的管理，以追求经济效益为主要目的，没有考虑到人性化的问题。

传统的管理会计就是在"物本管理"情境下产生的。从科学管理提出之后，管理理论与时俱进，20世纪初至20世纪中期出现了由埃尔顿·梅奥等研究者发展的行为科学管理理论，强调人的因素在管理中的重要性。20世纪中叶，彼得·德鲁克提出管理的实践和原则，强调管理者的角色和责任；亨利·明茨伯格提出双因素理论，强调员工对工作内容和工作环境的需求。20世纪后半叶，赫伯特·西蒙提出组织的决策过程和有限理性概念；杰伦·马奎斯提出组织环境的概念，并将组织视为开放的系统，组织理论开始受到重视。20世纪后期至21世纪初，资源基础理论、战略管理理论、学习型组织理论、知识管理理论、创新管理理论等现代管理理论兴起。尽管从管理理论的发展能够看出，在新经济、新时代背景下，充分发挥人的能动作用是对物的潜在价值进行深度开发的前提，即人尽其才（能）是物尽其用的基础，管理会计应当从"物本管理"转向"人本管理"。然而遗憾的是，在企业环境中人附属于物的境遇并没有发生明显的转变。

"经济人"假设形成的资本逻辑存在强大的惯性，甚至无人敢质疑，所以很多人自称"打工人"。如前文所述，自20世纪初科学管理理论诞生至今，管理学实现了飞跃式发展，从"经济人"到"社会人"，再到"知识人"，管理学的思想和体系日趋完善。今天，数字劳动虽然在一定程度上恢复了劳动的自主性和自觉性，但是我们不能忽视被数字资本逻辑操控的数字劳动，实则仍然是通过技术操控实现从对人身体的操控到对人脑力的操控（焦成焕，魏艳平，2024）。如果不破除"经济人"假设下的资本逻辑，可能会使人陷入虚假的自由中，其本质上是对劳动、对人性的背离。

二、研究思想的提出

"人能弘道，非道弘人。"（《论语·卫灵公》）人本管理会计是管理会计创新的趋势。在以中国式现代化为核心的政策制度协调发展的条件下，拓展其时空边界，以中国式现代化为基础，将其融入管理会计体系中，进而形成具有中国特色的管理会计理论与方法体系（冯巧根，2022），不仅有利于丰富、拓展、加深现代化经济体系，也是增强我国管理会计理论自觉、自信的客观追求。余绪缨教授（2005）指出："以中华优秀传统文化为核心的东方智慧是一种以系统观、整体观为主导的思想体系，它以实现整体的优化效应为最高追求目标。"

传统的管理会计在经济学观念的影响下，把人简单地看作"经济人"，但是从管理学的角度来看，除了经济因素以外，社会因素以及人的思想、感情、行为、心理等因素，在管理活动中都应该考虑，因此人本管理会计要把人看作"社会人"。"社会人"的集合体就是企业，人在企业生产经营中占主体地位，必须给予尊重。

人本管理会计发端于中国管理会计研究，其发展重点是将东方传统文化的智慧与西方现代管理的会计理论进行有机结合。历史越悠久，越要看世界，从国际化的视角，创新研究方法和研究范式。人本管理会计必须将研究方向集中于中国企业发展中显著且亟须解决的问题，全面推进人本管理会计的研究发展，争取结出中国管理会计研究硕果（傅元略，2010）。

中国式现代化是推进人的全面发展的历史必由之路，也是马克思主义的本质要求，"物本管理"逐步向"人本管理"发展是管理会计发展的必然趋势。中华文明从古至今都有着卓越的闪光点与创造力，中华文化一脉相承，在物质、精神、制度等多个层面都有所体现，获得了全世界的认可，并被效仿。"以人为本""天人合一"的思想是中华文化对世界文明做出的重大贡献。从古至今，中国孕育出的管理思想博大精深，诸子百家碰撞出极其丰富而深刻的管理思想，涵盖了政治管理、社会管理、军事管理、经济管理和文化管理等各个方面。《管子》《孙子兵法》《论语》《道德经》等是人类管理思想的精髓，至今仍影响着世界管理学的诸多领域。

世界经济学经历了古典经济学、制度经济学阶段，现在进入人本主义经济学阶段。如果说制度经济学重视制度流程和方法，人本主义经济学则重视文化民生和资源环境。中国式现代化在重视经济效益的同时也重视心理契约，坚持民生为大，本研究在现有人本会计研究的基础上，用中国优秀传统理财思想来诠释管理会计的价值观，增强企业的定力，从中国传统理财思想中找到解决当代财务管理问题的方法，不被资本编排命运，牢记企业因德而兴、败德而亡。

新型资本主义投资逻辑的转变带来了收入增长从劳动者转向财产所有者的另一种态势，让金钱流向更加富有的人或是那些拥有升值资产的人，加剧了收入不平等。资本所有者的收入，以及"金融"和"商业"服务业中与资本、资产升值相关的劳动收入直线飙升，要解决这个难题需要经济想象力，也需要道德上和政治上的勇气，这是人本管理会计的使命，也是中国自主会计思想的使命。人本管理会计的研究思想，是在新发展蓝图下基于人性本质的角度探索何以聚人的理财学，由此开启的管理会计自然不仅是一时一地的发财之术，而是面向应用的长期主义理财之道，需要从文化工具箱理论的角度进行人本逻辑研究。需要强调的是，人本管理会计同样具有工具性，是由可以切实指导财务工作的制度安排和机制设计组成的管理会计工具体系。

三、研究内容

造成管理会计被轻视的重要原因之一，在于人们认为它不过是各种管理会计工具的集合体，这些工具花样不断翻新，却又只是昙花一现。人本管理会计系统作为企业组织的价值管理系统，要达到"以人为本"的价值管理境界，对企业组织结构有一定的要求（胡春晖，徐国君，2013）。战略的起点是价值观，人本管理会计思想只有与企业组织结构相匹配，且具有正确的价值观，才能让人本管理会计系统在具体的企业应用中发挥更有效的作用。

本书认为，中华人文精神的经营哲学是人本管理会计的核心，管理会计的工具性本身并没有错，错在把人当作工具的同时，又增加了一种缺乏人文精神的工具来管理人。稻盛和夫创立的阿米巴经营模式之所以能够获得成功，原因在于其所建立的"敬天爱人"哲学，管理会计要有生命力，必须"以人为本"，而不是"以物为本"。

"物有本末，德本财末，道善则得之"，中国经典理财学是中国文化精神与人文智慧在经济方面的体现，是人本管理会计的哲学思想基础。人本会计理论研究的不断深入以及华为技术有限公司（以下简称华为）、海尔集团公司（以下简称海尔）、福耀玻璃工业集团股份有限公司（以下简称福耀）、中国中车集团有限公司（以下简称中车）、中国航天科技集团有限公司（以下简称中国航天）等中国优秀企业的成长，为研究中国式现代化情境下的人本管理会计打下了坚实的基础。"既要金山银山，也要绿水青山"，企业不但要强调经济效益追求，而且要强调社会责任担当，要让员工身心健康。一味地强调狼性文化，在疲惫中创造价值，结果必然是舍本逐末，只能实现短期目标。牺牲员工健康和破坏自然环境的企业，显然不会有"长寿福"。

中国式现代化要求物质文明和精神文明协调发展，因此，不管采用哪种管理都要回归顺其自然的本来状态，因时、因地、因人而异。只有借古鉴今而又心系后代的发展战略与管理模式，才具有发展的生命力。依托数字化发展，减少企业目标与社会要求的冲突，推动企业利益与社会利益的有机结合，使二者长期趋于一致，建设企业伦理，这是人本管理会计研究的重要方向。

本书的研究思路为：通过对恒大集团财务状况反映的企业伦理缺失现象的剖析，在从物理维度充分透视传统物本管理会计的弊端和局限性的基础上，从事理维度以中华优秀传统文化的人文思想，对中国经典理财学进行概念化提炼，切入点为管理会计和伦理学的关系。在分析管理会计伦理属性的基础上，提出管理会计应服务于中国式现代化的发展，从物本管理会计转向人本管理会计，以提升人的生命质量及对生命的体悟为核心，基于物本管理会计，又超越物本管理会计，以文化工具箱理论阐述人本管理会计的主要内涵，最后在人理维度，以"和为贵""中魂西制"思想构建具有中庸精神的中国自主管理会计，形成人本管理会计的本质内核。

四、研究方法

本书以规范研究为主，与应用经验论证方法相结合，采用归纳法、演绎法等方法研究人本管理会计理论体系。

五、研究路径

中国式现代化背景下的人本管理会计必须通过控制手段对资本逻辑实行约束，从法律、制度、道德等不同层面驾驭资本逻辑，以人本逻辑对资本逻辑进行社会主义伦理规约，走一条具有中国特色的社会主义市场经济道路，从而驾驭资本逻辑，最终超越资本逻辑。人本逻辑使人的发展逐步摆脱资本逻辑的控制，不再以满足资本的快速增值为唯一目标，而是将人的主观能动性、人的能力作为目的本身。

（一）人本逻辑对资本逻辑的超越

人本管理会计的基本理财方针是，将共同富裕作为社会主义市场经济的本质要求，也是中国式现代化的重要目标之一，因此人本管理会计以贯彻人本逻辑展开研究。

管理会计制度变迁受到很多因素的影响，如经济环境中组织的变革、技术的发展以及社会观念的改变，中国式现代化目标下的经济环境对我国管理会计制度也产生了深远的影响。以中国式现代化的战略目标为导向，将创新驱动发展、高水平对外开放、绿色生态文明、共同富裕等目标嵌入管理会计制度体系之中（冯巧根，2022），扩展管理会计制度的边界，以实现管理会计制度的宏观转向。因此，管理会计从只注重股东财富最大化到重视利益相关者这一管理思想的转变，也体现出企业发展目标的转变，从只追求短期经济利益的最大化到关注企业长期的高质量发展，而高质量发展既迎合了中国式现代化的发展趋势，也是其本质要求之一。

人本逻辑和资本逻辑是两种不同的社会发展逻辑，分别代表了不同的价值观和发展目标。德国哲学家马丁·海德格尔指出，人在通过技术改造外部世界的同时，也被技术所改造，双方改造的作用是相互的，技术对人也有反向驯化的作用，这种情形随着技术迭代速度加快而越来越突出，人变得越来越依赖技术，最终可能使人反而成为机器的"奴隶"，失去进化的方向，这是资本逻辑的深层危险。

资本具有两面性，既有文明的一面，也有野蛮的一面，资本在经济发展过程中不可或缺，但也不能恣意妄为。人本管理会计必须从资本逻辑走向人本逻辑，也可以称为"人民逻辑"。资本逻辑是资本基于追求增值或利润最大化的本性，力图在无限度、无休止的运动中最大限度地获取剩余价值或价值增值的内在必然性。人民逻辑即"以人民为中心"，关注人的生存发展和根本利益，追求社会全面进步以及人的全面发展。

中华民族现代文明在发展过程中强调"以人民为中心"的发展思想，人类命运共同体、新发展理念、人与自然和谐共生理念等，都是围绕着人本逻辑展开。产生于西方资本主义世界的物本会计，其资本逻辑始终居于统治地位。当今社会，我们稍加注意就不难发现，在生产力得到充分发展的同时，资本的力量逐步侵蚀并打破了人类的道德底线。个人主义、享乐主义、拜金主义等不良社会风气迅速在全球蔓延，扭曲了人性，迷失了自我，也丧失了人文精神。人们从踏实肯干逐渐变得浮躁和功利，价值观的扭曲、思想道德的贫乏、经营诚信的缺失、工匠精神的丧失、生活作风的消极腐败等，一方面使个人身心失调，另一方面造成人们整体上的精神不安。之所以会出现此类现象，主要原因是资本逻辑导致普遍的物化，使人们的经济活动和社会关系显现为可感觉的物化商品，即物本至上。

数智转型过程中资本的逐利性与技术的效率性深度交织，管理会计工具在一定程度上呈现反驯化效应，即在资本逻辑下对价值创造活动进行"野蛮控制"与"智能束缚"（戴理达，2024）。人本管理会计在开发与运用管理会计工具时，应坚守人的主体性与能动性，以人本逻辑实现既见数据又见人的智能化经营决策格局，以推进商业生态的正向演化。

资本逻辑与生态危机、和谐社会的关系面临巨大挑战。一方面，资本的"效用原则"必然在有用性意义上看待和理解自然界，资本成为赚钱的工具；另一方面，资本的"增殖原则"决定了它对自然界的利用和破坏是无止境的，其本性是反生态的（陈学明，2012）。中国式现代化，民生为大，资本的积极作用有目共睹，但是资本逻辑不能脱离社会互惠共生关系（金应忠，2020），不能忽视资本的消极作用。资本逻辑导致人与自然关系的断裂，这也是资本逻辑主宰人类社会的必然，因此，有必要依托生命共同体理论对现代"经济人"进行"生态人"的改造，重构人与自然的关系（代砚春，2020）。

人本管理会计以社会主义核心价值观规范和引导资本逻辑的运行，用"以人民为中心"的公共精神改造资本，以合作共赢为核心的新型国际关系理念与中华优秀传统文化中的"和文化"处于同一层面，人本逻辑通过对中国传统优秀理财思想中的伦理性进行制度化构建和机制设计，来达到对资本逻辑外在的伦理规约目的，构建正义基础之上的人与自然的和谐共生关系是人本管理会计的根本出路。

（二）人本管理会计的人本思维

财政部颁布的《管理会计基本指引》指出，"管理会计工具方法是单位应用管理会计时所采用的战略地图、滚动预算管理、作业成本管理、本量利分析、平衡计分卡等模型、技术、流程的统称"，是实现管理会计目标的具体手段。当前，对于管理会计相关领域的研究主要集中在资本逻辑和新技术的结合上，探讨如何利用工具来整合、创新研究路径。近年来，在资本逻辑与技术的智能化发展的相互促进下，管理会计工具的发展日新月异，甚至引发了会计可能不复存在的言论，因此需要关注管理会计在运用中由于人的主观能动性丧失所带来的一系列问题，如信息认知窄化、价值行为异化、决策功能隐抑等，这些问题都与中国式现代化社会经济发展的道路背道而驰。管理会计的研究，无论哪种观点，"人"或"物"的作用都是相对的，没有绝对控制的另一方，人本管理会计强调的是"以人为本"原则下"人"和"物"的互动性、互助性，以及人与自然、社会三方共生中所产生的驯化与反驯化效应必须有利于人的全面发展。

管理会计工具在实际情境下的效能受到多种因素的影响：在宏观层面，包括宏观经济政策、社会经济心理、企业文化等；在中观层面，包括行业规则、产业导向、企业组织构架、业务流程、客户关系等。管理会计的工具性为人本管理会计的发展奠定了基础。从可供性理论来看，各种管理会计工具为企业实现价值增值目标提供了一种可能，但其结果由作为价值创造主体的人来负责实现。

与财务会计相比，管理会计对管理情境的依存度更高。《管理会计基本指引》中所推广使用的管理会计工具绝大多数是从西方管理会计中引进的，发端以低语境文化为主流的欧美国家，而高语境文化深深刻入中国企业发展的进程中，绝大部分管理信息或存于物质语境中，或内化在个人身上，这是中国企业特有的管理情境。管理会计控制工具要想因地制宜、本土化地运用发展，就不能脱离中国这一特有的高语境文化，在实施人本管理会计时，集体伦理的意向性要排在第一位，在管理会计工具的开发与运用中，要理解它不是纯粹的学术理论和流程框架，而要将其与实际情境中的业务结合起来，技术标准的框架设计要符合实际情况，不能将其变成企业创造价值路上的"绊脚石"。

管理会计工具的反驯化效应，削弱了人的主体性，淹没了心理资本的价值内涵，淡化了多元利益相关者的治理责任，以及在价值创造过程中出现的信息偏差与管理控制的僵化，需要通过必要的规范约束来疏通解决，特别是价值观方面的约束。经济的发展推动文明的进步，劳动力生产的自由空间越来越大，人们不再依附于某一资本，这不仅形成了资本逻辑运动的缺口，而且伴随着自由空间的持续拓展，"人屈从于资本"的传统极有可能被劳动力颠覆，也就是说，员工可能成为瓦解资本逻辑的内部力量。

人本思维认为，物本会计下劳动力生产的显明逻辑实质上是资本逻辑的镜像，而劳动力生产的隐性逻辑其本质是一种人本逻辑，人本管理会计就是要完成这种互换，将人本逻辑贯穿于经营活动之中。人本管理会计通过对管理会计工具的创新发展及要素配置，助力物本管理会计的发展，帮助其突破"瓶颈"，改变资源耗用方式，从"粗放式""掠夺式"转而向"精细化""资源化"发展，避免数智化转型中经济发展与资本扩张的矛盾，构建具有生态文明意义、有创造价值的模式，从而促进新质生产力与生产关系协调发展。

（三）人本管理会计研究的WSR方法论路径

发端于西方的资本主义私有制，通过将人附属于物，使劳动丧失人的本质属性，被资本逻辑裹挟的数据劳动更是加剧了这一现象。人本管理会计的目标是让人摆脱资本逻辑的数字化劳动，让技术为人服务，而不是让技术进一步束缚人，借助技术反哺，使劳动促进人的全面发展。

1. 人本管理会计的基础是价值观

要实现中国式现代化共同富裕，必须不断缩小贫富差距，提高劳动自由度，逐渐增加劳动中的人性成分，从而实现人的自由全面发展，这是一种以"和"为价值回归的人本逻辑的体现。几千年来中华优秀传统文化蕴含的智慧不断推陈出新，硕果累累，我们应该去学习博大精深的中华优秀传统文化，汲取营养，为建立具有中国特色的人本管理会计体系提供借鉴与经验。

"以人为本"的管理系统是复杂的社会系统，涉及人的心理、社会层面、丰富的情感世界以及复杂的人际关系，任何一个组织都不能从员工的屈从中得到真正的创造力，而应从员工行为的主动性出发充分调动个人和群体的积极性与创造性（余绪缨，2004；2007）。只有"以人为本"的柔性管理哲学思想才可以为数字化转型时期的企业指明解决绩效管理难题的方向。人本管理会计从"物"走向"人"，仍是融管理和会计于一体的财务管理工具，在企业管理系统中占据重要位置，构成支持管理决策的重要子系统。

中国式现代化，和谐是根本，强调人的全面发展。中国式现代化，民生为大。共同富裕思想是未来发展的价值宗旨，体现了共享、共赢、共富的思想，不仅是对马克思主义核心发展观念的传承和弘扬，更是对我国目前社会发展不平衡、不协调等现实问题的强力回应。人民逻辑强调让人民群众来评判共享发展的落实程度，体现了人与自然、经济与社会多层次的统一发展，体现了和谐共生、相互促进、价值关怀、社会正义等思想，有利于促进经济社会有序运转、绿色发展，目的是推动人的自由、健康、全面发展，进而实现人的终极意义。

本书认为，人本管理会计应当具有中华文明的人文精神，中国企业采用的管理会计工具和方法应当具有中国特色。中华优秀传统文化元素赋能人本管理会计，不是另起炉灶建立新的会计分支，也不是将人力资源会计"换汤不换药"地变换名称，而是推陈出新，坚持"以人为本"的根本原则不动摇，吸收物本会计的精华，将优秀的会计知识系统地运用到管理会计领域，并进一步转化、突破和发展，从根本上促进物本会计的革新发展，进而将管理会计系统发展成更加适合中国式现代化发展的管理会计系统。

人本管理会计立足于中国式现代化，不仅要研究如何做强、做优、做大，也要研究如何做久。中国企业 500 强榜单连续发布 20 多年，持续在榜企业不足百家,落榜企业数以千计,"存榜率"不足20%。美国企业500强也是如此,自榜单发布以来的60多年间,持续在榜企业不足1/10。据有关研究统计,90%以上的创业企业活不过3年,企业从诞生到活下来确实不易,造成企业失败的原因固然有很多,但根本原因在于,没有认识到战略的出发点不仅是市场,还有价值观,价值观错了,失败在所难免。人本管理会计就是要从以儒家文化为代表的中华优秀传统文化核心价值出发,藉以和西方商业伦理的会计进行"对话"来扩展会计学的空间,以回应当代问题。在中国改革开放的开始阶段,英国历史学家汤因比曾断言:"西方观察者不应低估这样一种可能性,中国有可能自觉地把西方更灵活也更激烈的文化力量与自身保守的、稳定的传统文化融为一炉。如果这种有意识、有节制进行的恰当的融合取得成功,其结果可能为人类的文明提供一个全新的文化起点。"我们应当对发展中国自主会计学充满信心,人本管理会计的研究需要在通晓中国文化核心概念的基础上展开,挖掘中华优秀传统文化对于理论构建与管理实践的指导意义,用中国的逻辑思维框架来构建中国管理理论(张晓娟,王磊,2014)。

2. WSR方法论路径

管理学在中国进行了长期的实践,只是人们对此的认识还远远不够。技术主宰的世界,人们都习惯了小,一切似乎都碎片化了,短视频式的语法不仅重构叙事逻辑,而且融入人们的生活细节,这就需要一个宏观的、能涵盖本质的原点系统思想,即中华传统文化中的"道"。从文化双融合视角出发,中国管理理论的未来延伸与方向是"中国语言、中国故事、国际语言和国际故事"之间的组合动态发展关系(张兵红,吴照云,2021)。近年来,曾仕强教授的"中国式管理"、苏东水教授的"东方管理理论"、成中英教授的"C理论"等代表性研究成果逐渐受到学者的重视。

此外，还有顾基发研究员在 20 世纪 80 年代中后期及 20 世纪 90 年代初期所从事的地区发展战略、全球气候变化、评价问题、水资源管理等多项研究实践中，切身体会到领导意图、利益动机、评价的利益相关方、关系协调等多种"人理"及其重要性，进而进行总结与理论构建，并和朱志昌博士于 1994 年在英国赫尔大学提出 WSR 方法论。

WSR 是"物理（Wuli）—事理（Shili）—人理（Renli）"方法论的简称，它既是一种方法论，又是一种解决复杂问题的工具。作为有代表性的东方系统方法论，WSR 方法论具有中国传统的哲学思辨特征，是中华优秀传统文化与现代科学技术很好地结合的管理学成果之一。

植入中国情境，是中国财务学界关注和研究基本财务问题的普遍立场和态度，由此得出的研究结论也应是中国式的。WRS 方法论体现了中国（东方）学者独特的文化关怀，在处理复杂问题时，强调综合考虑物理、事理和人理三个方面，以实现系统整体功能的优化以及效益的最大化。WSR 方法论是中西思维碰撞的产物，"东方"和"西方"这两种因素共同影响了 WSR 方法论，包括其产生、提出、推广的全过程。人本管理会计的目标是，让企业管理顺自然、致中和，人本管理会计与 WSR 方法论中的"人理"具有很高的契合度，因此，本研究采用 WSR 方法论来研究人本管理会计问题，研究路径如图 1-1 所示。

WSR 方法论涉及的哲理以及哲学层面的探讨，杨建梅等在 1997 年曾撰文指出，"物理、事理、人理分别与中华优秀传统文化中的天、道、人相对"。也有学者对 WSR 方法论的哲学内涵进行挖掘，提出 WSR 方法论中"物理、事理与人理"的关系，在一定程度上对应马克思主义哲学中"主体、客体和实践"的关系，WSR 方法论中的"人"即实践和认识的主体，"物"即实践和认识的客体，"事"即实践和认识活动（赵国杰，王海峰，2016）。WSR 方法论的应用特点是"先整体认识，再分层研究，后综合解决"。该方法具有普适性，可以广泛应用于复杂的社会经济系统中，提供了理解并把握复杂系统存在及演化规律的认识论与方法论。

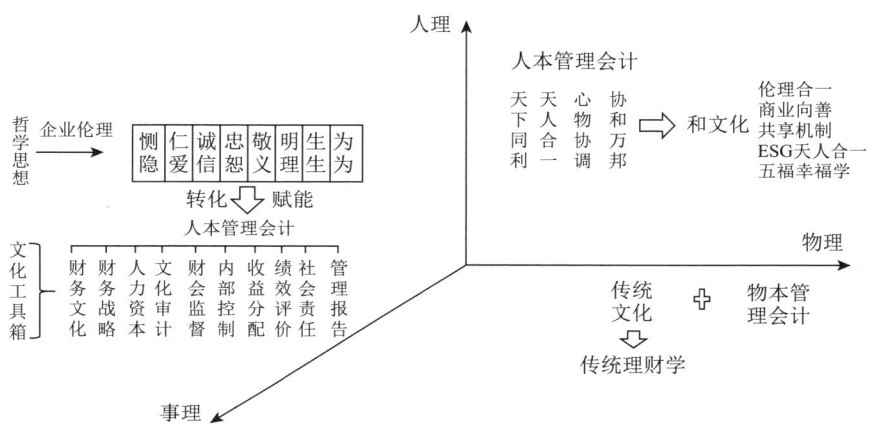

图 1-1　人本管理会计的 WSR 方法论研究路径

（1）物理。

定义：物理方面主要关注"物"的概念，即研究对象本身的属性和规律。在 WRS 方法论中，物理层面涉及对问题或系统物质基础的深入理解和分析。

应用：通过物理层面的分析，可以明确问题或系统的物质构成、性质、状态以及它们之间的相互作用关系，为后续的决策和管理提供科学依据。

（2）事理。

定义：事理方面主要回答"怎样去做"的问题，即如何安排和使用这些物质资源，以达成特定目标。它强调实践性和可操作性。

应用：在 WRS 方法论中，事理层面涉及对问题或系统运作机制的梳理和优化，包括资源配置、流程设计、策略制定等。通过事理层面的分析，可以找到解决问题的有效途径和方法。

（3）人理。

定义：人理方面主要关注人的因素，包括人的认识、态度、行为以及人与人之间的关系等。在 WRS 方法论中，人理层面强调在决策和管理过程中充分考虑人的需求和利益，以促进人的全面发展及社会和谐。朱志昌认为，人理的研究要向更高的目的发展，不能停留在社会资本、人际关系处理等基础层面，还应向道德决断、社会正义、公共利益等层面升华。

应用：通过人理层面的分析，可以了解不同利益相关者的诉求和期望，协调他们之间的关系及利益冲突，从而制定更加符合实际情况的人性化的决策和管理方案。

（4）综合应用。

WRS 方法论强调将物理、事理和人理三个方面有机结合起来，从系统的视角去分析和解决问题。这种综合应用的方式有助于全面把握问题或系统的本质和规律，找到最优的解决方案。

在实际应用中，WRS 方法论被广泛应用于各个领域，如信息系统集成、实验室管理、素质教育、公路工程管理等领域。运用 WRS 方法论，可以提高决策的科学性和有效性，促进资源的合理配置和高效利用，从而推动各项工作的顺利开展。

总之，物理是指客观存在的物质世界，包括自然规律、技术条件、资源等。事理是指做事的方法、流程和规则，涉及管理、组织、决策等。人理是指人际关系、文化、价值观等主观因素，强调人的行为和心理。WRS 方法论是一种具有浓郁中国特色的系统方法论，它充分体现了中华优秀传统文化的内涵以及"天人合一"的思想，其核心是在解决复杂问题时，必须将物理、事理和人理三者有机结合，避免单一维度的局限性。在处理复杂问题时，运用 WRS 方法论可以综合考虑物理、事理和人理三个方面，实现系统整体功能的优化以及效益的最大化。

（四）中华优秀传统文化元素赋能人本管理会计的WSR方法论的内涵

人本管理会计要建设一个生态系统，优绩体制强调个人通过自身努力和成就获得社会地位和资源，而不是依赖于出身或特权，这种认识对推动社会发展具有非常大的积极意义，但也因此产生了"成者为王"的傲慢，导致对失败者的不公平对待，忽视了个体的多样性和特殊性，也形成了精英阶层的偏见和自大，忽视了社会其他阶层的需要。比如，在发生自然灾害的非常时期，人们认识到送货员、护士、仓库管理员等低收入阶层的重要性，也曾感谢他们的付出，然而也仅限于此，此后并没有人再关注他们的收入问题，这样的思想不利于实现共同富裕。"文化不在，财富不存"，人本管理会计的制度建设若不能牵引出人性的善，就不能控制人性的恶，任何企业，只要"为富不仁"，终将会人财两空。

马克思认为，劳动不仅仅是经济活动，更是文明进步的体现。市场与技术不能成为人类最终目标的信仰。中华优秀传统文化元素赋能人本管理会计，在于深入挖掘中华传统文化的深层结构，凝结出基于传统文化的全新标识性概念，创造性地提出全新的人本管理会计要素。在管理会计的文化基础模式上进行创新，发掘具有推广性、普遍性的文化道德理念，向世界传播具有中华文化传统意义的全新的管理会计价值内涵，这种内涵的核心是正义，并在正义思想中重塑劳动的应有尊严。WSR方法论的内涵如表 1-1 所示。

表 1–1　WSR 方法论的内涵

WSR 要素	内涵
物理（是什么）	法则、规则。找准研究的切入点和着力点，将传统文化（优势）和物本管理会计（不足）作为研究的焦点，派生出人本管理会计
事理（怎么做）	将传统文化八个要素构成的个人伦理体系进行转化和突破，构成现代社会的普遍化认知，作为人本管理会计关键管理方法的"软管理"，指导人本管理会计做什么以及应该怎么做，旨在让企业财务管理取得实效
人理（最好怎么做）	以传统文化赋能形成的人本管理会计的"和为贵"等代表性的管理思想，更好地服务于财务治理。规范中国式现代化下的人本管理会计应当是什么，为什么应当是这样而不是那样
三理和谐	研究管理会计——改造管理会计——发展管理会计的螺旋式上升发展

传统文化赋能人本管理会计，要坚持用传统的识辨方法找寻传统文化的初心，坚持文化认同，并且要将现代文化发展思维嵌入传统文化的基因之中，用发展借鉴的眼光发掘具有传统文化基因的现代企业管理价值思想。

物本管理会计基于西方哲学思想，志趣在于求真，即探索世界的客观真理，而人本管理会计基于中国哲学思想，志趣在于求善，即追寻"天人合一"的境界，具体表现为物与人的和谐统一。

人本管理会计的指导思想是中国式现代化。物本管理会计是"以资本为中心"；人本管理会计是"以人民为中心"，其理念来自传统文化"敬民、爱民、保民、利民"的民本理念。人本管理会计改变了西方主流的会计理论，弘扬根植于中华传统文化的价值观，所谓"士不可以不弘毅，任重而道远"。

在 WSR 方法论系统中，人理、物理、事理是一个整体，具有动态性、交互性，并且人本因素在系统中具有重要的协调发展、交互平衡等作用，这有利于系统中整体、局部、细节的有机融合，有利于我国传统文化与会计实践更好地融合发展。

我们常说的"富贵"，"富"是物质的，"贵"是精神的，如果说物本管理会计主要是解决"富"的问题，那么人本管理会计面对的就是如何解决"贵"的问题。"富"是"贵"的基础，但"富"而不"贵"，则"富不过三代"，这是因为只有"富"而没有"贵"，家族的精神性就维持不了，子孙失去了良好的教养，不能够由内而外地产生自律、谦和、踏实等品质，很快就会失控。因此，人本管理会计从另一种意义上来讲，是中华人文精神对物本管理会计的赋能。

（五）人本管理会计的文化工具箱理论

市场及市场规范并不像主流经济学家所宣称的那样是"价值无涉"的，而是具有腐蚀性的，市场存在道德局限（Michael Sandel，2022）。人本管理会计具有价值性和工具性的双重特征，属于文化治理，文化工具箱理论是其重要的理论基础。

安·斯威德勒（Ann Swidler）的"文化工具箱"是一个比喻，她在《行动中的文化》（Culture in Action）一文中提出了这一概念，用来描述文化的作用类似于一个行动剧目库，即文化是一个包含符号、故事、仪式和世界观的各种文化资源的"工具箱"，人们从中取用各种文化资源，以构建他们的行动策略，通过不同的方式使用它来解决各式各样的问题。这个概念强调了文化在社会行动中的核心作用，以及个体如何利用文化资源来应对和解决生活中的挑战。安·斯威德勒的这一比喻，旨在说明文化不仅是一种被动的接受对象，而是个体和社会主动构建和利用的资源，具有极强的实用性和适应性。

文化工具箱理论认为，文化是一个包含不同象征、仪式、故事和行动指南的"工具箱"，人们从中选择并运用各种资源以应对不同的生活情境。这一理论强调文化的多样性和复杂性，以及个体在特定情境下对文化资源的选择和使用，从而影响了其行为和决策。

安·斯威德勒的文化工具箱理论，特别是其在 1986 年发表的论文《行动中的文化》，对于理解个体和社会如何通过文化资源进行自我表达、解决问题以及适应环境变化具有重要的指导意义。这一理论不仅关注文化的功能性，还强调了文化在促进社会发展和个人成长中的积极作用。通过这一理论，安·斯威德勒强调文化在社会行动中的核心地位，以及个体如何通过选择和使用"文化工具"来构建自己的行动策略。

文化工具箱理论是一种文化社会学理论，它强调文化对于个体行动的影响不依赖于行动者对特定价值理念的整体认同，而是通过提供具体的行动框架和可能的行动方案来影响其行动。文化工具箱理论认为，文化意义的使用是一个主动的过程，个体可以主动选择和调用文化的意义使自身的行为合理化，而不是被动地接受文化的灌输。这种理论将文化意义从一个"被动"内化的对象转变为个人"主动"使用的工具，是文化工具属性的体现，也是行动者对文化资源的掌控性和能动性的体现。

学者斯蒂芬·维西（Stephen Vaisey）对安·斯威德勒的理论提出疑问，认为文化不仅是行动的动机，也是人们使发生的事情合理化的手段，从而为文化工具箱理论增添了更丰富的内涵和维度。会计文化是一种价值观，并且具有资源属性，行动者所体现的价值观念也受会计文化的影响，并且为人们的行动提供一个"工具箱"。在行动资源中，会计文化具有工具性、策略性，为开展组织与会计文化研究提供了独特的理论视角。管理会计工具在物本管理会计的影响与运用下，难免与中华优秀传统文化的价值观产生分歧，而人本管理会计的介入会协助其回归正轨。

谢志华认为，经济转型下管理会计工具的运用应植根于中国特定的社会文化观，这种文化内隐的"新普遍主义"理念有助于管理会计模型化决策与合理化决策的有机整合。人本管理会计具有的会计文化性和管理工具性，为从文化工具箱理论视角进行人本管理会计研究提供了一种思路；同时，人本管理会计又具有价值观和资源的双重属性，会计文化在不同历史时期以不同的方式塑造人的行动，形成价值理性。中国传统文化的相对稳定特征，能让人本管理会计的文化功能发挥出"工具箱"的作用，在中国式现代化的经济建设背景下，一是对人们的行为起到驱动作用，二是在宏观的地域、时代背景下影响行动过程和方向，进而影响人们选择不同的行动策略来建构企业生存的意义，形成商业向善的企业伦理。

第二章
恒大现象的企业伦理反思

恒大集团在快速发展的过程中，忽视了对社会责任的承担，最后发展到令人痛心的地步。违背诚信原则，监管缺失，最后给企业和社会造成不可挽回的损失。恒大集团这一现象不应视为孤立的个别现象，而是一种值得反思的企业伦理缺失的现象，是企业观照自身的一面镜子。

——

第一节　恒大集团回顾

2021 年的恒大集团是资本市场中"利用实体经济赚流量，利用资本市场赚钱"这一不良倾向的代表，也是物本管理会计"先天不足"的集中反映。一些企业投资者认为，只要能为自己赚钱，甚至连其一直秉承的"利润至上"的管理观念也可以舍弃。他们之所以抛弃企业存在的意义，只是为了能够快速地获得流量，进而得到资本市场的"准入券"，从而实现"早上市、早融资、早赚钱"的目的。

企业资本市场逐渐成为一些企业真正赚钱的市场，为此，企业及其投资者会产生不惜一切代价追求物质利益的冲动，应警惕这种情况。资本市场上不管用什么新名词进行包装，只要企业失去了创造价值的本质，通过人为的设计让融资工具成为资本市场逐利的手段，以所谓"巧妙"的资本运作途径得到资金支持，这种设计与操作就只是一个幌子。

不幸的是，这却成为一些企业争相模仿的"做大"企业的技巧与所谓"潮流"，以致企业渐渐失去伦理，这种做法不仅妨碍了实体经济的自由竞争以及市场的良性发展，还可能成为系统性金融风险的导火索，破坏资本市场生态和商业生态，也与中国式现代化建设的目标背道而驰。

根据恒大集团官网资料："恒大者，古往今来连绵不断，曰恒；天地万物增益发展，曰大。""恒大"蕴含了美好的喻义。

1996年6月26号，恒大集团在广州注册成立，员工只有七八个人，在不到100平方米的民房里办公。恒大集团开发的第一个楼盘是金碧花园，因为没有钱买地，从银行贷款500万元支付土地定金。首期没有钱开工建设，靠施工单位带资建设达到了销售条件。为了使公司顺利起步发展，恒大集团以每平方米2800元的亏本价开盘，并在两个小时内抢购一空，实现销售额8000万元，获得了公司起步发展极其宝贵的"第一桶金"。

恒大集团高峰时期拥有员工16.31万人，旗下拥有恒大地产、恒驰汽车、恒大物业、中国海南海花岛等产业，仅恒大地产就曾在280多个城市拥有1300多个项目。恒大物业集团是中国物业管理龙头企业，截至2023年6月30日，其总合约面积超过8.12亿平方米，总在管面积约5.09亿平方米，管理近3000个项目，为约330万户业主提供专业的物业综合服务。

2016年恒大集团首次入选世界500强企业，位于第496位，此后该排名不断被刷新，2018年位于第230位，2019年位于第138位，2021年位于第122位。2017年，中国恒大的股价达到巅峰，市值最高达到3704亿元。2020年，恒大集团获中国房地产百强企业综合实力TOP10第一名。

第二节　人本管理会计的曙光

恒大集团的资产规模在 2010 年到 2021 年的十年左右的时间里经历了显著的增长。从 2010 年的总资产 1044 亿元，到 2020 年的总资产 2.30 万亿元，再到 2021 年 6 月 30 日的总资产 2.38 万亿元，恒大集团的资产规模在十年间增长了近 25 倍。在企业经营方面，恒大集团进行了多元化布局，产业涉及多个领域；然而，除了地产业务取得了一定的成绩以外，其他产业均面临巨大的亏损。

跨者不行，德本财末。恒大集团的亏损造成了全社会的损失，现在批评恒大集团意义已不大，所有得失自有公论。我们需要做的是探索如何从现象中分析本质，"以史为鉴，可以知兴替"，才是我们应有的态度。

物本管理会计缺乏利他价值观。投资者、会计事务所等都习惯于从自身利益出发思考问题，探寻实现自身利益的规则。早在 2016 年，国际信用评级机构穆迪、标普就已把恒大集团的评级调整为 B−，不建议购买其债券股票或继续向其发放贷款；然而，当时受到各大媒体义正辞严的驳斥，国内信用评级机构一致将恒大集团评级上调到最高水平 AAA。金融体系对庞氏融资行为的失察，媒体的歌功颂德式的报道，致使恒大集团一路狂奔，最终"跨者不行"（《道德经》）。

除了恒大集团之外，还有很多企业正在或者梦想着"利用实体经济赚流量，利用资本市场赚钱"，在这种创利方式推动下产生了许多新经济公司；但是，我们应当认识到，这些标榜"科技创新"和"互联网思维"的公司，给公众的印象并不是值得信任的，它们也面临着严重的信任和道德危机（王建勇等，2021），如乐视网、ofo 小黄车、滴滴全球有限公司（以下简称滴滴公司）等。

物本管理会计的资本逻辑，使企业与机构投资者为了获得资本市场的青睐与关注，以商业模式创新为名，为获取巨大的"流量"，不惜以"天价亏损"为代价，也要孤注一掷地"造势"。它们利用大众认为一家独大即盈利满满的惯性思维，用资金的持续付出换得市场的强烈关注，进而推动公司上市，催生出资本市场的"泡沫"，在高筑的"泡沫"体系下获得高额的市场估值，在资本市场中找寻机会，最终达到套现的目的。这种人为控制的市场操作，成为不少企业的盈利手段。用资本的意志代替市场本身成为"指数级增长"的驱动力，在套现行为的驱动下，资本假意追捧实体经济，而在"泡沫"破碎后留给投资者的往往是一片狼藉，甚至是无法预估的系统性金融风险。

通过看似符合规则的"高管估计"进行财报粉饰，从而"合法"地分红，使创始股东的财富剧烈增长，而公司破产的风险也逐步增大，二者并存表现在企业的债务方面：一方面，企业负债存量高筑，负债规模庞大，流动性资金紧张；另一方面，企业仍继续分发高额的分红。

恒大集团的现金分红即存在相当严重的庞氏分红行为，即将债权人投入的资金，以现金分红的形式转输给股东，这种分红行为在性质上已构成"庞氏骗局"，或称之为"庞氏分红"；但是，物本管理会计方式下难以出现"吹哨人"，恒大集团有所谓的战略与商业模式加持，有中介机构精英为其量身打造理财方案，而关键的利益相关者——购房者没有足够的专业能力去识别大型集团的流动性危机，最终承担了不可承受之重。

公司制的出现以及物本管理会计的完善，在保护所有者利润方面固然产生了巨大的正面效应，促进了经济的发展，但是资产负债表所有者权益中的所有者，特别是大股东利用有限责任与股份制的特点，抓住其便利之处，"合法合理"地享受其带来的红利，事实上却堂而皇之地侵占其他利益相关者的利益，这一潜在的非伦理行为不断挑战人性的底线。

中国式现代化的管理会计，一方面需要依法治国，另一方面需要以人文精神去重塑物本管理会计，这是"人本管理"带来的曙光。概括起来，恒大集团的债务"黑洞"形成的原因：成于庞氏融资，终于庞氏分红，坍于忽视了德性。恒大集团的挫折传递了一个重要的信息，即所有企业的所有者都必须保障老百姓的权益，中国式现代化，民生为大，"以人为本"，而不是"以物为本"，这是法律，也是伦理，是中华优秀传统文化的告诫。企业所行之事，在对规则未明确之处，不能以私利作为目标进行所谓的策划，而应把如何正确做人视为良心的拷问，商业不应仅代表股东的财富，而应向善。

"企者不立，跨者不行，自见者不明，自是者不彰，自伐者无功，自矜者不长。"（《道德经·第二十四章》）其意是踮起脚跟，无法站得久；跨步前进，无法走得远。执着于自我表现，就会看不明白，遮蔽真相，不会有什么功劳，也无法领导团队。恒大现象，是市场"看不见的手"在发挥作用，也是"德本财末"自然的结果。恒大集团执着于做大，以刷新世界 500 强排名为重要发展目标，对照"自见、自是、自伐、自矜"检查自己，局限于所见，认为自己是对的，夸耀自己，仗恃自己，是有巨大危害的。

人本管理会计要对相关制度与机制进行探索与完善，进而有效抑制这一潜在的非伦理行为，同时思考中华优秀传统文化如何对物本管理会计进行赋能，从见物不见人，发展到见人见物，建设更具有前景的人本管理会计，"德本财末"就是那只"看不见的手"，"皇天无亲，惟德是辅"（《尚书·蔡仲之命》），意思是，天公正无私，总是帮助品德高尚的人。新时代的中国企业家精神，亟须以中国式现代化视角，补充"ESG

理念""共享思想",从股东至上主义到中国式现代化的利益相关者治理主义,面向人类命运共同体,接纳并践行人本管理会计,体察《中华人民共和国公司法》(以下简称《公司法》)、《会计法》(2024年修正)的善法要求,以保护债权人及利益相关者的权益。

"君子役物,小人役于物"(《荀子·修身》),意思是,君子对物质的追求是可以自控的,小人却被物质所控制、所左右。目前的《公司法》遵循物本管理会计思维,仅以利润表为基础对现金分红加以规范,认为实现了利润即可分"红",公司实际控制者也从物的视角,拿走企业唯一的、最重要的、最特殊的"红",即资产"现金",而有意或无意地忘记了"红"本应为转化为现金的利润,而不是伪造的纸面富贵。现金由股东拿走,而商誉、无形资产、待摊费用、递延资产、应计项目等留给债权人,这直接损害了债权人的利益。

面对巨大的数据商业利益和融资需求,企业容易漠视伦理风险,从而不可避免地产生巨大危害。像前面提到的滴滴出行、瑞幸咖啡、ofo小黄车等公司都曾为其行为付出了代价。其行为缺乏对利益相关者的保护,没有体现"以人为本"的精神,更是与中国式现代化民生为大的宗旨背道而驰。

发展人本管理会计是管理会计的未来之路,也是中华人文精神对世界会计发展做出的贡献。

第三章

人本管理会计研究概述

　　人本管理会计研究是人本会计研究的重要组成部分，具有中华文明特色，寻求融合，而不是否定，要将优秀的中华传统理财文化与西方的管理会计体系相结合，属于管理会计的新发展。人本管理会计的研究，要积极学习、融合西方的先进管理思想，由中华优秀传统文化保驾护航，进行理论和实践的创新。人本管理会计的研究过程中，应当认识到中西方文化的根本差异是二元思维和心物一元的差异，如同物理学和心理学的区分，事实上，像太极图上的阴与阳，心与物具有不可分割性。

　　中国式现代化面临四个方面的两难：第一，既要发展又要稳定；第二，既要效率又要平等；第三，既要绿水青山又要工业化；第四，既要人类的普遍文明成果，又要坚持中国共产党的领导和中国特色社会主义制度（王学典，2023）。在中华优秀传统文化的情境中，对人本管理会计相关问题进行研究，既要正视非文化性等其他社会元素，也不能否定西方管理会计，而应以中华优秀传统文化赋能人本管理会计，这是一种文化的深化，对中国传统理财思想进行转化和创新，从而赋能人本管理会计思想，创造性地建立全新的人本管理会计理论，丰富企业管理思想。人本管理会计研究是融合并超越东西方两种会计文明的长期过程。从中华优秀传统文化的理财思想出发，立足于中国企业实践开展相关研究，是推动管理会计未来发展的必由之路。如果说儒家的道义经济给传统的经济活动、利益追逐设置了一个伦理界限，人本管理会计则是为企业的经营活动明确了企业伦理，且这个企业伦理具有工具性。

——

第一节　人本会计的内涵及研究历程

人本会计是对现代会计的反思与重构，将"以人为本"的思想全面、彻底地运用到会计领域，强调将人力资源及其行为纳入会计系统，认为人力资源是会计对象要素中的决定性要素。

一、人本会计的内涵

人本会计是与物本会计相对应的一个概念，也称为"人本财务"。这里所说的物本会计，是指建立在物本主义理论基础之上的会计，即我们日常所谈论的会计。虽然在会计界很少有人将它与物本主义联系起来进行研究，但事实上，人们习惯运用物本主义的思想来构筑和使用会计系统。人本会计与物本会计不同，顾名思义，其特征为"以人为本"，是一个广义上的概念，包含人本财务管理和人本财务学。人本财务管理属于管理实践的范畴，人本财务学属于一个新兴的学科领域。

人本会计的财务管理理念围绕"人"来展开，以"人"为根本，即企业在进行财务活动和处理财务关系时，秉承着"以人为本"的财务战略目标。人本会计的财务管理模式，借鉴了西方财务管理的物本位、利本位的财务管理范式，并对其进行创造性发展。"人"是指企业的利益相关者，是具体的人而不是抽象的人，既包括当代人，也包括未来的人。简单来讲，人本会计即以人及其行为对象取向的价值创造支持决策与管理控制系统，用"以人为本"来衡量社会的进步，以"人"为中心，以人的更加自由、公正、平等为目的，将尊重人的价值作为标准来判断个人选择和历史。可以看出，人本会计与物本会计在内涵方面存在本质上的不同。物本会计是以"物"为中心和根本而展开，是在对会计的目标、职能、对象、报告等多方面要素进行总结的基础上归纳出其本质含义的。

"人本会计"概念的提出，并不是要与物本会计形成对立的二选一局面，也不是人力资源会计"换汤不换药"的名称变换。人本会计不是要自立门户，不是要建立一个抛弃物本会计的新的会计分支，而是要继承和发展物本会计的精华成果，将中华优秀传统文化与"以人为本"的精神原则，科学地、系统地运用到会计领域之中，助力传统会计的根本性变革。其目的在于，在中国式现代化建设中，用中华优秀传统文化的人文精神平衡重塑传统会计的价值，打破西方财务管理主导的以服务于资本收益为唯一目标的资本主义价值观的局限，发展出具有中华优秀传统文化思想的会计新形态。

二、人本会计的"以人为本"

中华优秀传统文化是中国的原创，"以人为本"的人文精神是中国文化的根本精神（楼宇烈，2016）。人是物质和精神的统一体，中国人是从现实世界和生命世界两个角度来看世界的，"天地者，生之本也"（《荀子·礼论》），因而世界是一种自然的生命观，注重人的主体性和独立性，这种思想直接影响和促成了西方人本主义的形成。中华传统文化历来重视人的思想，"故道大，天大，地大，人亦大。域中有四大，而人居其一焉"（《道德经·第二十五章》）。意思是，道是大的，天是大的，地是大的，人也是大的，人的内在精神不断发展，可以与道、天、地并列，无边无际。天地之间的四种"大"，人居其一。西方也有类似的观点，比如，雨果曾说："世界上最宽阔的是海洋，比海洋更宽阔的是天空，比天空更宽阔的是人的胸怀。"

中国传统民本思想历来强调要"以人民为中心"，形成了对民要重、要顺、要贵、要富、要教、要养等重要理念，强调人民在国家政治体系中的重要地位。《诗经·大雅·抑》中说道："质尔人民，谨尔侯度，用戒不虞。"告诫大臣要自省自律，要关心、治理好人民，在行使权力时要严格遵守法度和道德规范，避免出现意外情况或产生不良后果。《尚书·五子之歌》则言"民惟邦本，本固邦宁"，强调人民是国家的根本。

"以人为本"最早记载于《管子·霸言》："夫霸王之所始也，以人为本。本理则国固，本乱则国危。"《管子·牧民》又说："政之所兴，在顺民心；政之所废，在逆民心。"认为顺应民心是顺应历史发展的必然要求。管子提出了富民的重要性，"凡治国之道，必先富民。民富则易治也，民贫则难治也"（《管子·治国》）。意思是，财富应当落入百姓的口袋里，然后进行流通，为此，治理国家一定要使人民先富裕起来。孔子也表达了同样的观点，《论语·子路》中说道："冉有曰：'既庶矣，又何加焉？'曰：'富之。'曰：'既富矣，又何加焉？'曰：'教之。'"百姓富裕起来后，便会产生文化活动需求，以充实精神生活；百姓受到教化，更容易遵守法纪，有利于社会稳定，兴办教育是政府的重大战略问题。此外，"以人为本"的慈善观在《礼记·礼运》中已有体现："矜寡孤独废疾者皆有所养。"证明最迟在西周时，我国已出现社会救助制度和养老制度。

人本会计的"以人为本"，是基于马克思主义的人本观，把从事社会实践活动的人民群众作为创造人类社会历史的主体，放在根本的位置。"民为贵，社稷次之，君为轻。"（《孟子·尽心下》）历史是由人民创造的，人民有着强大的创造力和生产力。"以人为本"是中国式现代化推进过程中紧紧围绕的中心点。

中国式现代化的本质是人的现代化，和以"资"为本的西方式现代化不同，"以人民为中心"的现代化，体现人民至上的理念，中国式现代化"民生为大"，人本会计也是以不断增进人民福祉、实现人自由而全面的发展为目标。"以人为本"中的"人"，既包括社会生产生活中的"当代人"，也包括"未来人"，是人类命运共同体中的"大多数人"，而不是"少数人"，是结成社会生产关系的每个"具体的人"，而非"抽象的人"。"以人为本"中的"本"是指事物的根本，坚持发展为了人民，发展依靠人民，发展成果由人民共享，用人本逻辑超越资本逻辑。

"上薄拜神教，下防拜物教"，这是中华传统文化的人文精神的特点；但是，中华优秀传统文化也告诉我们"以人为本"的另一面，"人者，天地之心也"（《礼记·礼运》）。我们要注意不要过分地运用人的主动性和能动性，从而破坏大自然的和谐，造成人和生态环境不协调，要因时因地而动，因势利导，尊重大自然。西方人本主义发展形成的"人类中心主义"，以科技万能为先导，始终摆脱不了财富资源争夺的困局。人类抛弃了理性，是人的主体性和独立性的再次丧失。

三、人本会计研究历程

1996 年，阎达五和徐国君教授在他们的论文中主张，劳动者也应该成为企业产权的主体，并享有企业资产的主张权。1997 年，徐国君教授首次提出具有人本会计理念的劳动者权益会计。2002 年，阎达五和徐国君教授在传统二维会计以资产、权益为基本要素的基础上，增加了行为基本要素，形成了"三维会计"的概念。2003 年，徐国君教授整合过去的研究成果，出版了学术专著《三维会计研究》，正式提出会计学意义上的"人本会计"概念，主张人力资本参与企业剩余的分配。2004—2018 年，徐国君教授及其研究团队发表了一系列学术论文并出版了学术专著，以人本主义作为根本的哲学立论依据。2012 年，王海兵出版《人本财务研究》，将利益相关者向企业提供的要素资本，包括人力资本、货币资本与社会资本等，纳入财务管理的内容，丰富和拓展了传统财务管理的空间与内容；财务制度设计、财务文化建设、财务绩效评价以及新财务报告指标体系方法都将"以人为本"嵌入其中，是传统财务管理方法的补充。2015 年，孙玉甫出版《人本财务会计》，回答了"何为以人为本""以哪些人为本""以这些人的什么对象为本""如何保证'以人为本'的人之间利益的公平协调"等问题。2016 年，邱兆学出版《人本财务管理》，从"以人为价值创造的根本"的视角系统研究财务管理。2018 年，胡春晖出版《人本会计理论体系研究》，研究以人本理念为指引，重塑人文生态，建设以"人"为中心、以"人"为根本的，具有自我价值的会计理论体系。

需要说明的是，在 2017 年，于玉林等编著出版《人本会计学》，研究会计人员在执行相关业务时的思维、行动等相关问题，以及用来培养会计人才的相关知识体系。虽然此类研究也称人本会计，但与本书所称的"人本会计"概念有显著区别，属于不同的研究方向。

第二节　人本管理会计概述

人本会计自提出以来，经过了 20 多年的研究发展，从已有研究著作可以看出，人本管理会计方面的研究还具有较大的空白。中国企业家受传统理财思想熏陶，提出一些具有"人本管理"观的理念，比如华为的"华为基本法"、海尔的"人单合一"、方太的"二要五法"等，在这些人本经济发展观的影响下，人本管理会计将发生蜕变。

传统管理会计同样受物本主义影响，属于物本导向型，以"物"为中心实现其价值管理功能，体现了资本的逻辑，即物质资本至上，通过对"物"的管理实现价值管理目标。中国式现代化的人本经济发展观建立在人类生产力已高度发展的基础之上，主张"以人为本"发展经济，避免引发生态危机，从而实现可持续发展。

人类的进步都是在新的理念推动下产生的，这就是理念的力量。管理会计要实现人本管理会计的蜕变，必须坚持人本经济发展观这一新思维，与新质生产力在生产活动中的支配作用相适应，解决管理会计系统的内在结构问题。

现代企业组织模式打破了科层制，逐步向扁平化网络组织模式转变，人作为主体在企业管理中的角色和地位更为突出，因此，必须重视人的价值，以中国式现代化人本会计观来指导经济发展，研究人的行为动态与社会文化层面的结合，避免物本经济发展观带来的价值产出方式与利益分享方式的弊端，充分发挥管理会计解析过去、控制现在、筹划未来的职能。不同于物本管理会计"利润最大化""股东利益最大化"的主张，基于人本经济发展观的人本管理会计追求共同富裕，以适度成本达到人与自然和谐共生，从而理顺"源"与"流"的关系，将人与价值联系起来进行管理，以人本经济发展观为思路进行管理会计模式创新。

一、人本管理会计的愿景

"人本管理会计"概念建立在中国式现代化理论基础之上，"人"是指企业的利益相关者，分为"内部人"和"外部人"。"内部人"主要是指企业的经营者和员工，而投资者、债权人、政府、供应商、消费者和社会公众等即所谓"外部人"，如前文所说，基于长期主义思想，这些人既包括当代人，也包括未来人。

人本管理会计研究要强化对历史相对性、伦理道德、非理性因素、文化、利他性、社会责任的重视，对股东及其他利益相关者一视同仁。资本主义现代化的底层驱动力是资本逻辑，具体而言就是，以资本的存在、运行、作用和发展规律驱动资本主义社会意义上的现代化。资本逻辑主宰下，人与物的关系颠倒了，不是人支配物，而是物支配人，导致物质主义膨胀，贫富两极分化。

资本主义发展史上的西方现代化的本质，是在资本逻辑思想主导下，对外扩张掠夺，进行资本全球化。中国式现代化则展现了现代化的另一幅图景，"以人民为中心"为贯穿中国式现代化理论与实践的根本价值取向，将资本逻辑塑造的物统治人的关系纠正过来，本质上是人的现代化，人本逻辑超越资本逻辑。"以人民为中心"不是人类中心主义，而是充分尊重物性的自然规律，尚和合，求大同。

人本管理会计思想的精髓是"以人为本"以及智力资本的挖潜（胡春晖，2016）。企业如何让职员真心地努力工作，"以人为本"只是前提和基础，只解决了人的工作意愿问题，而智力资本的挖掘才是企业设计人本管理会计系统的最终目的，这是企业软实力的重要体现。人本管理会计是企业价值管理系统的核心，该价值管理分为三个阶段：第一阶段，在资源配置方面，人力资本与物质资源有效结合；第二阶段，人力资本和物质资产依靠智慧和生产劳动达到产品最终销售的目的；第三阶段，实现新增价值的平等分享。

二、中国式现代化人本会计观

中华传统文化从现实出发，其思维注重整体性，哪怕是对立的方面也不能分开来衡量，如太级图般，要在局部中见整体，整体中有局部，在对立中形成一个完整的事物。"有无相生，难易相成，长短相形，高下相倾"（《道德经》），这种系统性思维方式对中国式现代化"以人为本"的财务管理工作具有重要的指导和借鉴意义，在方法上表现为动态的关联、整体的平衡，具体体现在以下七个方面。

（1）人本会计的指导思想是中国式现代化。

人本会计以知识经济时代为基本社会背景，用人本理念进行会计融合与创新，服务于企业高质量发展，实现利益相关者的共同富裕，推动人与自然形成良好生态下的和谐共生，建设发展共同进步的命运共同体，进而在会计文化领域创造文化新形态。

（2）人本会计的重点在于承认人力资本的决定性投资要素所有权。

党的二十大报告提出，必须坚持科技是第一生产力、人才是第一资源、创新是第一动力。归根结底，人本会计的会计要素中，人和人的行为处于绝对主导地位，要将人及其行为纳入会计系统，重构会计等式，进行人力资本计量，且要将人力资本作为决定性的会计对象要素。

（3）人本会计的财务管理目标是和谐共赢共生。

中国式现代化是物质文明和精神文明相协调的现代化，是人与自然和谐共生的现代化，是长期主义的价值观。人本会计的财务管理目标是实现企业经济价值与人的经济价值的协调发展。企业应追求利益相关者的整体利益，而不是只注重某些主体的利益，要为"后代人"留下"绿水青山"。

（4）人本会计的企业收益分配制度改革方向是人力资本股权化。

中国式现代化是人口规模巨大的现代化，是全体人民共同富裕的现代化。2021年8月17日，中央财经委员会第十次会议指出，要坚持"以人民为中心"的发展思想，正确处理效率和公平的关系，构建初次分配、再分配、三次分配协调配套的基础性制度安排。人本会计的企业收益分配要实现收入分配公平，所有利益相关者都以平等的方式享受企业效益增长的成果，为经济效率提供保障，将"分好蛋糕"作为"做大蛋糕"的前提条件，构建人力资本以股权化方式参与企业收益分配的新模式，这也是破解劳资矛盾的根本之道。

（5）人本会计的会计文化源于中华优秀传统文化的涵养。

中国式现代化的本质是推动构建人类命运共同体，创造人类文明新形态。2022年6月，习近平总书记在四川考察时强调，中华民族有着五千多年的文明史，我们要敬仰中华优秀传统文化，坚定文化自信。人本会计创造的会计文化新形态，是马克思基本原理同中国具体实际和中华优秀传统文化相结合的会计文化，是把具有当代价值和世界意义的人文精神与道德规范提炼出来，知行合一、义利并举，推动商业向善。

（6）人本会计的人才素养是守正创新。

中国式现代化要实施科教兴国战略、人才强国战略、创新驱动发展战略，不断开拓发展领域，拓宽发展赛道，迸发发展新动能，开创发展新优势。提高人本会计的人才素养，首先应培养会计人员及会计活动相关者的品格，使其坚定立场，以《会计人员职业道德规范》为行为准绳，强化财会监督。人本会计的人才素养包括：有国家民族责任感，坚持诚信，懂法奉公，坚持准则，守责敬业，独立、客观、真实、公正、合理地处理会计事项；坚持学习，守正创新，学习会计数字化转型的中国经验，全面致力于实现社会或组织成员的权力、利益的公正分配。

（7）人本会计是中国特色的会计理论和实务。

党的二十大报告指出，中国式现代化既有各国现代化的共同特征，更有基于自己国情的中国特色。管理会计在中国，不管是在过去、现在还是将来，必然会与西方社会实施的管理会计有所差别。人本会计的中国特色是一个发展的概念，是在充分参考借鉴西方会计经验的基础上，走自己的路，从中国的经济现象中产生新的理论。它与目前会计同国际接轨的发展并不矛盾，是抓住时代机遇，建立与我国社会、经济、文化协调发展的会计理论与实务标准体系的要求，以人类命运共同体价值观引领会计理论新思潮。

中国式现代化的人本会计观，是发展变革，是制度创新，是价值引领，也是创新驱动的发展战略，涵盖了"以人民为中心"、协调发展、共享发展与可持续发展等多重价值取向。由"势利"这个词可以看出，"利"和"势"是共同体，有势就有利，有大势才能有大利。

三、人本管理会计在中国的实践

人本管理会计在我国的实践，有海尔实施的"人单合一"模式、华为的"利益均沾"分配机制，它们都具有丰富的人本会计思想，特别是海尔的"共赢增值表"，为人本管理会计编制"第四张财务报表"提供了很强的示范性。近年来，数字化电子发票、会计大数据分析与处理技术、财务云、流程自动化等技术推动的财务智能化，在我国取得了长足发展。因此，在《企业数据资源相关会计处理暂行规定》、《公司法》（2023 年修订）、《会计法》（2024 年修正）实施后，如果人本管理会计能够在人力资源相关会计处理和管理会计应用指引等方面取得突破性进展，将是中国在世界会计发展史上的重大贡献。

第三节　中华优秀传统文化与人本管理会计

新经济、新发展、可持续发展与环境管理会计成为管理会计研究的一个重要方向，这也为开展人本管理会计研究创造了机遇。在"共同富裕"的价值创造背景下，管理会计工具创新从企业战略管理、产业协作等诸多内生因素出发，结合前瞻性因素，助力实现企业价值最大化，促进企业管理效率的提高与经济效益的增长（冯巧根，2022）。中国人本管理会计将以"质量第一、效率优先"为原则，通过嵌入企业情境特征，在管理会计工具应用与推广过程中，着眼于服务管理会计实践，根据企业的具体情境和文化环境等做出调整与创新（曾祥飞等，2018），从而推动人本管理会计发展，驱动研究范式创新。

一、人本管理会计的理论体系落脚点

立足中华传统文化、制度环境特色与人际交往特色的新型管理会计理论体系是中国管理会计的最终落脚点，也是人本管理会计的落脚点。中国传统理财思想与中国企业管理实践结合，尤其是从中华传统文化、习俗、宗教、人情等非正式制度以及正式制度与非正式制度交互的视角，探讨中国特殊的政治、经济、文化及社会环境对管理会计实务和理论的影响，将是管理会计理论体系的"灵魂"（潘飞，许宇鹏，2017）。人本管理会计要将基于中国情境的管理会计元素与现有的西方管理会计理论框架相结合，开展以中华人文精神与西方管理会计内在联系为主体框架的人本管理会计研究。

（一）人本管理会计的核心思想

人本管理会计的核心思想包括以下五个方面的内容。

第一，人成为会计的第一要素。

第二，人力资源是非常重要的经济资源，物质财富的创造与利用以人为主体。

第三，重构会计等式，进行人本经营价值分析，从管理会计角度首先试行。盈利公式表述为"收入 –（物力成本 + 人力成本）= 利润"。

第四，实现按劳分配。对员工而言不仅是指工资，而是和现有资本股东一起进行利润分配。

第五，践行会计正义，走向人本逻辑。管理制度重视平等、公正等人文伦理。

（二）理论研究体系

人本管理会计理论体系由人本财务管理思想的理论体系发展而来，涵盖以下相关理论。

（1）奠基理论。该理论包括人力资本理论、产权理论、剩余索取权理论。

（2）孕育理论。该理论包括劳动者权益会计理论、人力资本财务管理理论。

（3）萌芽理论。该理论包括行为价值管理理论等。

（4）发展理论。在介绍上述相关理论的基础上，本书着重论述与研究内容相关的理论，包括意义协调管理理论、中国式现代化理论、文化理论、文化工具箱理论、自主人理论等。

二、人本管理会计的研究价值及特征

（一）人本管理会计的研究价值

管理会计引入中国后获得了较快的发展，但由于管理会计是从西方引进的，其应用情境是以西方文化为背景，缺乏自主创新性。随着中国国力日渐增长，中国成为新时代新世界舞台上的重要力量，世界文明发展也发生了导向性变化，走向中西文明融合发展之路。因此，人本管理会计的研究与实践，首先要考虑我国的文化情境，充分吸收中国传统理财思想的精华，在学习和运用西方管理理论与方法时，因地制宜塑造中华会计新文明，孕育新成果，避免出现"橘生淮南则为橘，生于淮北则为枳"的情况。

以华为、海尔、福耀等为代表的中国企业，根植于中华民族数千年的传统文化，其管理模式深深地打上了中华传统文化的烙印，也都取得了很好的效果。事实上，每个中国企业都不例外，都有中国传统文化的影子。根植中华优秀传统文化，基于中国传统理财思想文化情境进行人本管理会计研究，才有可能把握人本管理会计的灵魂，管理会计才有可能获得新生。管理会计如果以资本增值为唯一目的，迟早会崩塌。

以中国文化情境为基础，人本管理会计的研究价值体现在以下两个方面。

（1）中华优秀传统文化情境丰富了管理会计学科的理论体系。

中国的经济发展取得了卓越的成就，成为世界第二大经济体，经济的发展使中国管理研究越来越被世界所认可，管理会计的中国化研究具有更大的学术研究价值，与之相应，人本管理会计必须将"论文写在祖国的大地上"才有出路。中国管理会计研究将逐步由模仿式研究、跟踪式研究和改进式研究的"取经时代"转入原创性研究的"造经时代"（胡玉明，2015）。当前阶段对于中国管理会计的研究，主要还是基于西方的理论和工具，这些理论和工具主要是在西方情境下开发出来的。虽然我国企业有自创管理会计方法的习惯，但在学术领域，在针对我国企业特有的问题进行研究与探索以及突破西方范式理论方面，还比较落后。因此，以中华优秀传统文化为支撑，深化我国管理实践的研究内涵，开拓其研究边界，提炼本土化成果，进而丰富人本管理会计理论的实践，将极大地促进管理会计学科理论体系的发展与完善。

（2）中华优秀传统文化情境丰富了会计实践的成果，为我国乃至世界各国企业管理提供了具有借鉴性的经验和指导。

由政府发布相关政策指引推进管理会计建设，这是我国的特色。2016年财政部发布《管理会计基本指引》以来已陆续发布多部管理会计应用指引。目前，社会面临诚信等企业伦理问题，迫切需要从文化情境出发，用中国传统理财思想矫正企业的价值观，深入具有代表性的企业中进行调研，并采用管理会计工具总结其管理经验，编制案例对先进的管理会计经验进行推广和研究。英国历史学家阿诺尔德·汤因比指出，21世纪是中国文化的时代，随着"一带一路"的建设发展，中国企业走向世界，世界企业也走向中国。中华优秀传统文化具有普适性和可推广性，我们有理由相信，基于我国传统文化总结出的人本管理会计经验，结合数字化工具，能够推进管理会计变革，助力企业转型升级，可以为各国企业实践提供指引，为世界管理会计发展做出中国贡献。

（二）基于中华优秀传统文化的人本管理会计的实践特征

文化具有无形性、独特性等特征，每个国家都有自己不同特质的文化，其地理位置、历史发展、气候变化等因素都会对本国文化的形成产生影响，文化的差异性也影响着人的思维方式和心理动态。

中华优秀传统文化强调的包容性、协同性以及诚信等价值观，对于企业管理会计实践具有重要的指导意义。经历了几千年的传承与发展，薪火相传，生生不息，中国管理会计思想的发展应注重中华优秀传统文化的深刻影响。中国企业需要承担社会责任，融入中华优秀传统文化精神内涵，提升员工文化水平，这主要体现在以下几个方面。

（1）重视企业德治，承担社会责任。

企业应传承中华优秀传统文化，主动承担社会责任，人本管理会计的相关理论应注重"德治"管理哲学。"君子之德风，小人之德草，草上之风必偃"（《论语·颜渊》），"君子慎独，不欺暗室"（《礼记·中庸》），注重提高个人道德修养。在企业理财思想中，价值取舍标准的排序是情、理、法。"道之以德，齐之以礼，有耻且格"（《论语·为政》），"齐家、治国、平天下"的思想强调家国情怀以及集体荣誉与利益，这是中国企业家应当具备的品质。

企业在发展的同时应主动承担社会责任，做孝善文化的传播使者，发展优秀企业文化，将企业文化延展至家庭、社区、学校等，多途径、多元化地将企业内的"和谐文化"转化为社会层面的"幸福文化"，只有这样，企业才能长久发展。明代官营龙江船厂是中世纪世界上规模最大的船厂，管理中遵循"上有道揆，下有法守"的原则，"道揆"即准则。运用"道揆"来度量事理，规范人的行为秩序，形成自我约束。邯郸钢铁集团有限责任公司（以下简称邯钢集团）运用"成本否决制"，采用财务倒算、工艺倒算等方法分解目标成本，"上下同欲"，形成"千斤重担万人挑，人人头上有指标"的预算会计和责任会计制度，也是人本管理会计很好的实践体现。

（2）人合为贵，关注和合精神。

在企业管理中，传统文化嵌入要做到各环节有机融入，提升员工的文化水平，发挥中华优秀传统文化特有的精神内涵，潜移默化地影响员工的文化思想，提升员工的文化素养，让员工在为企业发展贡献力量的同时，在实践中传承文化、创造文化、发展文化，在企业内部形成积极进取、努力向上的文化氛围，促进企业健康发展。

"和合"文化是中华优秀传统文化的核心，是中华优秀传统文化的精髓，在传统典籍中俯拾皆是。例如："万物负阴而抱阳，冲气以为和"（《道德经》）；"礼之用，和为贵"（《论语·学而》）；"天时不如地利，地利不如人和"（《孟子·公孙丑下》）。坚持走和平发展道路是新时代中国坚定不移的战略选择和郑重承诺。和合精神，和而不同，讲求协调性、完整性、融合性，在政治、经济、社会、自然等各个层面都有所体现。

和合精神贯穿管理会计指引设计始终，财政部出台的《管理会计

应用指引》，以战略管理为引领，以实现单位的战略目标为核心，运用
预算管理、成本管理、营运管理等工具方法，充分考虑不同业务目标
之间的有效整合，是业财融合的"合"。平衡计分卡的研究强调四种平
衡：一是外部衡量和内部衡量之间的平衡，二是期望的成果和产生这
些成果的动因之间的平衡，三是定量衡量和定性衡量之间的平衡，四是
短期目标和长期目标之间的平衡，这种平衡在很大程度上也是"和合"。
中国兵器工业集团有限公司在建立管理会计体系时，将融合性放在重要
位置，提出管理会计体系不是独立的个体，要与体系、业务、工具、信
息、人员等进行有机融合。

（3）"天人合一"，敬畏自然。

习近平总书记多次强调，要深怀对自然的敬畏之心，减少人类活
动的干扰破坏。在敬畏自然中尊重自然，"禹之决渎也，因水以为师"
（《淮南子·原道训》）。在管理会计理论建设发展过程中，在学习国际先
进理论和经验的同时，也要追本溯源，追溯历史文明实践发展的智慧，打
破"就管理会计论管理会计"的局限，坚持以史为鉴。人本管理会计研究
要坚持多背景、多理论、多融合，创建适应时代发展的现代管理会计理论
体系。对于大自然的力量，人们要予以重视，读懂暗示，懂得运用，造福
人类生产和生活。东方希望集团有限公司董事长刘永行的企业经营理念强
调敬畏自然，在企业经营中坚持"敬畏自然"的道家思想，并总结出一套
"中学为体，西学为用"的商业哲理观念，体现了其对环境的尊重、对资
源的合理利用以及对可持续发展的重视。他认为，敬畏大自然是东方希
望集团有限公司一切行为的出发点，借势重人，"势"就是规律，要顺
应大自然的规律，顺应科学原理、经济规律，不能逆势而动，"人"是
大自然最宝贵的资源，不能随意挥霍。

三、人本管理会计与传统管理会计的区别

人本管理会计的建立标志着管理会计学科从"数字工具"向"价值管理"的转型，将在以后的企业管理、政策制定和社会发展中发挥更重要的作用。

人本管理会计是一种以"人"为核心价值的管理会计理念，强调在管理会计实践中关注人的需求、价值创造和可持续发展，而非仅局限于传统的用财务数据来管理和评价人。它融合了会计学、管理学、心理学、社会学等多学科视角，旨在通过管理会计手段推动组织与社会的和谐发展。

（一）人本管理会计的核心思想

人本管理会计的核心思想是"以人为本"的中华人文精神，将员工、客户、社区等利益相关者的福祉作为管理会计衡量和报告的重要内容，并据此进行制度安排和机制设计。

人本管理会计以长期主义和价值多元化为导向，注重可持续发展，不仅关注财务资本，还重视人力资本、社会资本、环境资本等非财务价值，以避免因短期逐利行为对员工或社会造成负面影响。

（二）人本管理会计与传统管理会计的区别

人本管理会计与传统管理会计的对比如表 3-1 所示。

表 3-1　人本管理会计与传统管理会计的对比

维度	传统管理会计	人本管理会计
关注点	财务数据（利润、成本、资产）	人力资本、社会责任、员工福祉
目标	股东利益最大化	利益相关者的共同利益（员工、社会、环境）
计量对象	货币化指标	财务指标与非财务指标结合（如员工满意度、碳排放量）
时间范围	短期业绩	可持续发展

（三）传统管理会计与人本管理会计相关的研究领域

传统管理会计与人本管理会计相关的研究领域有以下几个。

（1）人力资源会计。量化员工技能、培训投入、离职成本等，评估人力资本对组织的贡献。

（2）社会责任会计。披露企业在环境保护、公益、员工福利等方面的投入与影响。

（3）员工福祉评估。跟踪员工健康、满意度、工作生活平衡等指标，优化管理决策。

（4）利益相关者报告。向股东、员工、客户等提供综合报告，体现企业对多方责任的履行情况。

（四）人本管理会计对传统管理会计的发展

企业实践中，可以在管理会计报表中增加"员工发展投入""性别平等指数""共赢增值分配"等指标，使用"五福"幸福企业路径，优化平衡计分卡等管理会计工具，将员工幸福与企业战略目标结合。公共部门在构建公共政策评估体系时，增加教育、医疗等长期投资对民生福祉的影响这一指标。ESG（环境、社会、治理）将人本管理会计与ESG报告紧密结合，成为推动企业可持续发展的重要工具。

（五）发展人本管理会计面临的困难

发展人本管理会计首先存在计量难题，员工幸福感、社会影响力等抽象指标难以量化；其次，存在标准缺失的问题，尚缺乏统一的非财务信息披露框架，这就使不同企业之间的数据可比性低；再次，导致企业成本增加，在收集和分析非财务数据过程中可能增加企业运营成本；最后，遭到传统管理会计抵触，股东财务最大化思想的转变受到资本所有者排斥，也可能受到学术界排斥。

（六）人本管理会计的未来发展趋势

人本的逻辑是大势所趋，我们有理由相信，人本管理会计的发展会得到各国政府的政策推动，欧盟于 2022 年发布《企业可持续发展报告指令》，各国监管机构强制要求企业披露更多人力与社会责任信息。中国式现代化坚持"以人民为中心"，坚持践行全人类共同价值，坚持推动构建人类命运共同体，随着这一方针逐步深入人心，企业的价值观将发生转变。随着"Z 世代"进入职场，企业需通过人本管理会计吸引和留住人才。此外，大数据和人工智能（AI）技术能够帮助企业更高效地采集和分析非财务数据，数字技术将赋能人本管理会计的发展。

四、人本管理会计的价值理性与工具理性

"价值理性"和"工具理性"是社会学和哲学领域的重要概念，由德国社会学家马克斯·韦伯（Max Weber）提出，用于分析人类行为和社会结构的两种不同理性形式。这两种理性形式在个人决策、组织行为和社会发展中扮演着重要角色。

1. 价值理性

人本管理会计的价值理性是指会计事项行为者基于某种内在的价值观、信仰或道德原则采取行动，而不考虑行动的实际后果或效率。

价值理性的核心特征是关注"应该做什么"，而非"如何做"；强调行为的内在价值，而非外在结果，行为通常与道德、信仰、文化传统等紧密相关。

例如：一个人因为信仰而放弃行贿，即使这可能使他失去订单；企业为了保护环境而投入高成本来开发绿色技术，即使短期内企业利润会下降。

2. 工具理性

人本管理会计的工具理性是指行为者为了实现特定目标，选择最有

效的管理会计工具，所采用的手段或方法注重效率的提升以及结果的最大化。

工具理性的核心特征是关注"如何做"，而非"为什么做"，强调手段与目标的匹配性，追求最优解，行为通常与效率、计算、技术等紧密相关。

例如：企业为了降低成本而采用自动化生产线，即使这样做可能导致员工失业；政府为了提高国内生产总值（GDP）而大规模开发自然资源，即使这样做可能会破坏环境。

3. 价值理性与工具理性的对比

价值理性与工具理性的对比如表 3-2 所示。

表 3-2　价值理性与工具理性的对比

维度	价值理性	工具理性
关注点	行为的内在价值（为什么做）	行为的外在结果（如何做）
目标	实现某种价值观或信仰	实现特定目标（如利润、效率）
决策依据	道德、信仰、文化传统	效率、成本收益分析
时间导向	长期导向（可持续性、意义）	短期导向（即时效果、效率）
典型领域	宗教、艺术、伦理	经济、技术、管理

4. 两者的关系与冲突

价值理性与工具理性既互为补充，又彼此冲突。

（1）互补性。价值理性为工具理性提供目标和方向，以人类命运共同体价值观指导绿色技术开发；工具理性为价值理性提供实现手段，比如，通过高效管理实现共同富裕。

（2）冲突性。工具理性可能忽视道德和人文价值，常见的问题是，过度追求利润导致社会问题；价值理性可能缺乏效率，比如，过于理想化的政策难以落地实施。

5. 人本管理会计的工具理性和价值理性的融合

在企业管理方面，人本管理会计的工具理性使得人们追求利润最大化、成本最小化，而其价值理性让企业关注社会责任、员工福祉。

在公共政策方面，人本管理会计的工具理性使其可以通过数据分析制定高效政策，而其价值理性能够确保政策符合公平、正义等价值观。

在科技发展方面，人本管理会计的工具理性推动了技术创新和效率提升，而其价值理性能确保科技发展符合伦理和社会需求，特别应当注意 AI 伦理。

6. 中国传统理财思想的平衡作用

传统管理会计过度强调工具理性，可能导致"理性化牢笼"，即人类被效率和技术所束缚，失去自由和意义。人们在追求财富的过程中，价值理性不断被边缘化，即在追求效率和利益的过程中，可能忽视道德、信仰等价值理性，导致环境破坏、贫富差距等社会问题。

价值理性和工具理性是人本管理会计发展的两大驱动力，理解它们的区别与联系有助于更好地分析财务管理、进行制度和机制设计，从而做出决策。从整合视角来看，人本管理会计要吸收中国传统理财思想的精华，在决策过程中同时考虑其价值理性和工具理性，避免单一理性的局限性；在制度和机制设计过程中，在追求效率的同时，以可持续发展观确保政策符合社会价值观，己所欲，慎施于人。每个人在选择所追求的目标时，同样要兼顾内在价值与外在结果。总之，发展的目的是使人幸福快乐。

第四章
人本管理会计的研究理论

　　传统管理会计不管是用于成本管理，还是用于预测、决策、预算和考核评价，都是在企业管理实践发展推动下，围绕其核心功能"价值管理"来展开，这里的"价值"指的是物的价值，因此具有"见物不见人"的特征，这与工业经济时代商品普遍匮乏的特征更加适配。

　　传统管理会计一直以"物"为核心确保价值管理功能和价值管理目标的实现，与资本逻辑服务于"物质资本所有者"的目标一致。随着时代的发展，进入知识经济时代以来，货币等有形资本已不是企业的核心生产要素，而人的知识与智慧对于企业价值的形成作用愈加突出，人力资本应当成为价值管理的中心和核心，但是这种转变会与"物质资本所有者"的传统理念产生冲突。如果未来管理会计的变革与发展仍受制于"资本雇佣劳动"这一定向思维，不仅会影响经济发展的进程，而且会成为精神文明和物质文明协调发展的阻碍。

　　全面建成小康社会目标的实现，使人们不再为温饱而放弃尊严，开始追求平等权利的实现，这就为人本会计的形成与发展奠定了广泛的基础。人本管理会计必须在"物质资本至上"的价值理念上完成蜕变，在企业各种缔约关系中改变现有的价值产出方式和利益分享方式。智慧经济时代背景下，人本管理会计的内涵重点在于构造价值管理的内在要求，充分考虑人的需求，并以此为基础，坚持以人为中心、为根本，构建"以人为本"的管理会计价值管理框架和机制，即构建人本管理会计（胡春晖，2016）。

　　人本管理会计思想主要有两大核心：一是"以人为本"，这是基础，着重考虑人的意愿，解决如何努力工作的问题；二是"智力资本挖潜"，它体现了一个企业的软实力，也是企业设计人本管理会计系统的终极目标。

人本管理会计的目的是对劳动贡献与价值分配做出科学的匹配与反映，而传统管理会计很难做到这一点。知识经济时代，价值创造的根本动因是行为，人的行为是一种有意识的活动，是个体劳动者运用知识的过程。"行为"把"人"与"价值"衔接起来。人本会计研究认为，行为是知识外化的表现形式，抓住了行为也就抓住了价值创造的根本，因此提出，在知识经济时代背景下，"行为"作为核心生产要素知识的外化表现形式，应将其纳入管理会计系统，通过"行为—价值"平台建立价值分配标准，通过平台科学、正确地计算劳动者的价值贡献，进而科学地分配价值，在机制上以"人"为中心构建管理会计体系，弥补传统会计中以"物"为中心的不足。

站在价值性和应用性的视角，本研究认为，人本管理会计是建立在中国优秀传统理财思想上的"中魂西制"管理会计"工具箱"，首先要直面价值虚无主义和历史虚无主义，为企业的人本管理会计提供"德本财末"的价值观；其次要以人本管理会计工具为支撑，在实践中建立并发展行之有效的与传统管理会计具有显著差异的管理会计方法论。

——

第一节　人本管理会计的基础理论

孟焰等（2014）将2006—2013年国内发表的管理会计研究文献与杜荣瑞等（2009）1997—2005年的研究进行了系统对比与梳理，发现我国不同时期的管理会计研究，无论是从研究主题、研究方法还是所应用的理论来看都有显著的变化。

人本会计理论也不例外。人本管理会计在守正创新中不断发展，其基础归纳起来可以分为以下三个阶段的理论：一为奠基理论，包括人力资本理论、产权理论、剩余索取权理论；二为孕育理论，包括劳动者权益会计理论和人力资本财务管理理论；三为萌芽理论，包括行为价值管理理论、三维会计理论、协同理论、边际理论和学习理论。

一、奠基理论

1.人力资本理论

20 世纪 60 年代，美国经济学家舒尔茨和贝克尔创立了人力资本理论，认为人力资本是体现在人身上的成本，开辟了人类生产能力研究的新思路。

人力资本理论是一种经济学理论，它强调人的知识、技能以及其他可以影响其从事生产性工作的能力，这些能力和知识被视为一种资本形式，体现在人身上，属于人的一部分。人们因学习而获得的知识和技能是资本的一种形式，这种资本的增长对经济发展至关重要。舒尔茨还计算过美国各级教育的收益率，结果显示，教育的平均收益率为 17.3%，这体现了教育投资的重要性及其对经济增长的贡献。

将企业中的"人"作为资本，进行投资与管理，是人力资本理论的核心。在其管理过程中，应充分考虑人力资本市场的变化及投资收益率波动等信息，机动调整相应的管理应对措施，并追求长期的价值回报。人力资本理论是西方新经济理论的重要分支之一，自 20 世纪 60 年代兴起以来，伴随着科学的进步以及知识经济时代的到来，该理论愈加受到关注。该理论弥补了西方传统经济学研究以物为主以及忽视个体劳动者差异的不足，强调作为生产要素之一的"人"的重要作用和重要意义。

此外，人力资本理论不仅关注人的知识和技能，还强调这些能力和知识是如何通过教育、培训等投资获得的，这些投资对于提高个人生产力以及整个经济的增长具有决定性作用。因此，人力资本理论提供了一个框架，用于理解和分析教育、培训等人力资源开发活动对经济增长的贡献。

2. 产权理论

科斯是现代产权理论的奠基者和主要代表人物，被西方经济学家认为是产权理论的创始人。产权理论是研究产权概念、产权界定及公有制经济产权关系等产权法规的理论体系。产权理论体系旨在解释和分析产权的基本概念，如何划分产权，以及公有制经济中产权关系的特定性质。产权理论的研究内容包括产权的定义、产权的划分，以及产权在市场经济中的角色和作用。

科斯对 20 世纪 30 年代的正统微观经济学提出疑问，并且进行了批判性思考，指出市场机制运行中存在摩擦，并提出通过制度创新来克服这些摩擦的观点。科斯的理论在 20 世纪 50 年代末至 60 年代中期得到进一步发展，他对产权的经济作用进行了正面阐述，指出产权具有克服"外部性"的作用，有利于提高资源配置的有效性，并且有利于降低社会成本。

德姆塞茨对产权的研究也是产权理论的重要组成部分，他提出"产权就是使自己或他人受益或受损的权利"，强调产权针对的是特定的行为，而非物本身。这种观点将产权理解为人与人之间的关系，而非人与物的关系，为产权理论提供了新的研究视角。

在现代企业中，产权理论的应用体现在，建立现代企业制度时，必须同时建立现代产权制度。产权被视为交易的前提条件，是资源配置和协调生产的重要手段。市场作为一种价格机制，依赖于产权的明确界定和有效运作。

3. 剩余索取权理论

剩余索取权理论是一种财产权利理论，它涉及对剩余劳动的要求权。这一理论基于所有权形成，当资本所有者使用自有资本进行生产和交换活动时，他们既是资本的所有者又是资本的使用者。在这种情况下，资本的所有权和使用权是统一的，利润归属于同一主体，不存在利润分割问题。因此，资本所有者拥有完全的剩余索取权。这一理论也面临一些批评和挑战。奥利弗·哈特曾对剩余索取权的概念提出批评，提出使用"剩余控制权"来定义投资者的权利，采用"剩余控制权"的概念取代之前的"剩余索取权"，来解释企业契约的不完全性。此外，剩余索取权的分配理论属性使其研究范围相对狭窄，主要关注参与企业收入分配的主体，而忽略了那些不参与分配但可能参与公司治理的主体，如政府、员工或存款保险机构等。

剩余索取权理论没有提出一个明确的标准来判断谁具有剩余索取权，也没有解决如何在现实中检验这一理论的问题，这些缺陷使得剩余索取权理论在指导公司治理实践时面临一些挑战。

二、孕育理论

1. 劳动者权益会计理论

我国学者阎达五和徐国君对人力资源会计模式进行了改良，提出"劳动者权益会计"的概念。劳动者权益会计理论基于"人力资本"的概念，认为企业的所有员工都是人力资源，但不同于人力资源理论只把稀缺性的人力资源视为人力资本，该理论将人力资本的范畴扩大至企业所有员工，从而使会计发生了从"物本主义"到"人本主义"的根本性革命。

劳动者权益会计在融合传统财务会计的基础上进行改良，具体体现在两个方面：一是核算模式上的创新；二是增加了管理内容，明确人力资本所有者对自身人力资本的求偿权为企业的一项权益，即劳动者权益。为了实施这一理论，需要设置特定的会计科目，如"人力资产""人力资产费用""人力资产摊销""人力资产清理""人力资本"等，以核算企业所拥有的人力资源价值、企业对人力资本所有者的追加投资、人力资产的摊销以及劳动力使用权灭失后的价值转移。劳动者权益会计理论使劳动者能够按照其投入企业的人力资源所形成的人力资本参与收益分配，从而确保劳动者权益的实现。

2. 人力资本财务管理理论

人力资本财务管理（Human Capital Financial Management, HCFM）是建立在人力资源管理基础之上的管理系统，它并不是一个全新的系统，只是综合了"人"的管理与经济学的"资本投资回报"两大分析维度。

人力资本财务管理将企业中的人作为资本进行投资与管理，并根据不断变化的人力资本市场情况和投资收益率等信息，及时调整管理措施，从而获得长期的价值回报。人力资本财务管理注重投资与回报之间的互动关系，并结合市场分析制订投资计划，因此相对来说更为理性，对市场变化也更为敏感，侧重点和衡量尺度更为明确。另外，人力资本财务管理与经济学分析模型相结合，有利于进行长远的预测，增强企业的前瞻性、预判性，从而提前采取行动。

人力资本财务管理理论的核心在于对以下两个方面的管理。

一是对人力资源外在要素的管理，属于量的管理。主要是做好"物"与"人"的有机平衡，对"人"进行切实有效的组织与培训，在变化中实现人力和物力的协调与结合，促使人和物发挥最佳效应。

二是对人力资源内在要素的管理，属于质的管理。指为了达到组织的目标，利用现代化、科学化的方法对"人"这一生产要素的思想、心理和行为进行有效的管理（包括对个体和群体的思想、心理与行为的协调、控制及管理），目的是使人的主观能动性充分地发挥出来。

人力资本财务管理是企业管理系统的一个子系统，其存在的前提是组织系统的发展战略及其供给条件，以及人力资本管理运作的结果，最终是为了实现组织和员工个人的共同发展，实现企业更高的价值。

三、萌芽理论

1. 行为价值管理理论

行为价值管理理论是一种企业管理方法，由查尔斯·汉迪提出，旨在通过对企业行为价值产出的结果、价值增值的品质与效率进行判断并形成结论，提高行为的经济价值。行为价值管理理论涵盖经营战略、企业治理、企业文化、企业沟通、企业组织形态、决策系统和决策流程、绩效管理系统、薪酬回报系统等内容，既包括战略确定意义的整体行为价值管理，也包括具体行为实施中的行为有效性的控制。

行为价值管理理论强调在组织内部进行各种层面的沟通，使各种行为与企业所要追求的价值和目标具有一致性（通常是指股东价值最大化），让组织和个人的目标成为共同信念，提高组织成员的生活品质满意度，最终做好顾客服务，增强组织的竞争力，进而获得长久的事业成功。行为价值管理理论包含几个关键要素。

（1）创造价值。通过企业的各种活动和行为创造出对股东有价值的成果。

（2）管理价值。确保这些价值创造活动得到有效管理和优化。

（3）衡量价值。通过适当的指标和评估方法来衡量企业行为的实际价值。

行为价值管理理论强调在企业管理中实施价值管理的重要性，包括如何将企业设定的价值信念，如发展愿景、企业文化等，嵌入员工的日常工作之中。员工在工作中遇到问题时，如果与公司设定的价值信念相同，不需要进行逐级批示，可以直接执行相关的工作或者直接解决相关的问题。这样一来，不仅增强了员工的自主性，有助于公司愿景的实现，也能够约束员工，使其坚守工作信条，有利于组织内部的协调发展，促进各层面之间的沟通。通过共同价值标准将组织、团体和个人的目标融合成共同的信念，最终实现顾客服务的优化以及组织的长期发展。

2. 三维会计理论

三维会计理论是由徐国君教授及其弟子胡春晖博士等共同研究首创的一种会计学基础理论。这一理论在《劳动者权益会计》《三维会计研究》《人本会计基础问题研究》《人本会计基础理论结构研究》《人本会计理论体系研究》等著作或论文中都有呈现。

三维会计理论的提出，揭示了传统会计的缺陷，反映了随着知识经济的发展以及物力资本中心观向人力资本中心观的转变，从物本会计到人本会计、从物权会计到人权会计，管理者逐渐认识到对人的管理是企业管理的核心。这种转变使企业决策者和管理者意识到，需要一种由静态会计转变到动态会计、由平面会计转变到立体会计的模型，能够反映人及其组织在变革中改进人的行为，从而获得竞争优势的会计信息。三维会计理论提出从会计本质上提升的会计未来综合模型，即立体动态反映与信息资源整合系统，旨在提供一种全新的研究视角和方法，以更好地理解和应对管理领域的深刻变革。

3. 协同理论

"互联网＋"背景下，人本经济发展观的"去三化"（去中介化、去中心化、去信用化）颠覆了传统企业管理模式，促使人们对新的管理会计理论与计量方法展开探讨（丁胜红等，2019，会计研究），协同理论成为人本经济阶段研究企业管理会计理论创新的基础理论，而下文介绍的边际理论与学习理论成为研究人本经济阶段企业管理会计计量方法创新的基础理论。

协同理论是研究普遍规律支配下的有序的、自组织的集体行为的科学，它提出在不同系统之间也存在类似的规律。协同理论试图以远离热动平衡的物理系统或化学系统来类比和处理生物系统与社会系统。

协同理论揭示了物态变化的"旧结构——不稳定结构——新结构"这一普遍程式，显示在系统从旧结构向新结构转变的过程中，不稳定性起到了积极的、建设性的作用。系统在经历不稳定状态后，最终会达到一个新的稳定状态。协同理论认同更具包容性和共同演化的观点，改变了以往对组织的理解，验证了西方学术个体主义方法论的局限性。

自组织原理是协同理论中的一个重要原理，它描述了系统在没有外部指令的情况下，通过子系统之间的相互作用，自发地形成有序结构的过程。该原理可以帮助人们更好地理解复杂系统的自组织行为并优化管理策略，为理解组织管理、冲破科层束缚提供了理论依据。

4. 边际理论和学习理论

边际理论主要涉及经济学中的几个核心概念，包括边际学派经济学、边际生产力理论、边际效用理论等，这些概念共同构成了边际理论的核心内容。

边际学派经济学是经济理论中的实证部分，是研究事实是怎样的学问，不涉及应该如何研究规范问题。它基于两个基本假设：一是选择具有目的性、一致性，资源总是稀缺的，主观需要或欲望、稀缺性或生产成本是解释价值的两个方面；二是边际主义经济理论假设价值可以精确地分析个体的选择以及生产者和消费者等个体的优化行为。

边际生产力理论由美国经济学家克拉克首创，用于分析分配论。该理论指出，在其他条件不变的前提下，如果所有市场都是完全竞争的，资源配置则是有效率的，每增加一个单位要素投入所增加的产量称为"边际物质产品"，而增加的产量所带来的收益称为"边际收益产品"。

边际效用理论关注消费者决策及其分析，认为人们消费商品的目的和愿望是追求最大满意度。随着消费商品数量的增加，消费者总体满意程度也在增加，每一单位商品带来的满意度却在减少，体现了边际效用递减规律。

上述理论共同构成了边际理论的核心，它们在经济学中的应用和解释为我们理解经济行为及市场运作提供了重要的框架和工具。

学习理论揭示了人类学习活动的本质和规律，它是对学习过程进行解释和说明的一种心理机制，对人类的学习行为具有指导作用。学习理论可以分为不同的流派：行为主义学习理论强调学习者的行为是对环境刺激的反应，并且所有行为都是通过学习得到的；而认知主义学习理论强调通过研究人的认知过程来探索学习规律，认为人是学习的主体。认知主义学习理论强调学习的质量取决于学习的效果，人们对外界信息的感知、注意、理解是有选择性的，人类获取信息的过程，包括感知、记忆、理解、解决问题的信息交换过程。

人本主义心理学也是学习理论的一大派别，它主张学习即个体自我实现的过程，重视"以人为本"，以学生为中心开展学习，教师是学习的促进者，强调学生的情感、需要等因素对学习的作用。

第二节 人本管理会计的实践理论

为助推管理会计在新时代服务经济社会高质量发展，推进中国式现代化建设，在广泛调查研究的基础上，财政部办公厅于 2024 年 11 月 29 日发布了《财政部关于进一步加强管理会计应用的指导意见》。该指导意见旨在解决实践工作中存在的对管理会计工作的重要性认识不到位，以及管理会计发展不平衡、应用效果不明显、人才支撑不匹配、工具方法的理论与实践应用仍存在脱节等问题，这也为中国式现代化人本管理会计建设提供了依据。

推动人本管理会计建设的理论应重视人性，在吸收人本会计基础理论的基础上，坚持"以人民为中心"的发展思想，倡导人性回归、平衡有度、繁荣发展的组织佳境。

一、有意义的管理理论

陈劲等经过对中外企业"以人为本"的管理实践的长期观察，在总结西方传统管理学体系，借鉴日本知识管理研究精髓，并吸收中国哲学整体观、系统观和仁爱观的基础上提出"有意义的管理"这种全新的管理范式，旨在通过关注人的尊严和幸福，激发员工的意义感，推动企业创新和可持续发展。

"有意义的管理"是具备中国特色的全新管理理论，在企业管理实践中，有意义的管理就是在愿景和使命的引领下，赋能个体的同时也要有效赋能整个组织，强调信念愿景、人性尊严、创新创造、个人福祉和社会福祉五个方面，如图 4-1 所示。

有意义的管理的核心内容含义如下。

（1）信念愿景。信念是组织之魂，也是产生意义感的前提，而愿景是企业的航向。信念愿景强调在公司目标和组织背景下，管理层的信念与员工对自身工作和事业的信念相互交流碰撞，通过"创造性对话"找到对公司和员工都有意义的业务目标。

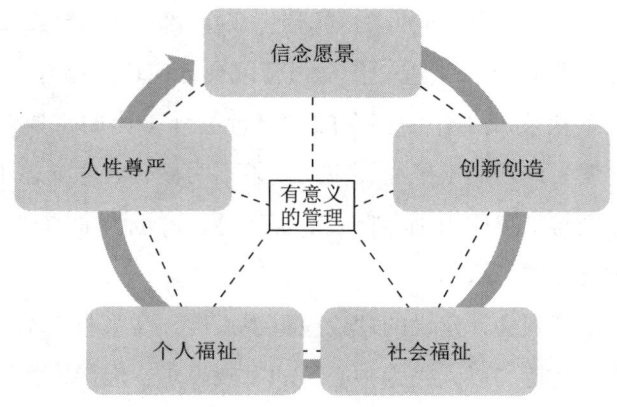

图 4-1　有意义的管理的五项核心内容

（2）人性尊严。人性尊严强调爱与道德在组织管理中的重要作用，充分重视个体，关注员工的尊严和幸福感，以提升组织中的人性光辉。

（3）创新创造。创新是第一动力，智慧在民间，挖掘员工的创新意愿和创新能力，使每个员工的智慧和力量成为推动企业发展的源泉，强调社会文化、人文文化和哲学思考在创新过程中的回归，使创新从市场和科技层次上升到文明层次。

（4）个人福祉。幸福来源于对有意义及快乐的不断探寻，所谓兴趣是最好的老师，因为幸福是一种持续的战斗力。以员工福祉为导向，以利他为原则，打造心流，塑造身心平衡。

（5）社会福祉。以人为本，以民为体，打造正能企业、利他经济，提升整个社会的幸福感，建设和谐的福祉社会。

"有意义的管理"不仅关注员工的幸福感、成就感、获得感，使其感受有意义的工作和生活，还推动社会各界关注员工的全面发展。这种管理范式强调价值理性而非工具理性，重塑传统经济组织的意义感，关注创新创业、社会责任和商业伦理、健康与福祉，从而推动企业的可持续发展和社会进步。通过对方太集团、茑屋书店、国家电网有限公司、微软、中国航天、中车、本田、宝洁、海尔、中铁工程装备集团、奈飞、宜家、默克等中外企业的长期观察，陈劲发现这些企业通过关注人性的回归、意义的感知以及对幸福的追寻，实现了卓越的管理实效。

二、文化理论

"文化理论"是一个广泛的概念，涵盖社会文化理论、文化心理学、企业文化理论等多个方面，还包括对"文化"概念的时间流变的分析，这些理论共同探讨文化对个体和社会的影响及其发展。文化理论主要有社会文化理论、企业文化理论、霍夫斯泰德文化维度理论等。

社会文化理论是由苏联心理学家维果茨基提出的，强调社会文化因素在人类认知功能发展中的核心作用。这一理论认为，人的心理机能是通过文化产品、活动和概念的中介作用，并受这些中介的调节而发展的，其中语言是首要的调节手段。社会文化理论促使我们从全新的角度审视二语习得的社会环境，强调人类通过社会和物质环境内的互动发展认知活动。

企业文化理论是继古典管理理论、行为科学管理理论、管理丛林理论之后，世界企业管理史上出现的第四个管理阶段的理论，也被称为世界企业管理史上的"第四次管理革命"。这一理论强调"以人为本"的管理原则，认为企业成功的关键不在于硬件资源，而在于致力于人的发展的企业文化。

霍夫斯泰德文化维度理论由荷兰心理学家吉尔特·霍夫斯泰德提出，旨在衡量不同国家或地区之间的文化差异。该理论包括六个核心维度，即权力距离、不确定性规避、个人主义与集体主义、男性化与女性化、长期取向与短期取向、自身放纵与约束。该理论不仅帮助我们理解不同文化之间的差异，也为跨文化交流和管理提供了重要的参考。

人本管理会计的相关研究是植根在我国的经济发展和改革进程中的，本质上也是一种文化，属于一种文化治理方式，必须本土化。中国式管理讲究关系、"家长式"领导、中庸之道、人性化管理、"以人为本"、以德为先等，这些中华传统文化元素在中国式管理中根深蒂固。几千年来，传统儒家伦理一直支撑着中国人的习俗惯例和道德伦理，对社会关系进行调节和约束，进而保证社会的有序运行与和谐稳定，而法治精神的匮乏导致制度的软化，这不利于企业的发展，特别是在经济全球化背景下，企业要面对风起云涌的经济环境和多元化的世界文化冲击，必须注重法治，以及"以人为本"的企业文化。

三、文化工具箱理论

文化工具箱理论由安·斯威德勒提出，该理论认为，文化不是一个统一、完整的系统，而是由一系列工具组成的，这些工具包括符号、故事、仪式和世界观等，人们使用这些"文化工具"来解决不同的问题。这一理论对经典社会化理论中"文化是一个由高度连贯一致、结构精致的代码、意识形态或价值观组成的系统"的观点提出挑战。安·斯威德勒认为，这些文化系统的"认知成本"太高，它们不是为了符合某种阶层或主流文化而被甄选或再生产的形式，任何人都无法记住或保持所有相关的逻辑联系，而是为了服务于人们生活的具体社会情境。因此，文化从一个统一、完整的"系统"发展成为一个"工具箱"，具备了规范性和工具性两种性质。可以将文化视为生活工具，它能够为人们的行动提供策略，而不是为行动的目标提供价值意义。此外，文化工具箱理论强调，文化对于行动的影响不依赖于行动者对于特定价值理念的整体认同，行动者如何采取行动与其"工具箱"内的储备有关，更与其选择工具的策略有关。因为行动者缺乏根据价值观构建完整行动的能力，每个人都会根据自己对所处情境的理解从"工具箱"内选择合适的工具，并遵循其指引而行动，行动者的行动过程应当被视为将诸多行动要素整合形成完整行动的过程。文化工具箱理论从一个新的视角来看待文化和社会的互动关系，特别是在理解和解决社会问题方面为其提供了新的方法与思路。

四、自主人理论

自主人理论强调个体的自主性和自我决定的重要性，这一理论框架主要基于美国心理学家爱德华·L.德西（Edward L.Deci）等提出的自我决定理论（Self-Determination Theory, SDT）。自我决定理论认为，自我决定是一种关于经验选择的潜能，是在充分认识个人需要和环境信息的基础上，个体对自己的行动做出自由的选择。自我决定理论将人类行为分为自我决定行为和非自我决定行为，认为自我决定行为的动机来源于内在的需要和情绪的驱动。

对于一个组织来说，控制是不可避免的，控制不当，就等同于强制，会削弱人的活力、自发性、真实性和好奇心。自我决定理论强调自我在动机过程中的能动作用，自主人理论不否定金钱、群体和谐、自我实现的价值，而是认为自主具有统摄其余要素的地位；人具有主观能动性，前提是要赋予自主意识。该理论认为，人在具体情境中的动机虽然会有一定的变化，但若能由自主加持，外在的目标也可能被内化，从而强化认同。

自主学习理论的理论基础与人本主义学习理论有很强的相关性，人本主义心理学主要强调激发人在学习中的潜能，学习具有独特性，要提高对学习者的需要、情感、意愿等方面的重视程度，并尽力满足其相应需求。德西认为，由内在动机驱动的人，表现出活力、奉献、超越等特质，在完成任务时很可能体会到"心流"，人的内在动机一旦被激发，学习的效果会更佳，解决问题的能力会更强，在更需要智慧、专注、直觉或创造力的活动上的表现也会更加出色。自主学习与合作学习、终身学习相结合，体现了在"自"性基础上的"共"性，包括通过合作学习环境下的团体讨论、共同思考以达到学习目标，以及从探索、选择、建构到创造新知识的过程。

自主人理论还涉及对人的自主意识的启蒙，认为人是具有自主性的个体，而不是被动执行的对象。自主人理论不仅在心理学和学习理论中有重要地位，也在企业管理中发挥了重要作用。该理论强调个体的自主性、自我决定的重要性，以及如何在社会环境中实现个人与集体的和谐发展。例如，海尔的"人单合一"模式，强调每个员工自我驱动，把自身的力量发挥到极致，从而实现个人和企业的共同发展。企业管理强调自主人，对破坏性创新、内部创业尤其具有现实意义，有助于人们更加透彻地理解企业家精神。

强调自主人并不是完全反对控制、驱逐控制直至消除控制，也不是让员工各行其是、放任自流，只是强调管理要淡化强制。自主是责任与风险的统一，自我选择也意味着自我管理、自我控制，其背后的逻辑是成果管理式控制，不是非关键绩效指标（KPI）式的控制以及人为的、"潜规则"式的控制，而是达成一致的"明规则"的控制。

五、和谐管理理论

和谐管理理论脱胎于席酉民在中华优秀传统文化与现代管理科学相结合的基础上于 1989 年提出的"和谐理论"，从 2004 年起，研究团队选择海尔等中国代表性企业，应用和谐理论进行案例研究。

最初的和谐管理理论，"和谐"的定义域以协调为中心，随着研究的不断深入，"和谐"的内涵也在逐步扩展。总体而言，是由以"协调"为内涵的和谐逐渐发展为以"和则"和"谐则"的耦合体系为内涵的和谐主题，强调管理中的"和谐"不仅是目标，也是一种方法论。现代组织如何更好地在日益复杂、快速变化且具有模糊性、不确定性的时代生存和发展，和谐理论认为，任何系统之间以及系统内部的各构成要素之间都是相关的，且存在一种系统目的意义下的和谐机制。不同于西方哲学强调基于科学、法律和宗教的标准化和理性设计，和谐管理理论基于东方哲学，强调以和谐与德性的灵活性、弹性、柔性和适应性来替代西方这种硬性的系统方法。

和谐管理理论以探究常态化的非线性组织发展过程为主线，以系统剖析内耗与考察人的因素为基础，认识到主流组织研究的均衡假定并不现实，组织通常处于混沌边缘状态，该状态既是内耗的产物，又是人的因素在内耗中的作用凸显的根源，最终形成了解决组织与管理问题的新框架。和谐管理理论在思想上体现了东西方管理思想的有机结合，在方法论上突出中国"天人合一"的整体思维，在价值观上特别重视组织中人的因素，在应用上提供了一种宏观层面的动态发展的全局视野。

和谐管理理论可以有效应对复杂多变环境下的经济社会发展问题，为创新生态体系的构建、持续扩展和升级提供了两条参考路径：一是用"和则"与"谐则"耦合机制，把西方分析观与中国整体观的结合落到实处；二是基于"和谐"等概念来解释组织发展的生成机制，尝试整合西方现有组织理论的目的论、辩证与演化观点。

第三节　人本主义经济学

人本主义经济学是当代政治经济学流派之一，主要代表人物有英国经济学家约翰·罗斯金（John Ruskin，1819—1900）、舒马赫（E.F.Schumacher，1911—1977）以及美国经济学家刚登（George Gunton，1845—1919）。

人本主义经济学以促进或阻碍人与社会发展的条件和环境作为首要的研究任务，探讨满足人的需要与经济活动之间的关系。认为人是有机的、历史的"社会人"，而不是静态的、机械的个人。人不仅仅是追求效用最大化的个人，人的需要与价值观会随着社会环境的变化而不断变化。

人本主义经济学的经济观应当是人本经济观，一切以人为尺度、以人为原则，其核心思想是以人的生存与生活质量为社会发展根本的价值前提，人的需要成为衡量事物价值的唯一标准。人本主义经济学的人本经济观，是指在经济活动中始终以人为根本，以人为前提，以人为基础，以人为动力，以人为目的，将人作为一切经济活动的出发点与归宿点。

从经济学的发展来看，在经历了从"人本"到"物本"的演变后，其弊端也日益显现，老子说"反者道之动也"，自然也会产生从"物本"到"人本"的演变过程。我国对于人本主义经济学的研究最早开始于赵德志（1988），后来巫继学（1995）发表了人本主义经济学宣言，标志着人本主义经济学研究进入了一个新阶段，引起了学术界的关注。陈惠雄（1999）等持续开展人本主义经济学研究，并取得了丰硕的成果。直到现在，国内有关该领域的研究仍然处于起步阶段，人本主义经济学理论中仍然有许多需要探讨的内容。

人本主义经济学理论的核心观点，就是人是目的，快乐是动力，寿命是尺度（陈惠雄，2004）。人本主义经济学不是人类中心主义，更不是个人中心主义。人本主义经济学研究是开放性研究，不能把人本主义经济学与主流经济学对立起来，人本主义经济学的指导思想是马克思主义，必须坚持人民群众的主体地位。人本管理会计视角的人本主义经济学，需要回视中国的传统理财学，比如，以孔子、孟子、荀子等为代表的儒家，为了解决经济学上的资源稀缺问题，形成了与现代经济学不同的人本主义路径，表明人的发展不一定要跟在物的发展后面（张波，2009），如表4-1所示。这一路径可以为人本管理会计所认同的人本主义经济学研究提供参考。

表4-1　儒家人本主义经济学与现代经济学的对比

项目 内容	现代经济学	儒家人本主义经济学
解决资源稀缺问题的方式	发展物	发展人
解决资源争夺的方式	市场秩序	国家秩序
解决生产的方式	价格机制	国退民进
政策主张	保护私有制	维持礼制（注重政治）
	提倡理性与自由	提倡节俭
	法治环境	道德教育

人本主义经济学和传统经济学不同，它把人的需求满足作为社会前进的标准，这种需求不是无止境的物质需求，而是"天人合一"的需求，是物质与精神相协调的需求，是可持续主义的需求。人本主义经济学认为，GDP固然重要，但不是非常重要，它评价社会有没有进步，是不是变得更好了，是以人的需求的满足为衡量标准，强调人的自我完善，以实现人的幸福为目标：一方面，财富增加，人的需求得到满足；另一方面，人的主观情感得到满足，生活充满幸福感。

人本主义经济学理论引导的人本管理会计，以降低及至消除无效GDP 为方针，从这个角度而言，企业生产产品要对标人的需求，从本质上要否定面子工程、豆腐渣工程等危害国计民生的生产行为，以及拿回扣等不正当行为。人本主义经济学认为，人性是二元的，既有善的一面，也有恶的一面。加强法治来限制人性中的恶，使之做不了坏事；在选人用人时，要强调德治，尽量选择善的人来分配利益和调配资源。

人本主义经济学的"以人为本"，尊重人的本性，承认人会自私，会自利，但也会利他，而且只有自利利他，才会形成良性的市场经济。如前文所述，博大精深的中华优秀传统文化以及蕴含其中的经济思想，可以为研究人本经济理论提供丰富的思想营养。人本主义经济学要以中华人文精神为核心，重新审视"人"和"物"的关系，在强调经济发展的同时也重视人文底蕴，坚持"以人为本"，从人民的逻辑来回答经济发展是为了谁、依靠谁、发展成果由谁共享的命题，从而实现科学主义和人文主义辩证统一的共同富裕。

中国式现代化建设进程中的人本主义经济学，用"以人民为中心"的发展思想推动人民民主，把增进人民福祉、促进人的全面发展作为发展的出发点和落脚点，将高质量发展成果体现在人民的高品质生活上，不断增强人民群众的幸福感，伦理与制度并用，顺应人民日益增长的精神文化需求，强调人的身心健康以及人与自然、人与社会的和谐，使人的自然、社会、精神三重属性得以充分张扬，并将人的自由全面发展以及人类对美好生活的向往作为经济活动的最终价值目标。

第五章

人本管理会计的物理维度

改革开放以来，我国的管理会计取得了长足发展，也具有比较鲜明的本土化特点，具体表现在两个方面：一是管理会计制度的变迁与国家经济体制的转变有密切关系，政府对管理会计应用的引导和推广具有重要作用；二是在经济体制转变过程中，企业也自发地创新具有自身特色的管理会计工具。

2024年11月财政部发布《关于全面深化管理会计应用的指导意见》（财会〔2024〕22号，以下简称《指导意见》），对新时代管理会计的发展提出新的目标和要求。人本管理会计的物理维度研究当前中国管理会计的规则和路径是什么，包括管理会计当前的发展情况以及中华优秀传统文化蕴含的丰富理财思想。

儒家文化和管理会计应用对企业价值创造都具有正向影响，儒家文化与管理会计应用二者对企业价值创造的影响存在互补效应（范英杰等，2023）。人本管理会计主张的人本逻辑，超越了从"经济人"到"社会人"的阶段，迈入由"知识人"向"伦理人"演进的阶段。"伦理人"假设是在"以人为本"的基础上，使追求利润和承担社会责任二者达到统一。人本管理会计聚焦于伦理层面，从而满足人对幸福和意义的追求。

人本管理会计的物理维度，回答研究人本管理会计当前的"物"是什么，即当前的本质属性和客观规律，包括两个方面：一是归纳西方物本管理会计指导下的中国管理会计的发展情况、存在的问题，以及中国本土化实践；二是梳理常常被忽视的中国传统理财思想，为人本管理会计的人文思想的形成奠定价值基础，如图5-1所示。

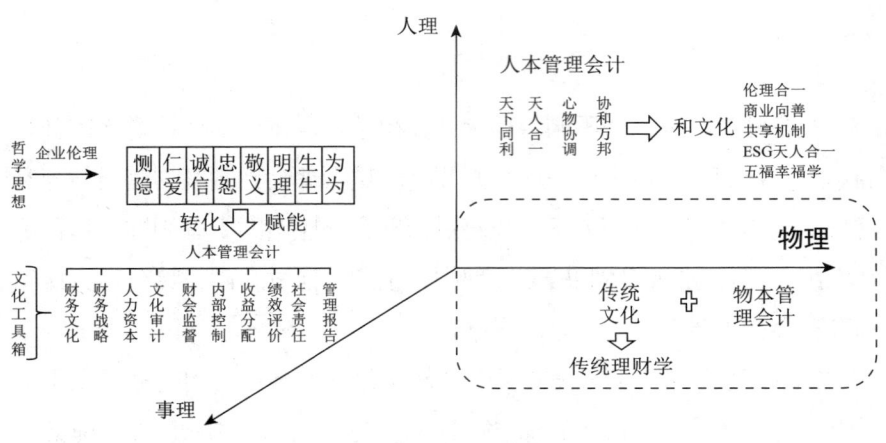

图 5-1　人本管理会计的物理维度

第一节　中国管理会计的以史为鉴

中国管理会计引入西方管理会计相关理论的时间虽然较晚，但在实践发展的过程中做了很多有益的尝试，产生了许多成功案例，特别是近年来智能会计的发展，使管理会计方法在企业中的应用已领先于学校课堂。

早在中华人民共和国成立期初，我国就有了以成本管理为核心、实施班组核算、进行资金成本归口分级管理和经济活动分析的内部责任会计。"管理会计"这一术语在中国正式出现是在 20 世纪 70 年代末改革开放以后，到 20 世纪 80 年代末形成了责任会计体系，其管理基础是企业内部管理的经济责任制。20 世纪 90 年代后，逐步出现了管理会计相关实践，如成本性态分析、盈亏临界点与本量利依存关系分析、经营决策经济效益的分析评价等。

管理会计的学术研究，分析 1978—2008 年中国管理会计理论与实践述评（胡玉明等，2008），并对 1978—2018 年发表在国内 21 种主要学术期刊上的管理会计研究文献进行系统的梳理（李垂珉等，2019），分阶段研究改革开放以来中国管理会计研究的发展历程。从总体上来看，1979—1988 年，我国的管理会计学术研究集中于成本管理领域；1989—1998 年，则扩展至更多管理会计主题的研究；1999—2008 年，基本上实现了管理会计应用领域研究的全覆盖；2009—2018 年，侧重于从整体上对管理会计展开研究。

《管理会计基本指引》推动了具有中国特色的管理会计的发展，自 2014 年财政部发布《关于全面推进管理会计体系建设的指导意见》（财会〔2014〕27 号）以来，依据《管理会计基本指引》界定出管理会计理论研究的范围，研究的热点问题关注度较高的有全面预算管理、作业成本管理、平衡计分卡、价值链管理等（王满等，2019）。另外，管理会计的研究虽然有不同主题，但都存在一定的联系，其中战略地图与平衡计分卡之间、经济增加值与资本成本管理之间、敏感性分析与净现值之间以及边际贡献和变动成本管理之间的联系更为紧密。

一、改革开放以来中国管理会计的发展脉络

1. 管理会计的引进阶段（1978—1984 年）

改革开放以来，会计界开始引入国外的管理会计相关内容，这一时期涌现出许多关于西方管理会计的学术文章，其中余绪缨教授功不可没。代表性的学术论文有杨时展的《从管理会计学看近三十年西方国家会计科学的演变》《现代会计向传统的挑战》，余绪缨的《现代管理会计的主要特点及其吸收利用问题》《现代管理会计的形成、发展与"洋为

中用"》《现代管理会计是一门有助于提高经济效益的学科》《现代管理会计中几个基本理论问题的探索》；同时出版了一批管理会计教材，代表性的有余绪缨编著的《管理会计》（1983年），胡文义和陆廷纲编著的《管理会计》（1983年），李天民编著的《管理会计学》（1984年），标志着西方管理会计引入中国。

2. 管理会计的普及和本土化提出阶段（1985—1992年）

这一阶段，会计学界开始讨论管理会计的学科属性及其与财务管理等相邻学科的关系，以及管理会计的理论基础、理论框架等问题，并对管理会计的核心内容，包括对象、职能、目标、原则、方法等展开研究。一些高等院校将"管理会计"学科作为会计学及其相关专业的专业课或选修课，并开始招收"管理会计"研究方向的硕士研究生。厦门大学和上海财经大学等高等院校更是领先一步，着手进行"现代管理会计"研究方向的博士研究生培养。管理会计本、硕、博教学层次的开展，使得管理会计相关教材日渐丰富。此后，随着这些学子毕业进入社会，不管是在学术界还是在企业中，都对管理会计的普及与推广运用发挥了重要作用。

1987年美国学者约翰逊和卡普兰出版了轰动西方会计学界的《相关性的遗失：管理会计兴衰史》，引发了西方管理会计学界的争论，使管理会计的研究进入"反思期"；同时也引起了中国会计学界的重视，结合中国的实际情况，学术界提出要建立具有中国特色的管理会计理论与方法体系（李天民，1990），建立具有中国特色的管理会计学科（孟焰，1991），并提出由微观管理会计、宏观管理会计和国际管理会计三部分组成的"广义管理会计"新概念（余绪缨，1992）。

3. 管理会计的反思与提升阶段（1993—2006年）

1992年，党的十四大提出建立社会主义市场经济体制重大决策，标志着中国改革开放进入一个重要的里程碑，中国经济从计划经济进入市场经济，西方管理会计的理念也更好地适应了中国经济体制。学术研究尝试将西方管理会计与中国管理情境相结合，研究如何在中国企业管理中运用西方管理会计的相关方法，标志着中国管理会计从普及和本土化提出阶段步入反思与提升阶段。此阶段产生的理论与方法更加注重创新性与"本土化"，比如作业成本法、平衡计分卡、全面预算管理、经济增加值等都具有明显的中国特色（杜荣瑞，2009），虽然原创性方面还有所欠缺，但因关注到本土特色，都取得较好成效。

4. 管理会计重视管理控制系统阶段（2007—2013年）

这一阶段的研究重点转向管理会计的管理控制系统，其中对业绩导向型薪酬体系和绩效评价系统的研究占据了管理会计研究领域的"半壁江山"。随着研究的逐步深入，出现了以研究管理控制系统为目的的文献，研究管理控制系统的一般性问题。

2006—2013年的研究表明，自2006年以来，随着中国证监会正式颁布《上市公司股权激励管理办法》，股权激励相关的研究如雨后春笋般涌现，主要研究内容集中在"股权激励计划制订的影响因素""股权激励对企业业绩的影响"等方面，业绩导向型薪酬体系和绩效评价系统成为管理控制系统领域的主要研究课题（孟焰等，2014）。这一阶段关于平衡计分卡的研究仍然是绩效评价系统研究的重要内容之一，有单独关注非财务绩效指标应用的研究（张川，2008，2009，2012），有组织间业绩评价和平衡计分卡改进的研究（支晓强，戴璐，2012），还有讨论平衡计分卡的有用性的研究（刘俊勇等，2011）。值得注意的是，在绩效评价系统的研究中，大部分研究都没有理论基础，只有少量文献在研究时应用了相关理论，如基于利益相关者理论的绩效评价系统（温素彬，黄浩岚，2009）。

2010 年美国管理会计师协会（IMA）出台了《管理会计公告》，标志着管理会计逐步实现标准化，具有更多的工具性特征。2012 年，我国将该公告翻译成中文，旨在使中国学者从中受到启发，推动中国管理会计的发展。2013 年 9 月，财政部将管理会计领域列为我国会计改革的重点。

总体来看，本阶段管理会计的研究方法更加多元化，主要体现在基于数据库的实证研究和调查研究所占的比重显著提高，管理会计研究更加理论化，应用理论的管理会计研究数量显著增加，所应用的理论也更加丰富。有学者开始关注如何发挥管理会计在企业实践中的指导作用，如何提高中国管理会计的国际影响力与地位，如何形成中国的管理会计工具方法并提炼其概念框架，最终建立具有中国特色的管理会计理论体系。

5. 管理会计研究转型阶段（2014—2018年）

2014 年，财政部发布《关于全面推进管理会计体系建设的指导意见》，开始全面建设管理会计体系，立足国情，借鉴国际经验，提出采用理论、指引、人才、信息化加咨询服务"4+1"的管理会计发展模式，明确了管理会计体系的建设任务、措施以及所要达到的目标，指出要想形成具有中国特色的管理会计理论体系，就必须在概念理论、基本框架和工具方法上加强研究。充分发挥企业在管理会计工作中的主体作用，同时积极借助管理会计相关专业咨询服务机构的"外脑"作用，发展具有中国特色的管理会计理论，从而更加有效地指导和促进管理会计实践。加强管理会计人才队伍建设，提高信息化水平，进而保证管理会计工作全面、有效、科学地发展。

2017 年被称为智能化管理会计的"元年"，"大智移云"等智能技术在管理会计领域的应用与发展速度不断加快，《管理会计应用指引》

全面推出。2017 年 9 月 29 日，财政部发布《管理会计应用指引第 100号——战略管理》（财会〔2017〕24 号）等首批 22 项管理会计应用指引。2018 年 8 月 17 日，发布《管理会计应用指引第 202 号——零基预算》（财会〔2018〕22 号）等 7 项管理会计应用指引。2018 年 12 月 27日，发布《管理会计应用指引第 204 号——作业预算》（财会〔2018〕38 号）等第三批 5 项管理会计应用指引。截至 2018 年年底，财政部共制定印发 34 项管理会计应用指引，包括 7 项概括性指引和 27 项工具方法指引（见表 5-1）。其中，概括性指引主要介绍本领域内相关管理会计工具方法的共性内容，而工具方法指引主要介绍相关工具方法的应用环境、应用程序和应用评价等，管理会计的工具性进一步得到强化。

表 5-1　管理会计应用指引

概括性指引	工具方法指引
战略管理（第 100-101 号）	101 号战略地图
预算管理 （第 200-201 号）	201 号滚动预算、202 号零基预算、203 号弹性预算、204 号作业预算
成本管理 （第 300-304 号）	301 号目标成本法、302 号标准成本法、303 号变动成本法、304 号作业成本法
营运管理 （第 400-403 号）	401 号本量利分析、402 号敏感性分析、403 号边际分析、404 号内部转移定价、405 号多维度盈利能力分析
投融资管理 （第 500-502 号）	501 号贴现现金流法、502 号项目管理、503 号情景分析、504 号约束资源优化
绩效管理 （第 600-603 号）	601 号关键绩效指标法、602 号经济增加值法、603 号平衡计分卡、604 号绩效棱柱模型
风险管理（第 700-702 号）	701 号风险矩阵、702 号风险清单
其他（第 801-803 号）	801 号企业管理会计报告、802 号管理会计信息系统、803 号行政事业单位

相较于英国皇家特许管理会计师公会（CIMA）发布的管理会计工

具，我国的管理会计工具更具开放性，企业可以根据自身情况自主选择与应用，体现了政府导向的计划属性与企业自我决定的市场属性的统一，所欠缺之处在于风险管理方面，缺少关于职业道德反思的自查自纠清单。

6. 中国管理会计的新时代、新发展（2019年至今）

2021年11月，财政部发布的《会计改革与发展"十四五"规划纲要》提出，会计职能需要对内、对外进行拓展，对内拓展聚焦于提升微观主体管理能力，对外拓展聚焦于服务宏观经济与经济治理等方面。2022年10月16日，党的二十大报告提出，中国式现代化是中国共产党领导的社会主义现代化，既有各国现代化的共同特征，更有基于自己国情的中国特色。中国社会进入新时代，管理会计的应用环境更加丰富多彩。从管理会计理论基础观察，具有中国特色的经济学已经基本形成，管理学文化演进为管理会计理论自觉与学术自信提供了积极的能量。

新时代，新发展，学术界认为，应根据中国式现代化的要求构建具有中国特色的管理会计理论与方法体系。冯巧根连续发文，提出管理会计工具的创新——"十字型"决策法（冯巧根，2020），并研究共同富裕驱动的管理会计创新（冯巧根，2022），认为管理会计研究要关注政治、经济与社会变化的时间"窗口期"（冯巧根，2023）。实务界取得的成就也不应忽视，财务智能化进程加快，管理会计在财会数字化技术上取得了重大进展。上海国家会计学院举办影响中国会计行业的十大信息技术评选活动，从2002年第一次评选开始算起，到2024年已经进行九届，智能财务最佳实践也进行了七届评选，成为会计行业数字化变革的风向标。管理会计智能化使得管理会计的职能拓展与发展情境更加具象，比如RPA（机器人流程自动化）技术与中国式现代化管理会计融合应用的适配性（郭彦，2024），在数字技术协助下促进管理会计职能的全球化与本土化协同（冯巧根，2023），推动企业发展需要围绕数字经济与数字化改革的外在驱动，提升管理会计工具的执行能力。

二、2014—2024：财政部管理会计政策十年回顾

财政部管理会计政策十年回顾，指的是从 2014 年财政部发布《关于全面推进管理会计体系建设的指导意见》（财会〔2014〕27 号）（以下简称 2014 年《指导意见》）到 2024 年财政部发布《关于全面深化管理会计应用的指导意见》（财会〔2024〕22 号）（以下简称 2024 年《指导意见》）的十年。前者提出建立健全与我国社会主义市场经济体制相适应的管理会计体系，后者针对数字技术发展与企业高质量发展需求，提出完善管理会计指引体系、提升管理会计数智化水平、加强管理会计理论研究和人才队伍建设等二十项工作要求，明确了全面深化管理会计应用的目标。

1. 财政部推动管理会计发展的四个阶段

阶段一：推进管理会计体系建设。

2014 年《指导意见》提出我国管理会计发展的规划蓝图，该文件的发布在我国管理会计发展史上具有里程碑意义。

阶段二：推广管理会计实践案例。

2015—2019 年财政部建立了管理会计案例库，2023 年 6 月财政部办公厅发布《关于开展管理会计案例征集工作的通知》（财办会〔2023〕13 号），从中遴选出 190 个案例，为各企事业单位的管理会计实践提供示范和指导。

阶段三：建设管理会计指引体系。

2016 年，财政部发布《管理会计基本指引》（财会〔2016〕10 号），为管理会计应用提供了理论研究和实践框架。随后，财政部发布了 34

项应用指引，通过总结国外管理会计经验及成熟的管理会计工具，指导各企事业单位进行资源配置，以达到财务目标。

阶段四：推动管理会计应用深化。

2024年，财政部发布2024年《指导意见》，提出全面深化管理会计应用，以当前企业实践应用场景为出发点，顺应数智化时代的发展需求，探索深化管理会计应用的路径和方法，持续推进管理会计指引体系的优化完善。

2. 2014年《指导意见》与2024年《指导意见》的十大变化

相较于2014年《指导意见》，2024年《指导意见》发生了以下十大变化。

变化一：管理会计指引体系更加完善。

变化二：全面推进数字化、智能化转型。

变化三：财务共享中心的战略地位提升。

变化四：强调业财融合和数据应用。

变化五：指明管理会计理论研究和人才队伍建设方向。

变化六：注重对管理会计咨询与技术服务的规范指导。

变化七：注重提升管理会计应用的综合效用。

变化八：明确各方在管理会计应用中的具体分工。

变化九：推动管理会计案例库建设。

变化十：完善管理会计咨询专家机制。

3. 管理会计的五大应用目标

2024年《指导意见》明确提出深化管理会计应用成效的五个方面的任务，也是管理会计的五大应用目标，具体如表5-2所示。

表5-2 管理会计的五大应用目标

任务	应用目标	核心内容
任务一	推动单位实现战略规划	构建面向责任单位的从战略到执行的 PDCA 循环管理体系,搭建企业战略、全面预算、内部审计、业绩评价、经理人考核等一体化管理体系
任务二	促进单位降本提质增效	构建面向成本对象的成本 PDCA 循环管理体系,包括成本计划、成本控制、成本核算、成本分析和成本考核的精益成本管理体系
任务三	提高单位风险防控能力	利用数智技术,从完善流程控制点和使用"数据 + 模型"方式构建风险预警体系两个方面来建设企业风险管理体系
任务四	推动单位可持续发展	建立支持 ESG 的管理会计体系,助力单位可持续发展相关信息的披露,支持绿色低碳循环发展经济体系的建立和发展
任务五	助力新质生产力发展	将发展新质生产力纳入整体战略规划,加强研发业务管理,提高科技创新投入产出效能,发挥管理会计对单位科技创新活动的支持作用

三、中国管理会计的本土经验

中国会计理论研究 40 年真正具有国际学术研究价值的贡献,就是《会计法》,《会计法》专门围绕会计从国家层面予以立法,且不断地进行修订。放眼世界,也只有中国这么做。此外,"两则两制"是中国贡献给世界的政府主导会计与财务基本制度建设模式。管理会计的发展也不例外,政府的推动直接影响企业管理会计制度的完善与发展。从 2014 年开始,财政部在学术界争议已久的"中国宏观层面需不需要建立管理会计标准"问题基础上,先后出台了建设中国管理会计体系的纲领性文件,并制定企业管理会计各项应用指南。

中华人民共和国成立后到改革开放前,虽然"管理会计"这一标准术语没有被正式提出,但实践中已有很多类似的应用。例如,中华人民共和国成立前夕，"围绕降本、提质"这一主题，东北工业部开展经济核算，号召群众"反浪费"，即是管理会计定额管理等的应用实践。到了 20 世纪 70 年代，我国企业开始实施以企业内部经济责任为基础的责任会计体系，标志着现代意义上的管理会计在我国开始应用。

20 世纪 70 年代末、80 年代初，国有企业开始探索承包经营责任制，主要内容是利润留成，用以激发企业经营的主观能动性，比较典型的是 1981 年推行的国内公交企业经济责任制，该制度取得了比较好的实施效果。为此，1986 年所有国有企业均开始实施承包经营责任制，基本原则是包死基数，确保上交，超收多留，欠收自补。其间，河北省的企业实践经验对管理会计的发展起到了"助推器"的作用，形成了广为流传的"河北经验"，其中最有代表性的是马胜利的"经营承包制"和张兴让的"满负荷工作法"。在借鉴国外研究成果的基础上，逐步形成了具有中国特色的"责任成本管理制度"（杨纪琬，1985）。

1978 年年底到 1989 年年底，是管理会计以控制为主要制度特征的发展阶段，这也是由产品的供求关系决定的。该时期普遍存在商品短缺现象，企业在产品供不应求、不愁销路的情况下，只要控制了成本，就有了利润。进入 20 世纪 90 年代，随着人们需求层次的不断提高以及商品需求的初步满足，管理会计的职能作用也发生了转变，传统的以控制为主的"一元观"向以控制和信息支持为主的"二元观"转变，中国企业开始对本土企业的管理会计经验进行总结、提炼，管理会计在我国企业中的应用获得新突破，"模拟市场核算，实行成本否决"的河北邯郸钢铁公司的成本管理经验广为流传（林万祥，2008），为探索具有中国特色的管理会计理论与方法体系提供了经验（胡玉明，2015）。

进入 21 世纪以来，得益于"互联网 +"为代表的创新思维，企业将数字化技术融入管理会计信息系统，促进了管理控制系统的全面提升。2005 年，海尔提出"人单合一"模式，为丰富与发展中国管理会计理论提供了自信，此后，海尔的"人单合一"模式不断迭代，管理会计也更加注重服务于生态平台建设，管理控制系统更加注重"个性化"，强调个体发展和自驱动，同时强调平台服务的"共同认知"。自 2014 年开始，我国管理会计进入"全面推进"的制度化建设阶段，阿里巴巴集团的财务共享一直在尝试通过引入技术，实现运营的智能化、自动化，要求财务扮演司机的角色，"一边踩油门，一边踩刹车"。华为的 IFS（集成财务系统）项目，把规范的财务流程植入公司的整个运营流程，实现了全球 7 × 24 小时循环结账机制。海尔将所有组织、业务当中的财务全部划分到集团财务团队当中，并为财务做一个新的定位，即"规划未来、引领价值、事前算赢、创新增值"。中国管理会计实践随着中国企业的崛起，正以创新驱动发展，通过资源的有效配置，解决产能过剩问题，在全球范围内为共享价值创造贡献力量。

第二节　中国管理会计存在的问题

中国管理会计创新自改革开放以来的 40 多年间取得了明显的成效，但也不能故步自封，必须不断创新中国的会计理论研究，特别是中国式现代化的提出，应当重新认识中华人文精神在管理会计中的重要作用，"以人为本"，运用多种研究方式，大力提倡学术争鸣，积极构建中国自主的管理会计体系，不唯西方理论马首是瞻，立足本土实际，解决中国问题，从而发展出适应新经济、新时代的高质量发展观的管理会计。

经济学常将人看成理性的"经济人"，但在现实中"人"受到多种因素的影响，并不是完全理性的，主观上追求理性，客观上仍会受到限制，即是有限理性的"行为人"。"行为人"受到机会主义行为的影响，会利用各种机会与途径来满足自身利益的需要。

企业中广泛存在的机会主义行为，导致各项管理会计政策犹如空中楼阁，悬空而建，无法落实，因而管理会计的相关制度也无法达到预期的理想效果。机会主义映射到管理会计系统中，导致管理者常以自身利益为着眼点，谋取在职消费，进行过度投资、非效率投资等，使得管理会计制度常常流于表面而无法真正贯彻执行。

一、管理会计的中华人文精神缺失

西方文献研究证实组织管理根植于文化之中，所谓"橘生淮南则为橘，生于淮北则为枳"，植根于西方文化的管理会计方法应用到中国企业，与中国文化情境并不完全适配，特别是指导管理控制系统的价值观，只有同中国人的价值观相契合，才能被员工接受，才能真正发挥其在运营管理中的作用；然而，纵观我国管理会计的发展史，不管是管理会计理论还是实践，都是侧重于管理会计的"术"，即重视管理会计相关的"技术"或"工具"问题的研究，如预算控制、绩效评估、激励机制、集权或分权、平衡计分卡、经济增加值（EVA）、全面质量管理（TQM）等，对这些"术"所涉及的"道"，即对管理会计"文化"的关注度还远远不够。

战略的起点是价值观，财务战略也当如此。长期以来，我国缺乏对财务文化相关理论的研究，企业文化建设中对财务文化建设也不够重视，大多数财务文化都是照猫画虎，没有真正理解财务文化的精髓，只是简单地照搬照抄西方财务文化，自然会"水土不服"。管理会计理论发端于西方文化，资本逻辑中的以利为本，指导财务文化将企业经济利益最大化作为财务管理的第一目标，甚至是唯一目标，并衍生出股东财富最大化（范英杰等，2020）的财务管理目标，造成企业社会责任感和商业伦理缺失，直接导致会计舞弊事件层出不穷。

中华人文精神在管理会计中的缺失需要引起企业管理者的注意，做企业不在于做大，而在于经营人心，使之成为受人尊敬的企业，在坚定中国特色社会主义文化自信的前提下，如何基于我国优秀文化情境建立管理会计理论体系，成为学术界及企业亟待解决的问题。

二、企业收益分配存在的误区

传统的管理会计强调股东财富最大化，企业财务报表也基本上是基于股东的视角观察企业的价值创造，以物质资本的收益为重点，忽视了人力资本产权的收益。长期以来，不管是国有企业还是民营企业，其企业改制过程永远都是物质资本与物质资本之间的谈判，而员工不管工作了多少年，也不论创造了多少价值，都只能接受被摆布的命运，这是人与物的关系的颠倒。即使当前已认识到人力资本的价值，也是倾向于高级人力资本的产权收益，而忽视普通人力资本的产权收益（王海兵，2012）。近年来，人力资本产权收益虽受到重视，但普遍关注的对象还是企业家、管理层以及关键技术人员，而常常忽视普通人力资本，这在就业困难时期表现得更为突出。这种已形成惯性的财务会计思维，在收益分配上将企业的净利润全部归于物质资本所有，自然而然，所有者权益仅是物质资本所形成的所有者权益，完全否认人力资本所形成的所有者权益。

不可否认，物质资本主导下的企业收益分配模式曾经对经济发展产生巨大的推动作用，但是，任何事情都处于发展变化之中，都会时过境迁。传统的收益分配方式使劳动受雇于资本，甚至受雇于权力，部分用人单位在确定劳动者工资水平时具有较大的随意性，分配起点不公平，机会不平等，逐步拉开了企业管理者和普通员工的收入水平，甚至只给企业管理者加薪，从而加剧了社会财富分配的不公平性。物质资本对收益的排他性也容易破坏资源和环境，不利于人类命运共同体建设，在知识经济时代，很容易造成人力资本和物质资本的撕裂。例如，2024年7月，"与辉同行"与"东方甄选"分道扬镳，东方甄选以7658.55万元的对价，将与辉同行100%的股权转让给董宇辉。7月26日，东方甄选股价应声大跌，盘中一度跌幅近30%，截至7月26日收盘，东方甄选全天跌幅达23.39%，短短两天市值便蒸发24.75亿元。

俞敏洪表示，此举是对董宇辉贡献的肯定，也向董宇辉及外界传达了他和东方甄选对与辉同行的善意，但对于投资东方甄选的股民来说，二人的分道扬镳令人难以接受。此事件对于企业的发展极为不利。当然，此事件也引发了俞敏洪的思考，他在电话会议中明确表示，未来不再可能出现第二个与辉同行，主播与企业的发展方向将是共同发展、共同富裕，有福同享、有难同当，这也为促进人本管理会计思考提供了实践案例。

马克思认为，工资应包括历史和道德的因素，工资主要是由生产资料所有制决定的，社会伦理也会对工资产生影响，进一步讲，工资不应取决于权力。如果企业管理者认为，普通劳动力不具有稀缺性，从而以就业机会难得为由，通过解除劳动关系迫使员工接受苛刻的工资条件，这种缺乏人文精神的企业收益分配方式，必然会损害员工的积极性，激化劳资矛盾，引发社会危机，也会被中国式现代化的共同富裕所鄙弃。

三、财务报告决策有用性的反思

财务报告的决策有用性是实证会计研究的热点，也是评价财务报告信息质量的基本原则。财务报告主要服务于投资人的投资决策和债权人的信贷决策，却极少关注其他利益相关者。我们知道会计作为商业语言，在向利益相关者传递企业的经营信息，然而传统的企业财务报告由于只披露与财务相关的信息，且大量微妙的"高管估计"很可能脱离了事实，其信息的有用性呈现出快速减退的趋势（王俊清等，2024）。黄世忠认为，传统会计规则在新经济时代面临以下困境：广义无形资产在企业价值创造过程中的作用越来越明显，但它们可能并未在财务报告中得到体现，平台资产的网络效应现象、用户聚集的边际成本递减、智慧资本的内在经济价值等，导致传统的会计信息相关性日益降低。

传统的管理会计报告面临"旧标尺衡量不了新经济"的困境。传统财务报告由于重视投资者投入的物质资本，所披露的内容主要是物质资本形成的"硬资产"，而漠视了人力资本形成的"软资产"，这是财务会计"见物不见人"的"物是人非"，是股东中心主义的反映。另外，实践中上市公司为了弥补传统会计报表信息的缺失，财务报告的页数也在不断增加，以中国石油天然气集团有限公司（以下简称中石油）2022 年度财务报告为例，该财务报告共有 280 页。这种动辄几百页的年度财务报告使得财务信息越来越难懂，还有的企业选择在呈报格式上做文章，过度追求图文版式美观，导致报告看似"高大上"却严重偏离需求目标。

中国情境下具有决策价值性的管理会计报告，企业价值定位在于整体的价值创造，需打破传统的将管理会计报告定位为内部会计报告的思维，由管理会计报告和财务会计报告共同组成会计报告，转变会计信息相关性及有用性减退的趋势。新经济，新时代，必须高度重视为内外部利益相关者提供决策信息的管理会计报告。

四、财会监督法治化下的自律性茫然

《会计法》（2024 年修正）将内部会计监督制度纳入内部控制制度，从而使会计监督在实践中具有了控制职能，构成会计监督具有核算、监督和控制职能的新实践"三元论"。现实中存在这样的情况：尽管有"硬机制"管控，还有人在进行会计舞弊时表现得"心安理得"。舞弊三角理论认为，压力、机会和合理化是"行为人"产生舞弊行为的三要素。不同于压力与机会，合理化作为一项心理特质因素，不容易用外力来捕捉和控制，更不易被度量，难以进行强制性会计监督，容易产生财会监督手段的盲点。因此，需要加强"软约束"，更好地促进"不想腐"目标的实现。

股东财富最大化、利润最大化、企业价值最大化等以股东为中心的管理会计思想，长期以来影响着会计工作相关人员的决策心理。因此，当存在管理层指使、集体决策、团队利益等情境时，人们会认为舞弊是实现公司价值的会计政策选择，从而赋予自己的行为以合理性，即人们可能认为舞弊虽不合法但合理，从而产生舞弊倾向。同样，中介机构的注册会计师审计是会计监督环节外部监督的"民间经济警察"，被赋予审计监督与咨询等职能，既是企业管理会计的服务机构又是指导监督机构；但是中介机构也是以盈利为最终目的的法人，面对同行竞争压力，利润也是衡量其价值的标准，在"集体利益"的幌子下，也会把参与舞弊的动机"合理化"，从而使中介机构的监督作用失效。

会计舞弊屡禁不止的原因有很多，其中会计人员和管理层的"合理化"借口以及中介机构"心照不宣"的配合尤为重要。这种现象在物欲横流、诚信危机、信用体系不健全的异常组织环境下更为突出。集体舞弊会导致个体参与者的责任分散，从而会以道德辩护使自己的不道德行为"合理化"。还有一种情况，即个人并没有自利性的亲组织舞弊行为，即盲目选择了对组织的"忠"，却舍弃了对国家和社会更大的"义"，在所谓"忠义难两全"的文化困境中选择了舞弊。

合理化和亲组织行为对可能舞弊行为的影响程度最深，持续性也最强，且在人心深处难以捕捉和化解。若会计监督与内部控制的制度性和法治性将舞弊动机框限于"行为人"自利性单一视角，而忽略舞弊行为潜在的"合理化"和"亲组织"两个动机，就会产生财会监督的盲点。因此，应在"硬机制"之外，关注《会计法》（2024 年修正）指导下的"软约束"，结合会计文化建设，更好地发挥财会监督的作用。

优绩主义的核心思想认为，社会应当通过公平竞争来分配资源并进行奖励，能力出众和努力工作的人应当获得更多的机会与回报。这一理念强调个人通过自身的才能和努力获得成功，初心是为了实现社会公正和效率；但是从另一个角度来看，优绩主义理念下的企业实施的物本内部控制和绩效考核，把人视为机械的、工具性的被控制对象，重物权、轻人权，忽视了人的意识及思想，存在控制不足或者控制过度引发的企业效率降低的风险，过度依赖规章制度和绩效考核，而忽视了人的精神品质、人文觉醒，应将人的内在驱动性和外部规章制度内外结合起来实现财会监督。

五、传统财务绩效评价的局限性

管理会计视角的绩效管理模式是指将成本与收益导向嵌入企业目标与其他相关目标的绩效管理之中，在为顾客创造价值的基础上协调企业与各利益相关者之间的关系，谋求企业及其合作方的利益平衡（冯巧根，2016）；但是传统的财务绩效评价方法广泛采用财务指标进行考核，这很符合公司主体的机械化大规模生产特征及过去的企业管理理念。因为过去企业的范围经济与规模经济决定了企业的竞争力，而各种财务指标为企业提供了经营成功与否的评判标准，由于这些标准基本上都是站在股东的角度制定的，很少关注其他利益相关者的利益，更无法描绘企业的未来，所以显现出日益明显的局限性。

（1）员工权益隐形化。

财务绩效评价主要是基于经营者、投资者和债权人的利益视角，提供他们所关注的财务指标数据，而忽视了员工是企业价值创造的重要驱动因素。只有经营者对员工的绩效评价，而没有员工对经营者的绩效评价，绩效评价往往成为物质资本对人力资本进行挤压和盘剥的手段，甚至成为权力滥用的借口。企业效益好了，员工的工资未必上涨，即使上涨幅度也往往很小，只是象征性的，而企业一旦未能达到经营目标，员工就要承担降薪、裁员的结果，有的企业还年年出现经营者完成了股东考核的绩效目标，拿到全部奖励，员工却因年年完不成经营层制定的绩效目标而被扣除奖金的不正常现象。

企业的正面财务信息对员工的影响远低于负面财务信息带给员工的消极影响，财务信息对员工权益的漠视也降低了员工关注企业财务信息的积极性。从马克思剩余价值理论的普遍适用性来看，员工创造了企业剩余，股东却独占企业剩余，员工的工资在财务会计上被列入成本费用，是利润的减少，从股东的短期视角来看，员工工资与股东利益是此长彼消的对立关系，因此，企业经营者有压低员工薪酬的本能性，员工的权益信息被有意简化和不透明化，员工工资信息常以"商业秘密"为由不对外披露，甚至员工之间也需要互相保密，这些做法都缺乏共享共赢思维，制约了员工参与企业财务分析的可能性，也不利于一线最具创造力的员工发挥降本增效的主动性。

（2）客户利益边缘化。

客户购买商品本应是货币性投资，实质上是客户和企业投资者等共同生产物美价廉的产品，它们之间属于共生共享关系；但在物本管理会计思维下，客户的权益被边缘化，客户关注的产品安全性、售后退换货情况、投诉情况、用户满意度调查等信息难以获得，这种情况虽然在电子商务平台上有所改善，但还存在虚假的刷单情形，一些网络好评也真假难辨。企业把和客户密切相关的广告费列入销售费用，列示于利润表，作为利润的减项，一方面客户通过广告效应购买商品而支付了广告费，另一方面又承受了促销广告中夸大和不实宣传带来的较差的消费体验，一些产品只重视观感或口感，一味地诱导客户消费，事实上这些产品会对人的身体造成损害，客户是花钱买罪受。如果从客户的视角对企业进行绩效评价，其评价结论可能会和企业视角的评价结论完全相反。

（3）忽视战略性资源。

绩效评价的数据通常来源于企业财务报告，而企业财务报告披露的主要是有形资产，对企业的战略性资源揭示得不够，缺乏具有强价值相关性的非财务指标，很多财务报告又进行了粉饰，甚至造假，这些都严重制约了企业财务报告的评价质量。管理会计的绩效评价工具，如关键绩效指标法、经济增加值法，都是基于股东利益最大化，关注企业的有形资产及可辨认的资产，而忽视了其无形资产以及非财务信息在企业价值创造中的重要作用。平衡计分卡、绩效棱柱模型等，虽然从评价维度上由财务维度向社会绩效和环境绩效扩展，但平衡计分卡也只是关注股东、员工和顾客的利益，对其他利益相关者利益的关注还不够，它们之间的因果关系也并不能得到充分证明。绩效棱柱模型将利益相关者拓展到债权人、客户、供应商、政府和社区，但其理论方法模型在不同行业和企业中的普适性和科学性需要进一步检验。

第三节　中国式现代化与中国管理会计

"高下相倾，音声相和"（《道德经》），万事万物矛盾对立的双方都是相互依存、相互转化的，如此才能达到和谐。传统管理会计没有将价值创造过程中具有主导作用的"人"纳入管理会计工具，具有"以物为价值创造根本"的物本特征，这种惯性是在财务管理的发展史上形成的，利润最大化、每股收益最大化、股东财富最大化、经济增加值最大化，即便是利益相关者利益最大化，都是"以物役人"。物本会计习惯于强调物质资本利益的最大化，自然造成人力资本权益的弱化和最小化，不可能建立和谐的运营环境。

物质资本所有者主导的"谁投资、谁拥有、谁受益"的传统资本逻辑，使人们习惯了物质资本所有者作为唯一投资者享有投资收益权。更加糟糕的情形是，在无人能对其不合理性提出疑问的思维模式下，以职业经理人为代表的经营者，出于受托经营责任，为了完成股东制定的绩效目标，从而取得自己的收益，自然偏向于股东而不是和他一起战斗的员工，甚至会牺牲员工的利益来换取自己的利益。"水能载舟，亦能覆舟"，说到国家层面，这个道理大家都明白，到了企业层面，这个道理却被大家忽视了。普通员工在缺乏与资本所有者博弈的能力的情况下，会通过消极行为来进行对抗，从而增加了企业的隐形成本，最终降低了企业价值创造的效率，这虽然不是致命的因素，但谁又能说企业经营得好坏与员工的积极性和创造性没有关系呢？

长期以来，理论界普遍认为财务管理对象是资金运动，这也符合眼见为实的人自以为是的本能。企业生产经营过程，表现为资金筹措、资金投入、资金营运、资金回收和资金分配的生产活动，这是显而易见的，但这仅是冰山在海面上的呈现，而关键性的人的行为隐藏在"水面之下"，因此少有人能看到资金背后的人的行为的重要性。正所谓"见钱不见人"，但钱本身不会创造价值，真正创造价值的是"人"对"钱"的驱动行为，不同人的行为会导致截然不同的财务结果。钱在一个企业家手里和在一个普通人的手里，带来的财务结果悬殊，不管是在理论上还是实践上，人都不应成为钱的附庸。中国式现代化追求人的全面发展，资源配置不应是以物定人，这里所说的"人"，不是指一部分人，而是指全部人。

一、时不待我：中国管理会计发展的窗口期

2014 年财政部发布的《关于全面推进管理会计体系建设的指导意见》归纳出中国管理会计的两个重要时间窗口：一是从 2014 年起，在 3～5 年内在全国培养出一批管理会计人才；二是力争通过 5～10 年的努力，使我国管理会计接近或达到世界先进水平。前一个窗口期的任务现在看来已经基本完成，目前管理会计研究的重点和难点是如何保证管理工具的科学有效实施；后一个窗口期，即形成具有中国特色的管理会计理论与方法体系，并且在世界范围内获得重要地位和话语权，使之成为普适性的管理会计理论和方法体系，仍然任重道远。

中国式现代化情境下迫切需要扩展管理会计功能。中国式现代化的 5 个特色和 9 个本质要求，分别为"人口规模巨大的现代化，全体人民共同富裕的现代化，物质文明和精神文明相协调的现代化，人与自然和谐共生的现代化，走和平发展道路的现代化"和"坚持中国共产党领导，坚持中国特色社会主义，实现高质量发展，发展全过程人民民主，丰富人民精神世界，实现全体人民共同富裕，促进人与自然和谐共生，推动构建人类命运共同体，创造人类文明新形态"。从人本管理会计的视角来看，中国式现代化的本质是"人类命运共同体"内在特征及使命的体现，是实现多维度的共同富裕。

企业是中国式现代化过程中高质量发展的主体，中国式现代化离不开中国管理会计的现代化，这不仅是管理会计本土化发展的要求，也是中国经济高质量发展的必然要求。铸造中华优秀传统文化根基，开拓中国化管理会计的道路，一方面，要从宏观视角强化管理会计学术研究，从中华优秀传统文化中构建中国化管理会计的人文精神；另一方面，要从微观视角融合西方管理会计的经验和成果，借助财务智能化系统，对管理会计的相关功能、结构进行拓展与优化。用数字技术加强企业绩效管理、管理会计报告、内部控制、利益分配等人本要素。中国式现代化，民生为大，正确处理效率和公平两者的关系，构建初次分配、再分配、三次分配相协调的基础性制度安排，为人类和谐贡献中国智慧和力量。

西方发达国家引领传统管理会计的发展方向，掌握着话语权，在中国式现代化建设过程中，我们要深刻认识到社会的发展绝不是单纯的物质文明发展，还应包括精神文明和政治文明的发展。当财富积累达到一定程度后，如《道德经》所言，我们必须反思"名与身孰亲？身与货孰多？""甚爱必大费，多藏必厚亡"。当然，发展人本会计的过程并不是说要强调什么都不做，什么都不要，那样也违反了人的"德"，即人从道所获得的认知和欲望能力，而是说要用人与自然和谐的整体观来看待财富的积累，以义制利，这不仅关系到人类的可持续发展，也是个人的安身立命之本。

二、文化治理将是中国管理会计的重要维度

中国管理会计要高度重视中华优秀传统文化在管理会计系统中的基础作用，用中华人文精神，结合中国优秀企业的情境，挖掘出管理会计研究更为丰富的理论，解决价值上的虚无主义和存在上的虚无主义问题。

文以载道，文以化人。文化通过影响人的价值观，使不同的人表现出不同的特征。荷兰著名文化学者吉尔特·霍夫斯泰德（Greet Hofstede）定义文化是同一环境中的人们所具有的"共同的心理程序"，他研究了

IBM（万国商业机器）公司在 40 多个国家的 11.6 万名员工的文化与价值观的问卷调查数据，于 1980 年提出文化维度理论。起初他从权力距离、不确定性规避、个人主义与集体主义、男性度与女性度四个维度进行研究，后来又加入长期导向与短期导向，从这五个维度来区分不同群体和国家的文化差异。

　　企业中可以将权力距离理解为员工和管理者之间的社会距离。公司股东价值最大化就是个人主义文化背景的产物，提倡承担社会责任是集体主义的体现。当企业文化的男性度较高时，员工主要讨论的是事业而不是生活；相反，女性度较高的企业更注重合作，寻找工作与生活的平衡。长期导向主张"授人以鱼，不如授之以渔"。格雷（Gray）在 Hofstede 的文化维度概念模型的基础上于 1988 年提出社会文化能够影响会计文化，并将会计亚文化划分为职业导向与法律监督、一致性与灵活性、保守与乐观、保密性与透明性四个维度。此后，很多学者针对 Hofstede–Gray 框架展开研究，纽曼（Newman）等（1996）基于 Hofstede 的民族文化五维度论对跨国企业进行研究，发现管理会计实践与民族文化呈现出一致性的函数关系；威廉姆斯（Williams）等（2001）以新加坡企业为样本，研究发现国家文化中的集权与分权程度等因素会影响企业管理会计系统。范德斯泰德（Vander Stede）（2003）从预算和激励两个方面研究管理控制问题，根据跨国企业海外业务单位的数据展开分析，发现子企业或者业务单位的文化特征与总部呈现出一致性时，企业业绩呈现出更高的水平。

　　中国管理会计体系建设应结合企业管理实践，尤其是从传统文化、习俗、宗教等非正式制度与正式制度的交互视角进行探索。近年来我国学者也展开了文化维度理论与管理会计的相关研究，认为会计是一种社会与技术交互作用的行为，全方位地受到文化的制约与影响（潘爱玲等，2013）；中国特色的管理会计研究需要充分利用我国优秀传统文化，扎根于我国的制度背景、社会文化等（傅元略，2022）；追溯我国管理会计人文思想，认为企业管理会计的行为需要吸取优秀传统文化中的管理思想（田新平，2016）。

Hofstede 创建了文化维度理论之后，西方学者利用其文化维度概念模型进行不同国家文化情境下的实证研究，通过实证数据检验其理论，成为近十年会计文化研究的重要内容，从东亚到北美，从北欧到澳大利亚，有关会计文化研究内容包括预算控制、绩效评估、薪酬管理、激励机制、集权或分权等，并深入管理控制的各个方面。这也为以中华优秀传统文化进行管理会计的文化维度理论研究，以及全面检验中国管理会计实践，构建中国本土化管理会计的文化治理功能提供了理论基础。

三、中国管理会计的高质量发展和共同富裕观

改革开放 40 多年来的实践表明，中国管理会计在导入、变迁与发展的历程中，在结合本国国情的基础上，广泛融合世界各国先进的管理会计经验和成果而向前发展（戴璐，支晓强，2015）。党的十八大以来，党中央站在世界历史的高度，以全新视角，创造性地提出关于中国式现代化的一系列新理念、新思想和新战略。社会主义的本质要求在从"现代化"到"中国式现代化"的发展进程中得到了充分体现。中国式现代化是中国管理会计创新的核心内容，是以高质量发展和共同富裕为基础的现代化。"共同富裕"是一个长远的发展目标，不是一蹴而就的，是一个具有艰巨性、复杂性、长期性的逐步发展的过程，对管理会计创新起到重要的推动作用。

高质量发展是中国式现代化的基本保障，中国管理会计要围绕高质量发展实施管理会计创新。2021 年 12 月召开的中央经济工作会议明确

指出中国经济的现状，即"需求收缩、供给冲击、预期减弱"。面对挑战，中国管理会计必须面向宏观层面，在中国经济高质量发展上狠下功夫，配合现代化经济体系建设实现稳字当头、稳中求进。

中国管理会计要结合党的二十大报告中的共同富裕内涵及其精神实质，转变过往的一些理财观念，做到主动创新发展。共同富裕具有长期性、奋斗性和差别性等情境特征，管理会计的创新要秉承"以人为本"的思想，体现收入分配的合理与公平原则，正确处理效率和公平之间的关系。发挥共同富裕示范企业的标杆作用，鼓励全国企业结合自身情况，因地制宜，总结经验，探索有效路径，共同促进中国管理会计的发展。中国式现代化进程离不开共同富裕的根本目标要求。共同富裕作为管理会计的驱动要素，有助于矫正传统分配方式存在的市场失灵现象。中国管理会计以共同富裕为基调的分配不是"劫富济贫"，而是必须重视初次分配制度的有效性，体现效率优先与机会公平的协调性。围绕"共同富裕"的分配制度改革，在人力资本和物力资本平等的前提下，不断完善初次分配、再分配和三次分配协调配套的基础性制度安排，不断完善"效率优先、兼顾公平"与"公平优先、兼顾效率"之间的博弈机制，形成微观分配（以初次分配为主）、中观分配（以再分配为主）和宏观分配（以社会慈善捐赠为主）相互匹配的中国管理会计分配框架。

进行中国管理会计的绩效管理制度设计，要认识到企业的工资水平是决定能否实现共同富裕的关键，因此管理会计需要体现自身的责任意识。中国式现代化框架下的三次分配制度必然会作用于管理会计的微观绩效管理，以及与之相适应的管理会计工具开发与应用。面对构建全国"统一大市场"等制度政策的机会，如何有效地将公平、合理的利益分配措施落到实处，不仅赋予管理会计绩效管理新的使命，也给管理会计理论与方法体系建设提出新的要求。

　　中国管理会计的创新发展，有助于提升中国经济主体的自主性、发展的可持续性和韧性，提高中国管理会计的国际话语权。暨南大学胡玉明教授认为，新时代要拥抱管理会计的发展，学术研究抓住机遇的关键在于学者能否耐得住寂寞，中国管理会计研究的根本在于"研究问题本土化，研究方法与研究范式国际化"，学者务必扎根中国，耐得住寂寞，具有以专业应对嘈杂、以专注应对喧嚣的心态，不忘初心，把论文写在祖国的大地上。

　　中国管理会计研究的新方向，以文化自信为前提，强化管理会计理论研究的中国担当。第一，中国管理会计研究必须贴近中国实际，深入了解中国特色社会主义建设实践，研究具有中国制度背景特色的问题，然后形成自己的理论体系；第二，中国管理会计理论研究要与技术进步紧密结合，将最具优势的财务智能化信息技术和管理会计理论创新结合起来；第三，中国管理会计研究要回归"以人为本"的理财本质，要有人文温度、有思想深度、有创新，守经达权，构建与现代化经济体系相适应的管理会计创新框架，能够真正指导商业向善，帮助管理者明智决策，解决商业上的心安问题，实现企业管理会计的价值创造与价值增值的基本功能。

第四节　中国传统理财思想

　　中华优秀传统文化中的"以人为本"，以改变和提升人的生命境界为核心，本质是身心合一的提升。现代西方经济学范式不能很好地分析和解决当前中国社会的经济学问题，行为功利主义日益膨胀和扭曲，缺乏人文精神应有的社会责任感和历史责任感，这些都与中国式现代化的目标背道而驰。中国传统理财思想以"正德、利用、厚生、惟和"为人本化理财思想主线，用正念觉察中国传统理财思想致力于解决人的权利、生存和发展的基本问题的人文精神内涵。在中国传统理财思想的价值性上，管理会计基于文化工具箱理论，形成"人本—物本—中国式现代化"的融合发展观，以价值观作为战略的起点，推动人本管理会计的发展。中国传统理财思想对解决人类社会可持续发展问题具有当代价值，为科学理性和人文精神结合提供了联结点，有利于树立文化主体意识，促进经济发展和人文价值融合。为用中国式现代化"以人民为中心"的人本逻辑解决物本管理会计存在的问题，提供人本管理会计的价值支撑与历史借鉴。

一、中国传统理财思想的背景与脉络

中国传统理财思想，既是中华民族长期积累下来的宝贵思想财富，也是中国文明的重要组成部分。文化关乎国本、国运，要着力赓续中华文脉，推动中华优秀传统文化创造性转化和创新性发展，在中华文明五千多年的深厚基础上开辟和发展中国特色社会主义，把马克思主义基本原理同中国的具体实际、同中华优秀传统文化相结合。党的二十大报告指出，坚持和发展马克思主义，需同人民群众日用而不觉的共同价值观念融通起来，不断赋予科学理论鲜明的中国特色，不断夯实马克思主义中国化时代化的历史基础和群众基础。中国式现代化必须加快构建中国自主的知识体系，以中国为观照、以时代为观照，立足中国实际，解决中国问题。

随着科学技术的发展，经济全球化进程加快，个人主义抬头，物质的不断丰富使人们对它的追求愈发迫切，但是，越来越多的人感觉到，对物质财富的追求并未使其真正地实现内心的安宁，相反，却让人迷失在无尽的消费主义旋涡里。资本市场上的会计舞弊和财务造假愈演愈烈，清廉财务，任重道远。新发展、新时代，当代财务管理的两个基本问题摆在中国人的面前：一是如何重构精神家园，二是如何解决普遍的信任危机。

理财学是为了生活在集体中的人而根据正义原则进行财富管理的科学。该阐释一方面展示了儒家思想的精髓，另一方面又与现代经济学的核心理念相吻合。"理财"这一术语最早出现于"何以聚人曰财。理财正辞，禁民为非曰义。"（《易经·系辞》）近代儒家学者陈焕章（Chen,2017）认为，"理财"涵盖了整个经济领域，"正辞"和"禁民为非"分别涉及伦理和政治生活，三者以"义"贯穿，理财的对象是人，目的是聚集仁人。因此，"economics"虽然因日本采用的"经济"一词而为人所熟知，但对应的中文术语应为"理财"，"理财"比"经济"这一术语更精确、更易理解。

中国传统经济思想史以中国历史上的各种理财思想为对象，揭示中国经济思想随着社会历史条件的变化而演变的趋势，是中国经济思想史的内核，其理论脉络建立在"天人合一"、阴阳五行等传统文化基础之上。理财的目的在于聚人，理财只是手段，可以分为宏观的主脉"富国思想"和"富民思想"，以及微观的支脉"治生之学"。文明的冲突将主导全球政治，文明间的虚线将成为未来战争的界限（塞缪尔·亨廷顿，1993）。中国传统理财思想主张义利并重、伦理贯通，是自然伦理智慧的总结，是中华文明的宝贵财富，应当成为融通其他文明的桥梁。研究中国传统理财思想，一方面，总结得失、博采众长，有助于对西方经济理论的消化与吸收，西方经济学只有同中国传统理财思想相结合，才能在中国的大地上发挥应有的作用；另一方面，在研究中可以洞悉学说之源流，理解中国传统理财学揭示的原理，使人转变观念，认识到理财问题的本质既是道德问题，也是伦理问题。

中国传统理财学是个多学科的交叉，具有丰富的管理思想。逻辑上是自他不二、利他为先、自利利他；在概念体系上，可分为自然、人生和财富三个层次。研究中国理财思想，特别是贯通自上古至今的理财思想史，对落实"两个结合"精神，发展中国特色社会主义政治经济学，使之成为与西方经济思想史并行的经济科学，具有重要的意义。"德本财末"的价值观，可以指导人们如何在充斥着物质欲望的社会中安身立命，找到自我；也是从传统理财思想的维度洞察中华文明，提高中国经济研究制定研究议题的能力，建立文化自信，进而从世界和历史两个维度思考中华民族面临的机遇和挑战，看到世界上的其他文明的过去与未来，发展"中华文明一席之地"的应对战略。

二、中华文明孕育的中国传统理财思想

中国必须在建设其未来的同时不背弃其过去（阿马蒂亚·森，2002）。中国传统理财思想是管理财政经济的理论和原则，其来源有三：其一，由社会思想家、政治家、经济学家、哲学家、史学家提出的理财思想；其二，由改革家提出，政府推行的理财主张；其三，由商人从实践中总结得出，以及长期存在于人民意识中的理财观念。

（一）中国传统理财学的历史是经济发展史

《尚书·洪范》中列出八种政事，即食、货、祀、司空、司徒、司寇、宾、师，包含人类活动的八个主要方面。排在第一位的象征农业的"食"是最主要的；"货"指货物，排在第二位，象征商业生活和工业生活，其中钱又处于重要的地位。"食货"代表了整个经济生活，此后除司马迁称之为"货殖"外，其他伟大的历史学家都将不同朝代的理财历

史称为"食货"，这也奠定了对中国人理财思想影响最广泛的思想基础。

西周时周王的理财思想总则为"量入为出"。先秦时期，对理财问题的探讨和议论是百家争鸣的重要内容之一，中国的理财思想也发展到群星璀璨的阶段，儒、墨、道、法、农等各家纷纷提出本学派对理财问题的看法与主张，在财富、分工、交换、货币、赋税等方面提出鲜明的观点，"崇尚节用"自此成为我国古代理财家的共同思想。西汉著名理财家桑弘羊根据先秦的有关理论和原则，制定并推行盐铁官营、酒类专卖等重要财经政策和措施，也为强调伦理的基本思想的形成奠定了基础。

唐代由于社会经济的发展繁荣，理财家刘晏在漕运制度的改革上，利用运输学和运筹学的原理，实现降本增效，以体现买卖双方平等关系的雇佣劳动来替代过去的强制性徭役；在盐政改革上，以商人自由经营方式取代官运官销，标志着中国传统理财思想发生了重要转折。杨炎提出"量出为入"的具有预算管理特点的思想。到了宋代，最突出的是地主阶级思想家中越来越多的人顺应经济发展的客观要求，对传统的讳言财利的思想提出疑问或进行批判。宋代以后理财思想的另一个显著特点是，随着封建社会内部商品经济的发展，国家专卖和经济干涉政策倾向被削弱，理财理论有了新发展，编撰了《会计录》。明代十分重视会计报告，民间会计普遍使用复式簿记"三脚账"和"龙门账"。到了清代，出现了以大清银行为代表的官方运营企业，促使理财方法走上改良会计的道路，民间会计理论进一步发展，传统理财思想受到西方经济学理论的冲击而逐渐淡出历史舞台。

（二）中国传统理财学的历史是社会发展史

人类社会之所以能够不断发展进步，原因在于通过实践的不断发展创造出人们所需要的物质财富，在物质财富不断丰富的过程中，社会不断发展进步，理财思想也随之发生改变。

数千年来，中国首先是以农业立国的大国，农业发展得最早，但农业的发展多半处于满足生存所需的状态；其次，不管在哪个时代，中国都是一个人口大国，如何保证人民有饭吃，这种压力成为制约我国工商业发展的重要因素；最后，尧舜禹汤、文王孔子的道统论，构成了中国上下五千年以儒家思想为核心的传统文化，这些都是中国的基本国情。在中国的国情之下，中国理财学的建立与发展，必然要遵循中国文化传统与经济传统相结合的道路，同时又要特别关注时下经济的发展，与时俱进（张旭，1998）。

《周礼》中的理财方法体现出重农、重商、重工的政策，三农列九职之首，并设商贾一职，对于金木等工种尤为重视。布作为货币等价物流通；有了救荒政策，即赈济灾民以维持政权统治的政策，提出救荒以散财为首，把用食物等物资接济难民放在第一位。对于中国传统的理财思想，先秦诸子的著作中提出各种理财理论，包括生财、聚财和用财的广义内涵。中国传统管理思想可以总结为"以人为本""义利结合""天人合一""中庸之道""礼法相济""执经达权""以和为贵"等精髓要义，同样为传统理财思想的形成奠定了基础（程霖，谢瑶，2023）。不管是从历史维度还是从现实维度，都可以看到中国的经济根据自身的规律不断向前发展，发展生产力，改变生产关系。以土地制度为例，西周时期实行井田制，实施较为普及的土地公用制度，到了商鞅变法，井田制被废除，土地私有制确立了最早的私有制度，生产力有了很大发展。到了汉代，出现各种具体的措施，比如汉代的均输平准、唐代的平借贷、宋代的青苗法，都是因时而异实施的有效理财措施。反过来，物质生产与分配的理财制度一定程度上促使中国社会由农业社会向工业社会迈进。对中国传统理财思想进行学术化提炼和现代化诠释，可以为构建具有中国特色的中国式管理"德本财末"的人本价值管理提供价值支撑与思想借鉴。

三、中国传统理财思想的价值观

中国传统理财思想在"以人为本"的主线中，无论是"经邦济世"还是"经国济民"，其实质都是古人的一种管理思想。"经"是管理，"济"是生利。中国传统理财思想具有以下四个特征：一是具有明显的国家本位特点；二是重视农业立国，关注如何抑制土地兼并问题；三是以管仲为代表的轻重理论占据着主导地位；四是以义制利，强调"天人合一"的整体思维。对于商业而言，"以人为本""以德为先""以和为贵"的儒家伦理，构成了中国传统商业伦理的基本内涵。

经济学缺少了人文关怀，就不是真正意义上的经世济民的学问。培育和弘扬中国式现代化的价值观，需要利用好中国传统理财思想，从而找到中国式现代化价值观的"根"与"源"。只有探明了中国式现代化所蕴含的中国传统理财思想的价值，才能阐释清楚中国式现代化所蕴含的现代价值观。中国传统理财思想具有深刻的人文精神，蕴含中华民族传统的核心价值观（见表 5-3）。从中汲取理财智慧，发现睿智的管理思想源头，探讨中国式现代化长期发展进程中企业所拥有的价值属性，从而传承和发展中国传统理财思想。

表 5-3　中国传统理财思想的价值观

价值观	概念述语
讲仁爱	仁者爱人；己所不欲，勿施于人；博施于民；利他之心
重民本	民惟邦本，为政以德，民贵君轻，立君为民，社会平均，养民富民
守诚信	诚者，天之道也，诚之者，人之道也；一言九鼎；一诺千金；君子慎独
崇正义	道义为先，先富后教，以义制利，诚实无欺，礼以定分，黜奢节用
尚和合	礼之用，和为贵；和而不同；天人合一；周而不比；择善而交
求大同	天下为公，天下大同，美美与共，各得其所，任人唯贤，柔远能迩

尽管中国传统理财思想没有独立地发展成西方现代科学视角的经济学理论，但是毫无疑问，它可以为解决当前现实问题提供丰富的借鉴，从而为建立中国自主经济学、自主会计学等提供思想指引，同时也为中国式管理模式不断进步提供哲学根基。

四、中国传统理财思想对人本管理会计的赋能

中国传统理财学不仅具有价值理性，而且具有工具理性，文以化人，日新其德。价值观是战略的起点，文化是一种生产力，中国传统理财思想具有鲜明的人本伦理特征，人本精神是基本精神。目前人类正面临前所未有的危机，资源、环境、人口、和平各个方面给人类带来严峻的挑战。物质至上和科技万能思想充斥着人们的思维，高消费、高消耗、高污染，价值观的缺失，使人们不得不重新思考"天人合一""德本财末"等伦理思想。

知识经济时代要求财务管理体现"人"的中心地位，现行财务管理目标仅注重物力资本所有者价值的最大化，财务管理对象也表现出"见物不见人"的特征，在进行资源配置时常常以物定人，导致人逐渐被物异化，人成了机器的奴隶，与"君子不器"的思想渐行渐远。人本管理会计不是对现行管理会计的否定，而是对其的一种发展，是用中国传统理财思想的人文价值观重塑管理会计。

（一）基于文化工具箱理论的研究框架的构建

中国式现代化，民生为大。研究中国传统理财思想，需要把握其中的民本思想，以及"以人民为中心"的根本立场。中国特色社会主义进程中，物质、政治、精神、社会与生态文明五大要素，是中国式现代化的核心框架，共同塑造了中国式现代化的多维格局。

人本管理会计是以知识经济时代为基本社会背景，以中华人文精神

进行管理会计融合与创新，目的是提高管理会计的有用性，使其服务于企业高质量发展，实现利益相关者共同富裕，促进人与自然和谐共生，推动构建人类命运共同体，创造会计文化新形态。从人本管理会计的视角研究中国传统理财学的主要问题，是对中华优秀传统文化中的理财核心理念加以总结和提炼，使曾经创造了辉煌成就的中国传统理财智慧进入现代管理会计学术视野，丰富和发展当代的马克思主义政治经济学，为中国特色社会主义政治经济学的新时代建设提供理论源泉，为实现中华民族的伟大复兴提供助力，并将中国传统理财学提出的"天下理财观"发展为"人类命运共同体理财观"，让人本管理会计服务于人民。

文化工具箱理论认为，文化是一个包含符号、故事、仪式和世界观的"工具箱"，人们可以选择其中的"工具"并使用它，按照自己的需要解决遇到的不同问题（Swidler，1986）。这一理念赋予了文化"资源"属性，直接推动了文化社会学领域理论思路的转变。不同于早期突出文化的持续性与一致性特征的"价值观"观点，文化工具箱理论从另一个侧面关注文化的流动性与分散性，强调以意义、实践方式等形式存在的文化要素作为人们制定自身行动策略的文化资源。

文化工具箱理论认为，不同的主体在不同情境下使用文化资源，其使用方式和结果也不尽相同。这一观点为中国式现代化背景下，从人本管理会计的视角研究中国传统理财思想与代表人物提供了借鉴路径，形成了基于中国传统理财思想的人本管理会计与物本管理会计融合重塑的人本化 DSR 框架，如图 5-2 所示。

中华优秀传统文化是中国式现代化的重要推动力，其在现代社会中的创造性转化与创新性发展显得尤为重要。中国传统理财学的价值观内核与现代社会的发展理念高度契合。被人民认可并不断完善的文化传承，在新时代的重塑与应用是现代社会发展的必然要求。中华优秀传统文化价值观在引导社会行为、促进社会稳定以及提升人的道德水平方面发挥着不可替代的作用，是社会持续健康发展的基石，也是重塑管理会计新发展理念的思想精髓。

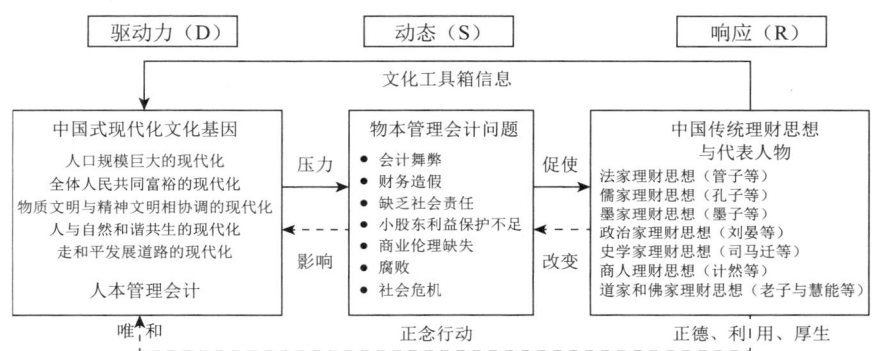

图 5-2　中国传统理财思想的人本化 DSR 框架

（二）"人本—物本—中国式现代化"的融合路径

人本管理会计是一门应用学科，必须以规范和引导财务行为为根本目的。正念理论提出，正念作为一种个人特质，表述个体对当前情绪、事件和经历不加以主观判断及没有认知偏见的过程或状态。具有正念的人能够有意识地通过觉察、活在当下以及不做判断三种方式或要素专注于内心体验及外部事物，并以开放的心态清醒觉察所从事工作的"什么""为什么""如何"等方面的内容。长期以来，人们惯性的思维方式是科技的思维方式，缺乏人文思考，轻视中国传统理财思想的直觉智慧，而传统理财思想才是我们的原创。

我们需要以正念找回自我，认识到"以人为本"的中华优秀传统文化是中华民族对人类的一项重大贡献，是中国人价值观的本源，具有普适性。以中国式现代化是全体人员共同富裕的现代化为例，先秦中国传统经济思想中就已形成丰富的共同富裕思想元素，从老子的"损有余而补不足"、孔子的"不患寡而患不均，不患贫而患不安"到管子的"以天下之财，利天下之人"，这些思想均与共同富裕的发展理念相通。总结老子、孔子、孟子、管子的思想，他们都将生财列于理财之前，注重民生，强调"仁"与"信"的管理理念，推崇"和为贵"的管理方法，形成了中华优秀传统文化人本主义管理思想的基础，这种以人的发展为中心的秩序观形成了人本管理会计的价值观（张波，2009）。

以中国传统理财核心思想为本源，基于中国式现代化文化基因，在西方以物为中心的管理会计基础上，构建人本管理会计思想的价值观，三者的融合路径如表 5–4 所示。中国式现代化民生为大，以此价值观作为战略的起点，对中国式现化代的高质量发展建设具有重要的借鉴意义。

表 5–4 "人本—物本—中国式现代化"的融合路径

内容	人本管理会计	物本管理会计	中国式现代化文化基因
解决资源稀缺问题	以人为本	以物为本	人口规模巨大的现代化
解决分配的方式	共同富裕	股东财富最大化	全体人民共同富裕的现代化
解决生产的方式	"人"驱动"物"	"物"驱动"人"	物质文明与精神文明相协调的现代化
解决消费的方式	俭而不吝	奢侈	
政策主张	天人合一	个人主义	人与自然和谐共生的现代化
解决发展的方法	人民逻辑	资本逻辑	走和平发展道路的现代化

　　中国传统理财学是人类思想和智慧的精华，面对百年未有之大变局，科学不能告诉我们应该走什么样的路，曾子说"用师者王，用友者霸，用徒者亡"，我们必须重视本民族的智慧。中国未来经济学的发展，要走遵循理论发展规律和符合实践要求的整合道路。研究中国传统理财思想，是为了继承中国理财思想中的优良传统，为中国式现代化的伟大事业服务，也是文化自信的必然之路。中华文化需要走出去，主动地交流、传播，从而获得世界的理解与认同。

第六章
人本管理会计的事理维度

　　2024年7月18日，党的二十届三中全会通过《中共中央关于进一步全面深化改革　推进中国式现代化的决定》，提出完善中国特色现代企业制度，弘扬企业家精神，支持和引导各类企业提高资源要素利用效率和经营管理水平、履行社会责任，加快建设更多世界一流企业。

　　新时代、新发展，经济管理要求管理会计做出快速变化，提炼中国管理会计经验模式，创新工具方法和管理会计知识，由单一工具方法应用向综合应用转变，用正确的价值观来理财。会计是市场经济的基础工程，而人本管理会计可以为会计准则制度在中国式现代化进程中获得有效实施提供支持。通过人本管理会计建设，实现以下三个方面的改变。①推动企业建立和完善可持续发展观指导下的现代企业制度，实现管理升级，增强企业核心竞争力和价值创造力，进而促进经济转型升级。②"以人为本"，推动形成劳动雇佣资本的公司治理新范式，从而更加科学、全面地衡量企业绩效，有效化解数字时代劳动与资本的关系呈现出控制精密化、剩余价值剥削隐蔽化、冲突转移化等新矛盾，促进人与自然、人与他人、人与自身三重"和谐"能力的提升，在推进中国式现代的进程中促进人的全面发展。③以德为先，以心流状态开展工作，关注和重视组织管理中的不同环节、不同岗位之间的相互衔接，加强规则制定、流程控制，推动国家治理体系和治理能力现代化。

　　人本管理会计将进一步推动管理会计指引体系的完善与实施，有效利用管理会计工具方法提高会计核算能力，同时在中国现代企业的收益分配和员工激励中发挥应有的作用。以生产劳动为基本衡量标准，资本、技术、管理、数据等其他生产要素参与分配，以"按劳分配"的形式为主体，实现中国现代企业经营管理制度的重大改变，适应社会主义市场经济的要求，将人本逻辑引入企业经营管理的各个环节，作为基本的发展要素。

————

第一节　人本管理会计事理维度的内容

物理—事理—人理系统方法论（WSR）中"物理"涉及物质运动的机理，"事理"诠释做事的方法和道理，"人理"则需要考虑人的因素。"事理"指做事的道理，也可以理解为做事的手段，在"物理"的基础上，结合系统管理目标，探索提高系统运行效率的最佳方案，即从客观现实世界存在的规律中总结出方法，用于指导人类认识世界及改造世界的实践活动。

会计作为一种社会活动，需要形成一些公认的、具有理论指导价值和基础约束作用的底层准绳来维护会计活动的基本秩序，这里称之为"会计正义的基本原则"（徐国君，2023）。人本管理会计的"事理"维度，在认识中华传统文化的伦理问题、物本管理会计的现实情况后，通过中华优秀传统文化转化和赋能，以中华人文精神伦理重构企业的人本核心价值观。用文化工具箱理论研究如何实现"人本管理"的良好实践，考虑两个有机联系的层面：一是战略层面，即基于中国式现代化的人本逻辑，建立战略的起点是价值观的理念，企业愿景和使命需从长远、全局角度考虑人本管理会计的整体规划问题；二是战术层面，即探寻人本管理会计在财务战略、财务文化、财会监督、内部控制、收益分配、管理报告等方面的实施机理和路径，主要解决人文精神在管理会计中的价值观导向，以及人本管理会计的工具应用问题，如图 6-1 所示。

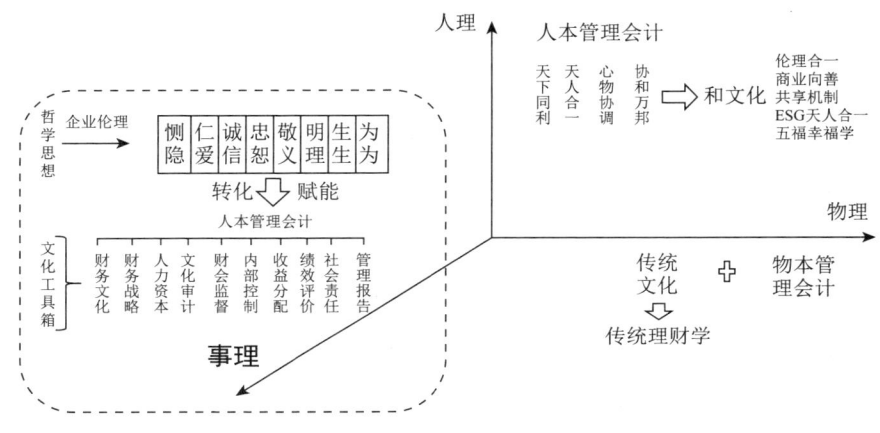

图 6-1　人本管理会计的事理维度

一、企业伦理的哲学思想内涵

何怀宏在《良心论》中构建了现代中国社会的个人伦理"恻隐、仁爱、诚信、忠恕、敬义、明理、生生、为为"，确立了一种具有普遍意义的道德意识和道德责任感。

"恻隐、仁爱、诚信、忠恕、敬义、明理、生生、为为"属于中华优秀传统文化中的伦理与哲学范畴，主要源于儒家思想，同时融合了道家、墨家等学派的思想，在本研究中，将其作为企业伦理的核心，研究人本管理会计的价值观。

1. 恻隐

"恻隐之心，仁之端也。"（《孟子·公孙丑上》）"恻隐"是仁爱的起点，指对他人痛苦或不幸的同情与怜悯之心，是人性中基本的道德情感。

2. 仁爱

"仁者爱人。"（《论语·颜渊》）孟子进一步发展为"仁政"思想，

"仁爱"是儒家的核心思想之一，是指对他人普遍的关爱与善意，强调"爱人如己"。

3. 诚信

"人而无信，不知其可也。"（《论语·为政》）"诚信"是人立身处世的根本，指言行一致、信守承诺的道德品质，强调内在真实与外在行为的统一。

4. 忠恕

"夫子之道，忠恕而已矣。"（《论语·里仁》）"忠恕"是儒家伦理的重要原则，包含"忠"与"恕"两方面。"忠"是指尽心尽力，忠于职守，忠于他人；"恕"是指推己及人，宽容体谅，"己所不欲，勿施于人"。

5. 敬义

"敬人者，人恒敬之。"（《孟子·离娄下》）强调敬与义的统一，是指对道德原则"义"的敬畏与坚守，强调以恭敬之心践行正义。

6. 明理

朱熹提出"格物致知"，认为明理是修身的基础，是指对事物本质与规律有清晰的认知，强调理性思考与智慧判断。

7. 生生

《易经·系辞上》中说"生生之谓易"，是指宇宙万物不断生成、发展的动态过程，"天行健，君子以自强不息"，强调生命的创造性与延续性。

8. 为为

道家强调"无为而无不为"，儒家则倡导"知其不可为而为之"（《论语·宪问》），是指通过积极行动实现目标，强调实践的重要性。道家更倾向于"无为而治"，认为"知其不可为"时应顺应自然，而非强行作为，儒家则展现了"尽人事，听天命"的积极入世态度，强调道德责任与理想追求。

二、传统哲学思想对人本管理会计的赋能

我国传统文化、习俗等非正式制度对管理会计的影响，是管理会计体系的灵魂（潘飞等，2021）。中华优秀传统文化讲究以人为中心，强调"天人合一"、和谐发展。在社会关系上强调"血缘、信缘、地缘"等多网交织构成稳定的社会（许倬云，2018；辜鸿铭，2020），构建中国自主管理会计学离不开中华优秀传统文化，人本管理会计是融入中国元素，特别是哲学思想所形成的新的知识主张。中国传统哲学思想对人本管理会计的赋能如表6-1所示。

表6-1　中国传统哲学思想对人本管理会计的赋能

维度	人本管理会计中的意义
恻隐	强调同理心与社会责任感，是构建企业和谐人际关系的基础
仁爱	倡导宽容、互助与利他精神，是企业公平与正义的伦理基础
诚信	商业伦理与社会信任的基石，对构建契约社会至关重要
忠恕	强调责任意识与换位思考，是处理人际关系的核心准则
敬义	倡导企业尊重规则与道德，是维护社会秩序的重要力量
明理	鼓励科学精神与独立思考，是企业家精神、个人成长与社会进步的关键
生生	体现了对生命价值的尊重，是企业可持续发展理念的哲学基础
为为	鼓励主动担当与实干精神，是实现个人价值、企业价值及社会进步的动力

概括来说，恻隐、仁爱、忠恕三者关注人际关系的和谐与道德情感；诚信、敬义强调社会规范与责任意识；明理、生生、为为体现了对

智慧、生命价值与实践精神的追求。传统文化中的这些行为准则为现代人提供了处理自我、他人与社会关系的智慧启示。

第二节　会计伦理：人本管理会计的哲学

从词源来看，"伦理"就是人们的行为事实如何规范，以及其应该如何规范，是指一系列指导人们行为的观念，是对道德现象的哲学思考。会计作为人类的一种活动，属于人类哲学的范畴，存在其伦理层面（Domingo Melé 等，2014），是一门道德学科（Guragai 等，2017）。会计的伦理属性是一种治理机制，但在管理会计的发展过程中，对伦理道德的重视程度远远低于规则和技术。

玛丽·凯在《掌握人性的管理》中谈到最高的管理原则时，认为"我们关注利润的下限，但我们绝不会为了这点而牺牲爱人的原则。对我而言，P 和 L 的意义并不只是利润（Profit）和损失（Loss），它们同时也代表着人（People）和爱（Love）"。长期以来，企业道德目的层面的"物本主义"，使人文秩序偏离和谐方向，带来了自然生态危机和人类生存危机，造成人们内心普遍不安。会计是一种企业行为，也是一门进行交流的商业语言，企业通过会计语言向内外部传播商业信息，作为沟通的一种手段。从会计目的的角度来看，会计伦理应首先符合企业伦理的规范，会计伦理丧失的直接后果就是财务造假和会计舞弊横行，这会给社会经济造成重大损失，甚至带来灾难。

管理会计主要是对资金、物资和人三个要素的管理，体现会计的控制和辅助决策的职能。中国式现代化的人本管理会计，要谨记人民根本利益的第一位性，以及利益相关者各自利益的独立性、不可侵犯性，在企业商业生态中，各方利益关系的结合点是共生共荣的和谐原则。

有关人本管理会计伦理的研究，应当聚焦于管理会计活动和管理会计行为本身，旨在针对财务战略、财务文化、内部控制、收益分配、绩效评价等，从伦理的角度做出什么是"好"、什么是"正确"的理解与评价，目的在于正确引导企业经营的初心。

一、传统文化语境下的人本管理会计伦理

追溯中国理财历史，在漫长的商业实践中，尽管有史无书，却实实在在形成了丰富的商业伦理理念。"何以聚人，曰财。理财正辞，禁民为非曰义。"（《易经·系辞》）近代儒家学者陈焕章（Chen，2017）对中国传统的"理财"进行解释，认为"理财"涵盖整个经济领域，"正辞"和"禁民为非"分别涉及伦理和政治生活，三者以"义"贯穿，理财的对象是人，目的是聚集仁人。孔子根据自己担任委吏（管理仓库的小官，类似现在的库房管理员）的经历，提出"会计当而已矣"的论述，其中含有比较丰富的会计伦理精神。"当"的伦理含义概括起来主要是适度、规范与和谐。《史记》中曾有"市不豫贾"的记载，即商人不抬高物价，不虚假伪冒，不欺骗顾客，做到童叟无欺。王安石也曾提出"善理财就是义"的观点。

人本管理会计伦理文化的构建涉及企业在经营过程中与员工、供应商、消费者、投资者、社会、环境等一系列利益相关者之间保持的和谐互动的共生关系。管理会计的综合性使其伦理包括生产伦理、营销伦理、竞争伦理和管理伦理等，这些伦理理念共同规范企业的价值观，帮助企业在追求经济效益的同时，承担起相应的社会责任和义务。

人本管理会计伦理根植于中华优秀传统文化伦理，是从传统到现代的转变，基于人的道德性，从人的本质特征深刻挖掘人的内涵，性善

论是其思想基础。在中国式现代化进程中，人本管理会计在价值理念、价值目标、价值实践上进行了多层次转变，以适应企业高质量发展的需求。

会计行为规则无外乎两个路径，即会计法规和会计伦理，法规是治标，伦理是治本（李志斌，2006）。人本管理会计不是唯伦理论，而是将伦理视为企业治理的根本手段，法律制度应当作为其补充，是为了伦理得到更充分的实施，他律的目标还是达到自律的境界。

二、会计伦理与企业长期主义

中国商业伦理以"德"而非"法"来构建社会秩序，儒家哲学思想对此产生了深远影响。当代学者何怀宏（2002）认为，伦理学的理论形态繁多，根据对"善恶正邪"问题的不同回答，可以分出规范伦理学中的义务论和目的论两大流派。人本管理会计是一门应当充满人文精神的学科，处处有对人性的拷问，要时时以"做人何谓正确"审视自己的理财行为。中华优秀传统文化的人文精神涵养的人本管理会计伦理，是道德在管理会计实践中的应用，其基础是企业的行为如何影响商业生态中他人的福祉。

长期以来，人们对会计的天然认识就是按章办事，这是全体会计人员的财富，会计信"诚"。会计伦理是长期发展过程中积累、沉淀下来的文化特质，不仅在会计人员心中，也在全体员工的深层心理结构中形成一种肯定性的心理倾向或思维定式，这种基因直接决定了企业在面对重大问题时如何抉择，也是企业文化的核心组成部分，如同血液般流淌在企业所有人的身上，影响着企业员工的行为和做事方式。

会计目的和会计关系往往被视为讨论会计行为中的伦理问题的两个视角（罗纳德·杜斯卡，布伦达·杜斯卡，2005；周祖城，2020）。人本管理会计行为以战略目的为导向，基于利益相关者关系展开。会计伦理旨在从伦理角度对各种管理会计行为进行分析和评价，发现并解决财务管理行为中存在的伦理问题。

君子爱财，取之有道，企业会计伦理关乎企业的生死存亡。人们一旦放任自己追逐私利，就会形成"公司本位主义"，借口公司利益而忽视基本的商业道德，使得经营者主导企业，把消费者的利益抛诸脑后，甚至明知故犯，形成不讲诚信、抛弃良知的损人利己的经营方式。人本管理会计伦理就是处理各种目的和关系的原则与规范，揭示企业经营过程中存在的伦理困境和伦理问题，指导"以人为本"的会计行为，从而实现企业长期主义价值。如果说会计应将确保市场参与者财务数据真实、公允，并服务于利益相关者作为其伦理价值判断的标准，那么人本管理会计伦理作为会计应用伦理的一个分支，更是强调人与企业伦理、道德判断、价值判断及其在管理会计行为中的应用，要求企业关注员工的身心，承担社会责任。财务相关人员应遵纪守法，确保企业能够树立良好的社会形象，为增加社会福祉做出努力，增强社会认同感和公众幸福感。

人本管理会计伦理是企业管理活动的内在要求，加强人本管理会计伦理建设，遵循"诚信至上，义利合一"的商业行为原则，"德法并举，君子慎独"的商业管理规范，"克勤克俭，共享共赢"的商业道德价值诉求等商业伦理观念，有利于培育企业社会责任意识，处理好与各利益相关者的关系，进而提升企业核心竞争力和管理效益。

三、人本管理会计的企业底线伦理

中华优秀传统文化是以儒家伦理思想为核心的文化价值体系，主要价值观以人性善、情理主义和德教为先，形成了人本管理会计的价值基础，这与西方文化形成的物本管理会计的人性恶、契约精神和法律为先的价值观有所不同；但在企业伦理中，即使中西方价值观存在差异，也不能非此即彼，而要融合取舍，掌握恰如其分的处理原则。中华优秀传统文化的人本管理会计伦理本位，决定了在中华优秀传统文化语境下会计伦理对管理会计行为突出的约束和指引价值。

"内圣外王""知行合一"等中华优秀传统文化伦理思想精华，同马克思主义理论衔接融合，产生了中国式现代化"民生为大"的主流文化，从而奠定了治国理政的政治根基，彰显了马克思主义基本原理与中华优秀传统文化相结合的伦理共性。中华优秀传统文化的伦理演化如表6-2所示。

表6-2　中华优秀传统文化的伦理演化

企业伦理	传统文化的伦理演化
民生观	从"民为邦本"到"人民至上"
世界观	从"协和万邦"到"人类命运共同体"
道德观	从"修身正己"到"商业向善"
实践观	从"经世致用"到"知行合一"

中华优秀传统文化的伦理规范具有共同道德内核，其仁爱观、和谐观、忠信观，在全面建设法治社会浪潮的推动下，人们在社会交往中形成了"合情、合理、合法"的和谐理念。人类社会逐渐步入"知识社会"，人力资本、知识资本取代物质资本成为企业成长的主要动力。人本管理会计也应当解释由此形成的新型企业伦理、"人本管理"、人力资本和知识资本的培育与配置等问题。

企业的理财行为从来就不是完全工具理性的。理财的基本职能是有效培育与配置财务资源，而财务资源的培育与配置效率受制于技术性和制度性两个因素（李心合，2001）。企业培育与配置财务资源的过程实际上也是恰当地处理与其利益相关者之间的财务利益关系的过程，而构成这一过程的不仅有财务资本与收益等经济因素，还有社会因素和伦理道德因素。

"以民为本""道法自然""执中致和""德本财末"以及家国情怀的文化内核塑造了中华民族的精神人格，人本管理会计也应当以此为底色。中国式现代化要坚定这样的理念，即在企业财务管理中，以儒家伦理为核心的伦理仍然具有很强的适应性，因为财务管理的基本功能有两项：一是有效培育和配置财务资源，二是恰当处理财务关系。两项功能都离不开一个"和"字，"和"则通畅。传统理财思想伦理"德本财末"强调理财的社会性或人文性，但也不轻视理财的科学性和技术性，我们不能从一个极端走向另一个极端，而应该在中华文化人文精神背景下进行财务管理。

人本管理会计的底线伦理包括道德意识和道德责任感，每个合格的现代企业成员都应该具有道德意识和道德责任感，且这应当成为基本共识，比如"诚信"是儒家伦理思想的基石，而这个基石对当今企业理财同样具有支撑作用。因为信任本身就是企业理财行为的内生性因素，而且理财环境及由此决定的理财行为的不确定性或不稳定性越大，诚信、信任及信用越显重要。

中华优秀传统文化哲学思想形成的企业伦理认知，与其说是底线伦理或个人基本义务，还不如说是人们形成底线伦理或认识其基本做人义务的途径，是人本管理会计伦理的"八纲目"，形成了"内圣外王"的企业伦理条理以及义利兼容共生的哲学卓见。人本管理会计的底线伦理如表6-3所示。

表6-3　人本管理会计的底线伦理

底线伦理	含义
恻隐	道德动力发端的根源
仁爱	个人伦理的全部要求，包括由近及远的友爱和博爱
诚信	一个人的基本立己之道
忠恕	一个人的基本处世之道
敬义	对义务的敬重
明理	道德理性应立足于一种普遍而非特殊的观点
生生	道德体系的社会根据和基本原则是一种生命原则，生命在于生生不息
为为	积极有为而又为所当为

　　人本管理会计伦理建设过程中需转变伦理决策原则，拓展会计人员的视野，从财务管理的整个社会效应出发评估自身行为，将会计正义作为伦理判断的依据，目的在于促进商业向善。人本管理会计伦理可以为处于道德困境中的会计人员提供行为帮助和精神安慰，把"做人何谓正确"放在第一位，人本管理会计伦理对于从根本上治理财务造假和会计舞弊等顽疾是有效的、重要的、不可或缺的，也是无可替代的，但是人本管理会计伦理不是万能的，不能脱离会计准则与制度等法制系统独立发挥作用，在时效上也不可能立竿见影，而是一个长期工程。

四、诚为商之魂

　　"诚信者，天下之结也。"诚信是社会和谐的基石和重要特征，也是市场经济健康运行的根本要求。会计工作是经济建设的一项基础工作，会计诚信是经济建设的重要基础。当前，我国进入新发展阶段，会计工作面临价值观和技术的双重机遇和挑战，因此有必要进一步推进会计信用体系建设，弘扬诚信文化，营造行业诚信氛围，助力会计行业和经济社会高质量发展。

商业诚信是商业活动中的基本原则，市场经济要求经营者及市场中介机构在市场活动中以诚实信用原则作为基本的商业标准和根本的行为准则。商业诚信原则强调企业切实履行法律法规规定的义务，全面、充分履行与消费者的约定义务，守诺践约，反对规避自身义务以及各种商业欺诈行为，形成"守信光荣、失信可耻"的市场监督机制。商业诚信不仅是商德之魂，也是商业的基石，它涉及企业与消费者之间、企业与企业之间、企业与社会公众之间的信任关系，商业诚信的重要性体现在以下几个方面。

（1）构建品牌信任。

诚信是品牌与消费者之间情感与价值的桥梁的基石。企业的诚信表现直接影响消费者对品牌的信任度，进而影响客户的忠诚度和企业的市场地位。

（2）促进市场公平竞争。

诚信作为企业参与市场竞争的基本准则，有助于维护市场秩序，防止发生不正当竞争行为，保障市场公平和公正。

（3）降低交易成本。

诚信能减少交易过程中的信息不对称，降低因怀疑和验证而产生的额外成本，提高生产效率，降低库存成本。

（4）塑造企业文化。

诚信是企业文化的灵魂，能够指导员工行为，塑造企业形象，提升团队凝聚力和工作氛围。

此外，经营者的诚信经营行为还能塑造良好的企业形象和行业形象，促进企业的长期稳定发展，维护市场的公平竞争营商环境。因此，商业诚信不仅是法律和道德的要求，也是企业获得成功的关键因素之一。

会计作为通用商业语言，在整个经济运行和管理过程中发挥基础性作用，必然要求会计人员诚实守信、客观公正；然而近年来，一些上市公司财务出现问题，严重扰乱了社会主义市场经济秩序，给投资者造成重大损失，引起社会的广泛关注，有些甚至带来严重的经济后果。

可靠才会赢，诚信才是金。党的二十大报告指出"弘扬诚信文化，健全诚信建设长效机制"。2023 年 2 月中共中央办公厅、国务院办公厅印发的《关于进一步加强财会监督工作的意见》，要求"加强行业诚信建设，健全行业诚信档案，把诚信建设要求贯穿行业管理和服务工作各环节"，强化了诚信建设在健全财会监督体系方面的作用，表达了"强化行业日常监管和信用管理，坚决清除害群之马"的坚决态度。2024 年 6 月，中华人民共和国第十四届全国人民代表大会常务委员会第十次会议表决通过《关于修改〈中华人民共和国会计法〉的决定》，首次将信用记录写入《会计法》，在第四十七条中增加了"因违反本法规定受到处罚的，按照国家有关规定记入信用记录"。会计工作者，包括注册会计师行业要紧紧抓住服务国家建设这个主题及诚信建设这条主线，将会计诚信建设作为开展工作的根本遵循。

人本管理会计对有效实施企业经营战略、风险管理，提高管理水平和经济效益具有重要作用，在服务政府预算管理、资产管理、债务管理、绩效管理等方面，为促进企业可持续发展提供信息支撑，并将在评估国家宏观经济运行和财政税收政策效果等方面发挥越来越重要的基础作用。这就更需要会计人员诚实守信，保证会计信息真实、可靠、完整，为促进我国社会主义市场经济发展建设高质量的管理会计基础数据库。

五、传统文化对人本管理会计伦理的赋能

传统文化对人本管理会计的赋能，可以从思想理念、价值导向、行为规范等多个层面进行，在实践中融合传统伦理智慧与现代会计职业伦理要求，构建具有传统文化根基的人本管理会计道德体系。

1. 传统文化思想对会计伦理的核心理念支撑

传统文化思想对会计伦理的核心理念支撑具体体现在以下三个方面。

（1）儒家"诚信为本"与会计职业道德。

儒家强调"人无信不立"，与会计伦理中的"诚信原则"高度契合。传统晋商、徽商等商帮基于仁、义、信等理念，以"信义经营"为根基，账簿记录清晰透明，为会计人员树立了诚信标杆。

儒家主张"君子慎其独"，会计人员建立慎独自律观，可以增强在无人监督时的道德自觉，防止数据造假或利益输送。

（2）道家"天人合一"与可持续发展。

道家倡导"道法自然"，可引导会计人员以自然平衡思想，在进行财务管理时关注环境成本、社会责任，编制 ESG 报告，推动绿色会计发展。借鉴"无为而治"，简化冗余流程，减少形式主义干扰，回归会计真实反映经济实质的本质。

（3）法家"严明法度"与会计制度规范。

商鞅主张"一断于法"，法律成为治国理政中的绝对权威和唯一标准，强调了制度刚性，对应会计准则的权威性。古代《周礼》中提到的"司会"职责可借鉴其分权制衡思想，强化内控合规。

2. 传统商业伦理对会计行为的实践启示

我国传统商业伦理对会计行为具有以下实践启示。

（1）传统商德中的"义利之辨"。

"以义制利"是中国传统理财思想的核心，明清商帮奉行"以义制

利",反对唯利是图。会计人员在面临利益冲突时,甚至面对管理层施压要求其篡改报表时,可以从中汲取道德勇气,坚守职业底线。

(2)"账房先生"的职业化传统。

古代账房先生需兼具精算能力与忠诚品格,其"中立性"与现代会计的独立性原则一脉相承。徽商要求账房"不偏不私",也为现代审计的独立性规范建立了良好示范。

(3)契约精神与会计透明度。

传统地契、票据等契约注重"白纸黑字",这与会计的"如实记录"原则相通。宋代包含"旧管、新收、开除、实在"的"四柱清册",不仅具有复式记账雏形,而且强调账目清晰可溯,账是给人看的,而不是糊弄人的。

3. 传统文化价值观对会计伦理生态的深层塑造

我国传统文化价值观对会计伦理生态的深层塑造体现在以下几个方面。

(1)"家国同构"与社会责任会计。

传统文化重视集体利益,"天下为公"的集体利益思想可推动会计超越企业边界,关注扶贫资金审计、公共资源核算的社会效益。

(2)"节俭崇俭"与成本管理。

墨家的"节用"思想与儒家的"俭以养德"思想,可抑制过度消费倾向,也可以引导企业会计人员在成本控制中兼顾经济效益与资源节约。

(3)"因果报应"与职业道德敬畏。

释家"业报观"与民间"举头三尺有神明"的训诫,可增强对财务行为相关人员舞弊行为的道德威慑,弥补法律约束的滞后性。

六、传统文化与现代会计的融合创新

现代会计与传统文化融合，走创新发展之路，具体体现在以下几个方面。

（1）会计教育。

吸取《史记·货殖列传》等传统文化中的商业智慧，在会计专业课程中融入传统伦理案例，培养"德技并重"的会计人才。通过书院、讲座等形式传播清代票号"日升昌"的密押制度与风险控制智慧，在学生心中播下"会计工匠精神"的火种。

（2）制度设计。

在进行现代会计制度建设和机制设计时将"义利平衡""和谐共荣"等理念嵌入企业内部控制体系，在绩效考核中增加伦理权重。参考古代"连坐制"来设计责任追溯机制，强化团队协作中的相互监督。

（3）会计文化应用。

中国古代称一斤为十六两，这是"半斤八两"一词的来源，其内涵是"北斗七星"加上"南斗六星"，再加上"福禄寿"三星，一共是16星。古代人们做生意不能"缺斤少两"，因为缺斤少两就会缺福、缺禄、缺寿，所以古人秤东西都要高高的，末了还会添点东西，意思是添福、添禄、添寿。道德的约束其实是最高级的约束，也是根本性的约束，这是古人智慧的体现。在企业文化建设中引入诚信牌匾、算盘雕塑、16星秤等传统符号，通过仪式感强化企业会计人员的道德认同。利用区块链等数字化手段，实现"传统诚信理念＋现代技术"的结合，确保会计信息不可篡改。

七、创新转变

传统文化的哲学思想对会计伦理的赋能并非简单复刻，而是通过创

造性转化，将"诚信""责任""平衡"等核心价值注入现代会计实践。这种融合既能提升会计人员的道德自觉，也能为应对数据造假、环境责任等全球性挑战贡献中国智慧。一方面要避免教条化，需要批判性地继承传统，摒弃"人情大于规则""职位大于制度"等陋习，防止"关系文化"侵蚀会计独立性；另一方面要进行国际化兼容，在全球化背景下，需将"儒家诚信"与美国注册会计师协会（AICPA）职业道德守则等西方会计伦理融合，构建普适性的人本管理会计伦理框架。

第三节　人本价值观：财务文化和财务战略的起点

在战略定义的诸多解读中，迈克尔·波特的"定位论"是目前被大多数人认可的，即战略是企业本身业务的一种定位，是一个关于企业如何在市场竞争中取得优势的理论框架，因此，战略也被称为"竞争战略"，必须贴近现实，将其放到竞争环境中去。战略是可被执行的，必须有抓手，从整体上调动内外资源，充分发挥资源的作用，战略要在财务报表中体现出来，如果没有体现就称不上是战略，而是口号。

战略是一种思维方式，体现了组织的理想追求，也是一个学习型组织在创新中积极创造价值的能动过程。战略能够传达出组织面对未来的前瞻性应变的态度，集中体现领导力的方向性。通常情况下，战略的创新来自小团体，而不是大众，战略的创新起源于对战略的反思，战略就是"正确的预测 + 合理的布局 + 有力的执行"的组合，这是一个不断迭代的过程，战略能够带动全员执行力的提升。

战略是公司永续经营之道，确保组织在面临关键阶段的重大抉择时能够做正确的事以及正确地做事，存在"道"与"术"的问题。解决做大、求快、抢先、协调、求存等问题的战略，是战略的"术"的层面；如何找到战略的源头，即战略以什么为纲，则是战略的"道"的层面。

只有具备高战略智商的公司，才是更聪明的公司，才有可能基业长青。目前，战略的外延不断扩大，其内涵却越来越模糊不清。很多人感觉到现在赚钱越来越难，其中一个很重要的原因就是企业越来越专业，行业看起来是在"洗牌"，其实也是在"洗人"，大浪淘沙。战略的一面是哲学观，另一面是方法论。"所好者道也，进乎技矣"（《庄子·养生主》），即是对战略的精妙比喻，企业的成功战略其根本在于"知行合一"。

一、哲学与人性：战略的两大支点

公司的进化，首先是战略"代谢"，战略闭环管理是推动企业"新陈代谢"的龙头。战略，通俗地讲，就是这件事"能不能做、怎么做、做什么、谁来做"的问题。哲学、人性和战略三者之间存在密切的关系，"能不能做"属于哲学层面，决定了战略的出发点。价值观是战略的核心，"谁来做"是以人性来知人用人，是战略的落脚点，其中哲学为战略提供认识论、方法论和实践论的思想基础。

"做正确的事"是人们长期以来在对客观世界的改造中总结出来的经验，所谓"不听老人言，吃亏在眼前"，战略的制定和实施离不开对世界的敏锐洞察和对人性的深刻理解。战略的起点是价值观，即"诸恶莫做""众善奉行"。

战略上的错误往往造成"一失足成千古恨"，不管是对行业、企业，还是对个人，都会带来毁灭性的打击。哲学在根本层面上追问自然、社会和人本身，通过彻底地反思已有的观念和认识，从价值观和理想出发把握人类存在的目标及历史发展趋势，展示了人类理性思维的高度。战略作为哲学的广泛应用，是思维之法，其思辨精神体现了哲学的认识论、方法论、实践论的思想。一个人的哲学素养直接影响其战略思维的深度和广度。人性与战略的关系体现在战略的制定必须基于对人性的深刻理解，因此可以说人性是战略的落脚点，同一个项目，不同的人可能会有完全不同的做法。人性的复杂性和多样性要求战略制定者具备敏锐的洞察力，能够准确地把握人的需求、动机和行为模式，从而制定出有效的战略。

任正非认为，企业管理遵循的是人性和欲望的逻辑，既要能激发人性，也要节制人性，集众人之私，以成大公。哲学与人性的关系，表现在个人身上就是肉体和精神的合二为一。人的自我意识和自我追问构成了哲学的起点，而人性问题作为人及其存在的始源性和本然性问题，与哲学的合法性相关联。哲学通过对"自我"的自觉确认，揭示人之本性，为战略的制定提供了哲学基础和思考框架。哲学为战略提供了认识世界的工具和方法，人性则是战略实施的对象和目标，三者相互关联，共同构成战略制定的核心要素。稻盛和夫指出，企业的领导者一定要拥有能称之为"哲学"的高水平的判断标准。"敬天爱人"是他的人生哲学，也是其经营哲学的根本。

哲学不是高不可攀的东西，朴素的伦理观就可以成为判断行为的标准，人们在利己的同时，应具备利他之心，这样才能获得真正的幸福。伦理观欠缺的企业得不到发展，哲学和人性要求管理者必须以利他之心来经营企业。

二、传统文化是独特的战略资源

2022 年 5 月，习近平总书记在中共中央政治局第三十九次集体学习时强调，"研究阐释中华文明讲仁爱、重民本、守诚信、崇正义、尚和合、求大同的精神特质和发展形态，阐明中国道路的深厚文化底蕴"；同时对中华传统文化，要坚持古为今用、与时俱进、推陈出新，继承和弘扬其中的优秀成分。

党的二十大报告多次提到文化，在中国式现代化进程中，我们已充分认识到中华传统文化的圆融、自足、包容、创新的"超循环"机制，包含着我们伟大的中华民族"最深沉的精神追求"和"最深厚的文化软实力"，在传承和创新中凝聚和打造强大的中国精神和中国力量。唤醒传统文化之魅，又赋予其现代化之魂，是中国式现代化情境下战略的哲学观和方法论的共同指向。人本管理会计的战略思维要偏向于多维度的整体观瞻，在"整体混沌"中寻求"和而不同"，用多元、包容、均衡的东方战略思维，让看似矛盾的各方以共存、共生、共利、共同的思维得以发展。

党的二十届三中全会强调，进一步全面深化改革，推进中国式现代化。其目标取向在于增加人民福祉，即改革必须坚持"以人民为中心"，为人民服务。改革要符合人民群众的利益，不断革除积弊，促进"人的自由全面发展"。中国式现代化需要建立正义思维，维护和坚持社会正义、社会信用，弘扬良法善治，维护法律正义，以广大人民群众的正当利益作为衡量事业成败的标准，遵循"以人民为中心"的基本工作原则，以最大化地实现人民群众的福祉为改革的终极目标。坚持社会主义市场经济体制，不断推动社会生产力的发展，增进人民福祉，是我国在新时代全面深化改革的基本价值取向。

中华优秀传统文化是独特的战略资源，企业的文化危机会让物质财富犹如沙上之塔，对于中国企业而言，优秀文化是企业独特的战略资源。道法自然、天人合一；天下为公、大同世界；自强不息、厚德载物；以民为本，安民、富民、乐民；为政以德，政者正也；苟日新、日日新、又日新、革故鼎新、与时俱进；脚踏实地、实事求是；经世致用、知行合一、躬行实践；集思广益、博施众利、群策群力；仁者爱人、以德立人；以诚待人、讲信修睦；清廉从政、勤勉奉公；俭约自守、力戒奢华；中和、泰和，求同存异、和而不同、和谐相处；安不忘危、存不忘亡、治不忘乱、居安思危；等等。这其中蕴含着丰富的企业管理思想，一个企业持久的、深层的力量，就是全员共同认可的核心价值观。中华优秀传统文化已经成为中华民族的基因，植根在中国人内心，潜移默化地影响着中国人的思想方式和行为方式。企业必须从中汲取丰富的营养，否则就不会有生命力和影响力。

正义思维、高质量发展、人民福祉，是人本管理会计的企业人本战略方针。企业人本战略，不同于"见物不见人"，即把人当作工具手段的战略模式，而是在深刻认识到人在社会经济活动中的作用的基础上，吸取中国传统理财思想中的人文精神，即"以人为本"的核心理念，从而对世界会计的发展做出贡献。人本管理会计具有人文精神，丰富了管理会计的内涵，是战略生长的土壤。人本管理会计战略要突出人在管理中的地位，实现以人为中心的管理，依靠人、发展人，实现人的全面发展，凝合人的力量，使组织得以有效运营。

方太集团认为，文化就是磨刀，业务就是砍柴，指示了文化与业务的关系。所以文化即业务，文化是因，业务是果。心性即文化，文化即业务。管理会计发展的历史可以说是一部会计价值理性引导下的战略管理、成本管理、预算管理等方法及其理论不断演化的历史。管理会计的全面深化不仅是一个技术层面的问题，也是文化层面的问题，它既受到所在国政治、经济等环境因素的重大影响，又与伦理价值密切相关。价值观的复制难在什么方面？难在落地，难在坚持，难在如何将理念复制到行为，而非说的是一套，做的是另一套，人本管理会计的价值观应当是具体的，可以落地的。

价值理性取决于对某种包含在特定行为方式中的无条件的内在价值的自觉信仰，所选择的行为与其带来的结果无关，而与伦理的、美学的，或者责任感、荣誉感相关，赋予了这种行为"绝对价值"（马克斯·韦伯，2019）。商业向善要诚实守信，适度获利。产品应当具有温情和道德，仁爱之心是创新的源泉，也是基业长青的根基。中华文明具有强烈的包容性，任正非认为，华为的文化就像洋葱，剥开来，这一层是中国的，下一层是欧洲的，再剥一层是美国的。我们应始终坚持理性，做长期有利于自身发展的选择，而非陷入情绪化的对抗。

三、战略的起点是人本价值观

战略的起点，即企业或组织在制定战略时所依据的核心要素，对于明确企业的发展方向、指导企业行动至关重要。"横看成岭侧成峰"，不同的理论对于战略起点的理解不同，总体上人们比较认可的观点是，战略的起点有市场观和价值观两种。市场观认为，战略的起点是市场，强调通过深入理解市场需求和竞争环境来制定增长策略；价值观则认为，战略的起点是价值观，即企业或组织的核心价值诉求，这涉及企业想要实现的目标和选择的路径。

市场观认为，战略本质上是一种增长方式，需要深度思考人在其中的作用、影响和价值，以达到企业的增长目标。市场观强调市场需求和企业业绩增长之间的关系，企业通过满足市场需求和内部资源的有效管理来实现业绩增长。价值观则认为，战略是企业或组织自身的一种价值诉求，强调企业或组织的内在动机和价值追求在战略制定中的核心作用，认为只有明确自身的价值诉求，才能做出正确的战略选择。上述两种观点并不矛盾，只是各有侧重，市场观同样肯定价值观在战略制定中的核心作用，而价值观也并不否定市场以及用户第一的市场逻辑。

本书认为，在物质已经比较丰富的社会，战略的起点应该是价值观，特别是具有一定影响力的企业。什么样的企业是好的企业？目前来看答案肯定是"以人为本"的企业。过去评价一个企业，会评价其技术怎么样，产品怎么样，规模怎么样，负债怎么样，但这些评价都是在假设这是一个好团队的情况下做出的，否则就没有必要进行后面的评价了。不管是什么企业，都要"以人为本"，要有好的团队，且团队必须有正确的价值观。战略体现了团队的价值观和思维方式，体现了企业家的价值诉求，投资企业其实是投资企业家，首先要看企业家有无社会责任观，看他想冒多大险，想做多大事，走什么路径，用什么价值观指导企业发展，这样才有正确的战略选择。

谈到价值观，首先要明确什么具有价值，什么不具有价值；其次要构建价值创造、价值评价、价值分配的自驱循环机制，其难点在于如何落地。华为将自身价值洞察的方法总结为"五看"，即看宏观，看行业，看客户，看对手，看自己。这就要求企业通过利益共同体建设，以及面对利益冲突时的妥协管理，将价值观真正地复制到业务实践中，而非仅仅停留在理念层面，最忌讳说一套、做一套，明一套、暗一套。价值观是战略的基石，在进行战略定位、选择和执行的过程中，不论是选择做正确的事，还是正确地做事，价值观都贯穿始终。人本战略必须能够在人本管理会计中得到体现，"人"是企业管理的全部，与其他组织一样，人是管理的起点，也是管理的终点。人本管理会计的人本主义，见物一定要见人，这实际上是对管理的基本要求，否则"以人为本"就只是口头说说而已。

不能落地、不进行考核的价值观，等于没有价值观。价值观的重点在于实现闭环管理，否则很可能只是挂在墙上的标语，因此需要建立客观公正的价值评价体系，以共同富裕理念打造科学合理的价值分配，来驱动持续的价值创造行为。最难的是在客户、员工、股东和国家等多方进行价值分配时，如何协调管理各方的利益冲突。创造出来的总价值是有限的，如何构建多方参与者的利益共同体，让大家"力出一孔、利出一孔"地不断做大"蛋糕"，而不是落入存量博弈的陷阱，这是价值观落地的难点；但有一点是肯定的，即"财聚人散，财散人聚"，企业的动力机制需深刻洞察人性趋利避害的特征，这个"利"是广义的，包括物质欲望、意义感、成就感以及愿景与使命等幸福意义。企业的价值观体系由三个层面构成，上层是共同信仰，中层是共同规则，下层共同利益。利益共同体是命运共同体，共同利益是基石，共同富裕是方向。人本管理会计就是要设置好相应的"油门"与"刹车"，以此牵引全体员工在法治和德治的框架下去创造价值。

四、人本管理会计与战略的契合

人本管理会计的财务管理应当支撑战略，并紧紧围绕战略分析和选择、战略实施和控制、战略评价和反馈三个环节展开，而预算管理在其中发挥了不可替代的作用（谢志华，胡鹰，2022）。人本管理会计属于财务管理，它与企业战略之间的关系归结为服务战略、支撑战略、自定战略三种类型，是企业战略最终实现的前提和基础。

宁高宁认为，企业经营管理就是两件事情，即人和战略。人应该是第一位的。人与战略相互作用，不可分割。人才决定了企业的存亡，人是战略与执行的最大联结点，管理者需要有"人感"。尽管事实上几乎没有企业能完全做到，但组织应当不断寻求把成员的个人追求和组织的目标联合起来的路径与方法，让组织内部每个人所想的和组织所想的趋于一致。企业有两件事情：一是组织人事，二是战略。人和战略之间是相辅相成、互为共生的关系，但是很多企业仍然看轻了人的作用，人和团队的问题应该高置于战略之上。创造价值是企业的终极目标，组织人事要为这一目标服务。

战略管理重要的不是提出战略，而是怎样保证其落地，即战略的执行是最重要的，不落地的战略就是口号。以企业高质量发展为目标，华润 6S 管理体系是战略与管理会计契合性较高的管理模式（见图 6-2）。该模式将全面预算体系（商业计划体系）、管理报告体系、内部审计体系、业绩评价体系、经理人考核体系以战略为目标，嵌入企业管理之中，最终落脚点是人，起点也是人。战略规划体系构建利润中心战略目标，商业计划体系通过预算管理落实战略，管理报告体系、内部审计体系监控战略实施是否有效，经理人考核体系和业绩评价体系通过考核、评价战略实施结果执行激励措施。以 6S 管理系统运行推进利润中心的战略构建、战略落实、战略监控和考核执行，由此形成一个完整的管理闭环。6S 管理模式通过具有明显分工差异的两翼合控，使全面预算和业绩评价顺利实现一体化，是研究人本管理会计与战略的中国情境路径之一（王俊清等，2024）。

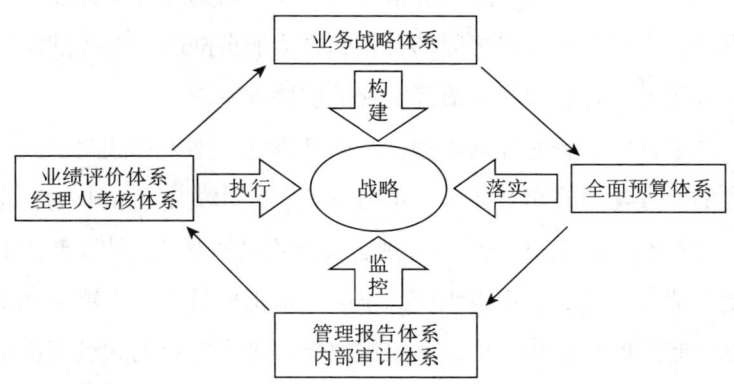

图 6-2　人本管理会计与战略契合的 6S 管理模式

价值观是企业文化的核心要素，适合企业的企业文化和价值观是最好的，华为推崇军队文化作风，阿里巴巴则有着浓厚的武侠文化。人本管理会计的价值观要深植于中华优秀传统文化，不能浮于表面，而是要融入现代企业的经营活动中，并以人的价值最大化来指导六种具体的价值创造。

（1）工作价值。工作价值是指企业中的工作人员，要直接用自己的劳动形成一种产品式服务，这是企业价值链的第一环。

（2）交易价值。交易价值是价值链中基本的交易活动，也是工作价值商品化并得到实现的过程。

（3）资产价值。资产价值是企业中最大的资本投入，科学的资产配置会令企业处于竞争优势地位，企业要以人为中心来创造价值。

（4）企业价值。企业价值是企业经营高层次的价值体现，企业本身也是商品，企业价值往往是在企业转让时体现在资本市场上，其目标是成为受人尊重的企业。

（5）股东价值。股东是所有者，股东通常会通过对企业发展原则的控制以及对企业的评价来达到自身价值创造的目的，股东应是广义的概念，任何利益相关者都是企业的"股东"。

（6）社会价值。企业的社会价值主要体现在，企业通过其经营活动创造经济价值，同时积极承担社会责任，通过解决社会问题、提供公共产品或服务等方式，满足社会的需要，促进社会的发展。

企业价值观的源头是企业家的初心与理想，企业定位决定了其价值观的底线，企业的愿景、使命和战略是价值观的载体。中国优秀企业的实践对"战略的起点是价值观"的理论研究提供了参考，价值观要合法理、守底线，要合情理、顺人性，价值观要符合行业特性，在实践中不断迭代完善。比如，于东来说："胖东来（胖东来商贸集团）一路走到今天，希望的不是做生意，而是让更多人幸福地生活。"胖东来的价值观为"扬善·诚恶"。"扬善"就是要弘扬阳光、自由、尊重、信任、真诚、公平、正义、勇敢、博爱、节制；"诚恶"就是要避免虚伪、自私、自卑、嫉妒、贪婪、束缚、伤害等。在此价值观引导下，胖东来把顾客当家人，也把员工当家人，提出要把 95% 的利润和股份分给员工，并善待所有的利益相关者。华为的价值观是"成就客户、艰苦奋斗、团队合作、开放进取、至诚守信、自我批判"。华为围绕"数字包容、安全可信、绿色环保、和谐生态"四大战略，以科技创新助力可持续发展，显然，其价值观在战略中发挥了起点的作用，华为的战略源头也都在其价值观里。

五、传统文化对人本管理会计价值观的赋能

价值观对企业的"长久治安"起着中流砥柱的作用。坚持"以客户为中心，以奋斗者为本"的核心价值观，为企业的生存与发展确立了精神支柱和基本指引，给企业带来了长期的稳定性。老子在《道德经》中提出"人法地，地法天，天法道，道法自然"的思想，"道"字强调对客观规律的正确认识，这在企业财务管理中体现为遵循自然规律和道德原则，人必须按照自然规律办事，财务管理活动也应遵循其自然规律，一切违背自然规律的财务管理活动都终将失败。

1. "以人为本"的管理理念

传统文化中"以人为本"的思想强调人的重要性，以及培养人的和合精神，即集体主义。决定企业未来的关键因素是人，而不是资本。在人本管理会计中，只有坚持"以人为本"，才能调动人的积极性和创造性，企业才能稳定发展，人才才能留得住、用得久，企业才能创造出更多的财富。

2. 追求和谐与稳定

传统文化中的和谐思想在人本管理会计中体现为追求财务关系的和谐，这与西方资本主义企业更多是以竞争和法律的方式来处理财务关系问题形成了鲜明的对比。传统文化强调和合，追求利益相关者的财务关系和合，以达到企业财务管理的"和气生财"的理想状态。

3. 避免冲突和重视道德管理

传统文化中的"和为贵"信念，造就了中华民族避免冲突、淡化矛盾的思维方式，有利于建设共赢共享生态环境。西方文化崇尚竞争，而中国文化崇尚合作，反对恃强凌弱，把扶贫助弱视为美德，有助于企业承担社会责任。

我们也要认识到，如果教条地照搬传统文化，可能会带来消极影响，比如，过分强调避免冲突的思维，在人本管理会计中可能导致一些问题被忽视，无法保证财务信息的真实性。过于注重道德而忽视法律，可能会造成企业不注重财务信息监督，即使发现问题也可能因为顾及人情而选择不作为，导致违法乱纪问题不能得到及时控制进而发展蔓延。

传统文化对人本管理会计的财务文化影响深远且广泛，既包括积极的管理理念和道德观念的传承，也包括对变化和创新的保守态度。总体上来讲，传统文化是民族的精神命脉，是涵养社会主义核心价值观的重要源泉，也是使现代中国在世界文化激荡中站稳脚跟的坚实根基。在企业人本管理会计的运用中，传统文化不仅能够增强员工的凝聚力和向心力，还能提升企业的社会责任感和品牌形象，可以有效提升企业文化自信，促进企业高质量发展，提升企业管理水平，丰富企业文化内涵，促进企业创新发展。

4. 建立以员工为中心的理念

将人本管理会计思想融入企业文化管理，本质是通过"以员工为中心"的理念重塑组织价值观、制度设计和行为模式,从而激发员工潜能,增强企业的凝聚力与可持续竞争力。

人本管理会计重新定义了企业与员工的关系,从工具理性转向价值理性,摒弃传统管理会计的人力成本观,将员工视为价值共创者而非资源消耗体。

星巴克即将员工与企业的关系定位于伙伴文化,腾讯公司实施员工职业生命周期管理。企业不仅致力于满足员工的物质需求,更重视员工的职业成长、心理健康与社会价值的实现。海尔的"人单合一"模式,打破了科层制的束缚,建立扁平化、网络化结构,赋予员工自主决策权,构建了共生型组织,倡导企业与员工共同进步。

六、人本财务文化与价值观结合的四大维度

在人才管理过程中,要把价值观贯穿人才"选、育、用、留、管"的全过程,让价值观成为企业经营的"望远镜"。

1. 价值观重塑:从口号到行为指南

在财务文化中嵌入人本基因,在企业的使命愿景中体现对人的尊重,并将抽象的价值观转化为具体行为标准,根据公司历史、业务特点和客户特性,提取文化基因。挂在墙上的是口号,只有转变为行动的,才是战略,比如,美国西南航空公司提出的幽默服务,体现了对员工个性的包容精神。

2. 制度设计:以人性需求为原点

因时制宜推行弹性工作制,以及混合办公、自主工作,从而平衡效率与人性化之间的关系。把价值观纳入考核体系,按马斯洛需求分层设计差异化激励方案,可以从基础保障、成长机会及自我实现平台等多个维度进行设计。企业家精神中要有容错机制,鼓励创新试错,比如,亚

马逊允许失败但需快速迭代的逆向工作法。

3. 沟通与决策：构建双向信任机制

通过全员大会、内部论坛等实现决策透明化，比如，阿里巴巴实行公开讨论战略，消除信息壁垒。设立员工提案系统，相信智慧在民间，建立自下而上创新的通道，使一线声音可以驱动企业变革。推行无惩罚反馈文化，让员工具有心理安全环境，批评需公开且要有建设性。

4. 领导力转型：从"管控者"到"赋能者"

领导者要聚焦资源支持与障碍清除，将自己定位于服务型领导，以同理心进行领导，通过 GROW 模型（目标设定—现状分析—方案选择—行动计划）帮助员工自主解决问题。

七、实践案例

《奈飞文化手册》中提出"自由与责任"文化，采用高薪酬、无考勤、无限假期工作模式，但要求员工要有成年人式自律。采用假设员工想离职，公司是否会全力挽留的反向筛选方式进行留任测试，以选择高匹配度人才。北京抖音信息服务有限公司（原字节跳动有限公司，以下简称抖音公司）通过 OKR（目标与关键成果法）对齐目标，减少过程管控，依靠信息透明驱动自组织。

人本财务文化面临的潜在挑战主要有三点：一是文化惯性，比如IBM 公司从硬件文化向服务文化转型，耗时十年之久，可以通过文化审计诊断现存问题，分阶段渐进改革；二是短期绩效压力，可以设定"人本管理"的长期绩效指标，平衡短期与长期收益；三是代际价值观冲突，可将年轻员工纳入社会责任建设团队，增强他们的意义感。

人本管理思想的企业文化落地，绝非简单的福利叠加或口号宣传，而是通过价值观重构、制度创新与领导力转型，将"人的价值"置于组织战略核心。效果评估从注重硬指标转变为关注软实力。定量指标增加员工留存率、内部晋升率、人均创新产出；定性指标增加组织氛围调研、员工故事挖掘、文化行为案例库建设、社会价值外溢、雇主品牌排名，并在 ESG 报告中增加员工福祉板块。

企业能否获得成功取决于其能否形成员工与企业共同生长的良好生态，员工在创造商业价值的同时实现自我超越，企业则通过激活"人"获得持续竞争力。这一过程需要长期投入与系统设计，但其带来的从创新涌现到韧性提升等文化红利，将成为数字经济时代企业的"护城河"，也是企业的核心竞争力。

第四节　人力资本：人本会计计量和企业家精神

智慧经济形态中人力资源的重要性显著提升，"互联网 +"的"去三化"颠覆了传统企业管理模式，人的自主性受到重视。人本管理会计思想提倡"以人为本"，其本质是尊重人、服务人、依靠人和发展人。西奥多·舒尔茨认为，通过对人进行投资形成的资本就是人力资本，这种资本包含在工作中学到的技能、在学校中接受教育得到的知识以及个体身心的健康程度。

人的全面发展体现在人力资本积累上，人力资本积累源于人力资本投资。人力资本积累有外部效应和内部效应，外部效应指的是个人人力资本的积累，带动社会效益逐渐增加，并且社会效益大于个人效益；内部效应指的是通过提高劳动者个人劳动生产效率与收益，在个人物质收入增长的同时，提升其精神上的满足感，从而在知识、技能、生产效率、精神上促进人的现代化。塑造现代化人力资源是一个长期且复杂的过程，受限于会计理论和会计假设，有关人力资本新的管理会计理论与计量方法的探讨仍进展缓慢，需要更新观念，在人本会计计量和企业家精神培育方面实现有效突破。

一、人本会计计量

人本会计的计量核心是资本雇佣劳动转变为劳动雇佣资本。人本会计计量的系统表述以徐国君的《三维会计研究》一书最为完整。该书提出以人为中心，表现为人是会计的第一要素，将人及其行为纳入会计系统，一切财富的增长都是为了满足人的需要，人是目的，物只是手段，指出资产、行为和权益是三维会计的基本要素，并基于"价值的载体＝价值的本原＝价值的归属"，构建三维会计核算体系，编制三维会计报表。也就是说，在对经济业务进行核算时，重新界定了会计等式，即"资产＝行为＝权益"，除了核算资产、权益以外，还需核算与之有关的人的经济行为的价值，编制基于资产、权益、行为的三维平衡表。三维会计的估价计量与核算采用的是"价值链法"和"半成本法"，资产增值－资产减值＝行为增值－行为减值＝权益增值－权益减值。

胡春晖等（2013）认为，人本管理会计机制应将"行为"作为核心，通过"行为—价值"平台将每一个劳动者各自的行为对应的价值贡献科学、正确地反映出来。这种建立在"行为—价值"基础上的收益价值分配，才会与每一个劳动者的贡献相匹配。

赵艳等（2018）提出人本会计计量的基本观念。一是确立人力资源产权，通过量度人力资源行为的经济价值，真正实现按贡献分配，从根本上激发劳动者的积极性；二是基于企业内外价值链，进行泛会计信息计量，即摆脱现有会计账户体系的束缚，拓展会计信息的计量范围，涵盖企业内、外相关的价值信息，如人力资源价值、同业水平等；三是允许计量信息存在一定的不确定性；四是实物资本和人力资本保持的观念，在融入"人"的因素之后，会计系统的计量既要考虑实物资本的保持，又要兼顾人力资本的保持；五是多维计量，即多属性、多时间计量经济活动。

丁胜红等（2019）在计量属性的运用上，采用历史成本、现行市值、现值并用的方式；但是"并用"不同于"混用"，并针对信息对称的人本经济阶段提出人本成本法，认为以人类价值为本的成本计量具有如下特征：①以共享价值所需的集群式劳动替代交易价值所需的流水线式作业；②以非线性成本性态计量替代线性成本性态计量；③以人类价值为本的成本费用归集替代以物类价值为本的成本费用分摊。归纳起来，人本成本法是指多中心化管理会计主体以集群式专业化分工劳动为智能化成本核算对象，以集群式专业化分工劳动量为基础，利用数据货币对形成体验价值的成本系统进行动态归集的一种管理会计计量方法。

郑海英等（2025）从新质生产力的视角，从"资产权益表"的构建、多元计量方式结合、"入表"核算等方面提出企业智力资本的初始记录、价值变化、利润分享及资本退出等业务的会计核算建议。在资产负债类账户下针对企业所控制的智力资产的增减变动情况，增设"智力资产"一级账户，下设"人力资产""结构资产""关系资产"三个二级账户，来核算对应资产的价值。企业初始获得的智力资产及其增值额通过"智力资产"账户的借方反映，贷方表示减少额；权益类账户针对智力资本的总体增减变动额增设"智力资本"账户进行核算，同样设置了"人力资本""结构资本""关系资本"三个二级账户，对所有者进入企业时对应资本确定价格及后续评估值进行核算，借方登记资本的减少额，贷方登记资本初始额与评估增值额；损益类账户方面，主要在投资收益账户和利润分配账户下分别增设"智力资本公允价值变动"和"应付智力资本股利"两个二级账户，对智力资本退出时的公允价值变动和每年智力资本拥有者分配的利润予以核算。进行收益分配时，按照物质资本成本与人力资本成本所有者的投入比例，对可供分配的净利润予以分配，物质资本和智力资本拥有平等分配权。

二、企业家精神

1984 年 9 月，经济学家张维迎在《读书》杂志第九期发表了《时代需要具有创新精神的企业家》一文。这是中国知识界关于企业家的第一篇学术文章，可以说是对 20 世纪 80 年代改革精神的最佳注解。2022年 6 月，张维迎出版《重新理解企业家精神》一书，论述企业精神就是创造变化但其本身不变的一种东西。

企业家精神是虚实结合的，一方面要讲故事，用愿景和使命去牵引员工；另一方面要分配好物质利益，这样才有追随者。这里所指的企业家精神主要面向企业家，但不是企业家所独有的，而是指所有人，只是在深度上有所不同而已，企业的每个员工或多或少都应当具有一点企业家精神，企业家精神是企业重要的人力资本。

（一）企业家精神是重要的人力资本

企业家精神是一个综合性的概念，其中不可言传的"软知识"最为关键，涵盖了多个维度和多种特质，共同构成了企业家成功的关键因素。企业家精神的核心在于创新、冒险、诚信、社会责任和国际视野等方面。具体来说，企业家精神包括但不限于以下几点。

第一，创新与发展。企业家精神鼓励创新，包括新思路、新策略、新产品、新市场和新模式的开发。创新是推动企业发展和经济增长的关键动力，优秀的企业家会不断寻求改进和突破，以适应不断变化的市场环境。

　　第二，诚信与责任。企业家精神强调诚信和责任感，包括对客户、员工和社会的责任感。企业家应该以诚信为本，遵守法律法规，积极履行社会责任，树立良好的企业形象。

　　第三，冒险精神。企业家精神包含一种敢于冒险的勇气，在面对风险和不确定性时，勇于尝试和创新。这种精神是推动企业不断前进，实现突破和创新的重要动力。

　　第四，国际视野。在经济全球化背景下，企业家精神要求企业家具备国际视野，能够适应国际市场的竞争和合作，寻求更广阔的发展空间。

　　第五，爱国情怀。企业家精神还强调爱国情怀。企业家应将企业的发展与国家的繁荣紧密结合起来，为国家的发展做出贡献。

　　第六，社会责任感。企业家应积极履行社会责任，关注社会问题，通过企业的力量推动社会进步和发展。

　　企业家精神是经济增长的驱动力。经济增长背后有诸多要素，如土地、劳动、资本、企业家才能等。它们之中谁是核心呢？美国著名经济学家熊彼特第一次从理论上回答了这个问题。他认为，经济增长的核心要素是企业家。企业家把其他要素组织起来，进行生产，并通过不断创新改变其组合方式，才带来了经济增长。此后，西方学者普遍认同熊彼特的见解，认为他抓住了经济增长原因的本质。有些学者更是通过对日本、英国、美国等国家经济增长的研究，得出资本的形成不过是经济增长的诱发因素，而企业家的创新才是经济增长的自发因素的结论。著名发展经济学家刘易斯进一步指出，一国的储蓄低并不是因为它穷，而是因为缺少企业家。

　　这些分析虽然掩盖了资本主义生产关系的剥削性质，带有一定的片面性，但它所揭示的事实对我们理解经济增长仍有启发意义。企业家精神是市场内生的，只要企业家赖以生存的市场环境还存在，就会源源不断地产生企业家精神。人本管理会计提倡的企业家精神，是以"爱国情怀、勇于创新、诚信守法、承担社会责任、拓宽国际视野"为内涵的企业家精神。

长期以来存在一种错误的看法，就是把资本家和企业家混为一谈，甚至做出"无商不奸"的负面评价。还有部分人认为，商人越有钱，良心就越坏，"仇富"背后的心理学原因是忌妒心，古今中外皆有之。每个人都想多赚点钱，显而易见，不是每个人最终都会变成坏人。实际上，所谓资本家是指生产资料的占有者，他们是剩余价值的剥削者；而企业家是经济活动的组织者，从事创造性劳动的脑力劳动者。中国式现代化要警惕的不是资本与企业家的结合，而是资本与权力的结合，防止资本腐化权力，操纵权力，向公权力渗透。因此，不仅要把资本家和企业家区分开来，也应该把企业家与一般经理区别开来。经理是被授予的一种"职衔"，企业家则是其职能的人格化。从长期来看，德本财末，财富的来源根本要靠德，虽然这个观点在短期内可能会被人质疑，但是没有人能逃得过正义的审判。

创新作为企业家的基本职能，是由企业所处的社会条件决定的。企业家精神是现代经济发展最重要的生产要素之一，企业家精神与整个市场机制运行紧密关联，是推动企业成长和工业高质量发展的核心力量。这种精神不仅体现在企业家带领企业战胜当前困难、走向更辉煌未来的决心和行动上，还涵盖了爱国、创新、诚信、社会责任和国际视野等多个方面。企业家精神的培育和弘扬对于推动民营经济高质量发展至关重要，它涉及如何将生产要素有效地组织起来并融入社会化大生产中，形成创造力和生产力。

企业家精神的核心要素包括创新精神、避险与冒险的统一精神以及求实精神。创新精神是企业家精神的核心，推动企业不断追求技术、市场和管理模式的突破。避险与冒险的统一精神则要求企业家在降低企业风险的同时，勇于抓住市场机遇，寻求企业的稳定与发展。求实精神强调脚踏实地、务实进取的工作态度，通过实际行动推动企业稳步前行。

企业家精神还体现为在市场不确定性中做出决策，把握市场机遇，寻求生存发展之道。企业家是不确定性的决策者，需要在企业内部和外部环境的不确定性中把握、判断和驾驭不确定性，积极应对挑战。创新是企业可持续发展的基础支撑，也是企业家精神的重要体现，包括技术角度的创新和经济角度的创新。

张维迎认为，要理解企业家精神，可以从否定的视角来观察：①企业家的决策不是科学决策；②企业家有梦想，不以利润为唯一目标；③企业家不能完全听命于投资人；④企业家不是好员工。

企业家精神是市场的灵魂，也是每个人都应当肯定的人力资本，不可能每个人都是企业家，但每个人都应当有点企业家精神，至少要承认企业家精神。因为没有企业家精神，就不可能有真正的市场经济，不可能有真正的进步，企业家精神是行之有效的"反垄断法"。通常说"一切未定"，是由于对未来的不确定，企业家精神就是通过选择和创造力，创造一个希望的未来，企业家最重要的就是想象力。大数据代替不了企业家，企业家是市场的主体，资本所有者的职责是选择企业家，公司治理应该以企业家为核心。

（二）传统文化培育企业家精神

WSR 方法论强调人的主观能动性，与企业家是推动创业生态系统构建的主体的观点相契合。企业家精神不仅是企业和经济发展的关键驱动力，也是推动社会进步和发展的重要力量。广义上来讲，企业家精神不只为企业家所独有，而是每个人都可以具备的能力，只是程度上有所不同，它要求人们不断提升自己，努力成为新时代构建新发展格局、建设现代化经济体系、推动高质量发展的生力军。人本管理会计的价值观，基于市场的逻辑，通过利人利己，相互合作，创造财富；而不是基于"强盗"的逻辑，通过损人利己，相互伤害，掠夺财富。企业家精神也可以说是人本逻辑，而不是资本逻辑，资本只是企业家精神的实施工具。

推进中国式现代化要大力弘扬企业家精神。中华优秀传统文化是中华民族的文化根脉，其中蕴含的思想观念、人文精神、道德规范具有超越时空的价值，为涵养企业家精神提供了坚实的文化根基以及源源不断的智慧启迪。

中华优秀传统文化中蕴含的爱国主义精神、革故鼎新思想、讲信修睦品德等，都是企业家精神的重要组成部分。企业家精神倡导爱国情怀，以"天下为公"思想厚植于企业家精神，树立对国家、对民族的崇高使命感和强烈责任感，自觉把企业发展同实现国家富强、民族兴盛、人民幸福紧密结合起来；同时，企业家精神强调勇于创新，需要思想上的不断解放、精神上的锐意进取和行动上的真抓实干，以"革故鼎新"思想强化创新基因，不管是"苟日新，日日新，又日新"（《礼记·大学》），还是"周虽旧邦，其命维新"（《诗经·大雅》），均凸显了传统文化对求新、求变重要性的认识，也体现了中华优秀传统文化历来倡扬的除旧布新、勇于进取的人生态度。此外，诚信守法的品德也是企业家精神的重要组成部分，以"讲信修睦"思想培育诚信守法的品德，强调诚信对于企业和个人发展的重要性。"诚者，天之道也；诚之者，人之道也。"（《中庸·论诚》）人无信不立，业无信不兴，国无信则衰。诚信守法是维持商业秩序的基本行为规范，企业家精神要把诚信守法作为企业生产经营活动必须遵循的核心原则。

中华优秀传统文化中的"四象五维"理论，即"中、善、德、智"四象和"禅、道、易、武、茶"五维，为企业家提供了修养身心的路径。通过学习儒学、禅学等传统文化经典，以明理处事磨炼品性，在企业日常经营管理实践中总结经验，不仅有助于提升企业家的个人修养，也为企业的长远发展奠定了坚实的文化基础。

企业家精神最大的特征与价值在于企业家的自驱力和学习力。中华优秀传统文化通过其深厚的哲学思想、道德观念和人文精神，为企业家精神的培育提供了丰富的营养和灵感来源。企业家通过汲取传统文化的智慧，以"仁者爱人"和"己所不欲，勿施于人""天下兴亡，匹夫有责"的思想提升社会责任意识，以"胸怀天下"的精神拓展国际视野，而"修身、齐家、治国、平天下"的价值追求可以使其更好地承担社会责任，这些智慧代代相传、生生不息，塑造了中华民族独特的世界观和时空观。企业家精神推动企业创新发展，助力实现个人价值与社会价值的和谐统一。

（三）传统文化对企业家精神的赋能

"修身、齐家、治国、平天下"的践行，有助于企业家建立核心价值观，赋予了企业家从个人道德修养到社会责任的全链条使命感，从而影响到人本管理会计在 ESG 实践中融合传统文化中的"天人合一"观念。

张謇以实业报国，践行"实业救国"理念，将企业利润投入教育、公益事业，体现了儒家"经世济民"的精神。在修身立业方面，"君子爱财，取之有道"的义利观，引导企业家在追求利润时兼顾社会效益，义利合一，避免走入唯利是图的困局。道家主张"上善若水，因势利导"。"道法自然"与创新思维并不矛盾，反而能启发企业家顺势而为，在商业变革中灵活调整战略。腾讯公司在创业期从即时通信向多元化生态拓展，契合"以柔克刚"的顺势思维。华为坚持"力出一孔"，深耕主航道通信技术，守拙创新，而非盲目扩张，体现了道家"大道至简"的智慧。

商鞅"不法古，不循今"的破旧立新的变革精神，激励企业家突破传统模式。任正非更是深谙大巧若拙的智慧，以曾国藩"求阙斋"的自我反思精神，保持谦逊，从而让庸者有能，让员工自主创新，反而增强了员工变革的魄力。格力电器通过制度驱动，以严格的制度与技术创新，从地方小厂发展为全球巨头，契合法家强调"法、术、势"结合的思想，推动企业建立科学管理体系。比亚迪集团从电池制造转向新能源汽车领域，打破了行业边界，体现了法家的革新理念。

工匠精神与长期主义密不可分。古代手工业者"如切如磋，如琢如磨"的精益求精的匠人态度，可以塑造企业家对产品品质的极致追求。日本百年建筑企业株式会社金刚组传承了 1400 年，中国老字号同仁堂炮制虽繁必不敢省人工，均体现了工匠精神的积极作用。

商道即人道。孟子的"民为贵"思想转化为现代企业的"员工关怀"与"客户至上"的"以人为本"的理念。海底捞通过员工福利与极致服务获得成功，暗合"得人心者得天下"的管理哲学。家族企业以家训传递价值观，实现企业代际传承。方太集团将儒家"仁、义、礼、智、信"融入企业管理，实现家族文化与现代企业治理的平衡。任正非"华为永远活在冬天"的危机意识，与传统居安思危的思想相通。

（四）传统文化与企业商道方法论

"人人想当企业家，人人想骂企业家"，解决这个问题就是要让员工具有企业家精神，企业家要让自己觉悟，也要让员工觉悟，以和谐意识开展工作，把"大公司"做成"大家的公司"。一个公司，可以是利润的角逐场，也可以是"明明德"的课堂，两者融合是人本管理会计的特色。在进行企业家培训时，可以将《论语》《道德经》《孙子兵法》等传统文化经典纳入培训课程，通过胡雪岩的兴衰荣辱、乔致庸的经营智慧等案例教学，启发提炼管理哲学，从而将价值观内化。在企业文化建设中融入传统符号，阿里巴巴借鉴江湖侠义精神，用花名文化弱化了企业等级观；京东源自儒家的"正心诚意"，建设了"正道成功"的企业经营理念。

小米"生态链"战略以轻资产整合资源的商业模式，体现道家"无中生有"的虚实转化思维。拼多多以《孙子兵法》中"避实击虚""以正合，以奇胜"的思想指导企业差异化竞争，发挥了兵家"知彼知己"的竞争策略，避开一线城市"红海"，下沉农村市场广开生路。福耀的曹德旺借鉴"达则兼济天下"理念，推动企业参与乡村振兴、环保公益，捐资百亿建大学，呼应传统"散财养德"的商道，践行社会责任。

"天之历数在尔躬，允执其中。"（《论语·尧曰》）传统文化对企业家精神的赋能，本质上是"以文化人"的过程，通过汲取"义利平衡""创新求变""家国情怀"等智慧，塑造兼具商业魄力与社会担当的新时代企业家。这种融合不仅为企业注入文化韧性，更为全球商业文明贡献了中国式解决方案，既要学习国内外的颠覆性创新，也要从晋商的信义精神、道家的生态智慧中寻找可持续发展之道。坚持去粗取精，避免传统文化中的"重农抑商""官本位"的保守倾向，以开拓精神突破"小富即安"思维。坚持中西融合，将信义文化与西方契约精神结合，平衡人情社会与制度化管理。坚持时代适配，实现传统价值观与现代科技、全球化语境的对接。抖音公司用算法赋能内容，但坚持"技术向善"，体现了"科技向善"的企业伦理。

（五）人本要素与市场机制融合

人本管理会计通过人本资本量化，将探索企业家精神、组织文化等软性要素纳入能力评估体系，使人文精神与市场经济产生协同效应。重新定义劳动价值内涵，转变资产雇佣劳动的传统理念，因地制宜，实行劳动雇佣资本，构建"认知、人、财、物、数据、人效"六大要素联动框架，整合知识技能、财务投资、工作环境等多维度指标，形成动态平衡的计量体系；但是劳动雇佣资本是劳动和资本取得平等的分配权，突出人的主动性，而不是降低物质资本的地位，将创造力、责任感等人力资本创造的价值纳入分配制度设计，推动劳动报酬占比的结构性调整。

第五节 慎独：财会监督和内部控制

内部财会监督的人本化，就是"以人为本"的财会监督，即以单位负责人、相关决策参与人和财会人员等"内部人"为中心，以激发其"人性向善"为根本的企业财会监督。财会监督的本质是对人、财、物的全面控制，其核心是对人的控制，要求人要自律。

传统会计文化与财会监督密切相关，中华传统会计文化的自觉可以为人提供正确的选择方向。"慎独"思想作为中华优秀传统文化的组成部分，是古代儒家创造的自我修身方法，具有丰富的思想内涵。"慎独"的关键是"慎心"，要在"隐""微"上下功夫。

一、现行内部财会监督的局限性及其人本化内涵

财会监督体系明确各单位主要负责人对本单位财会工作和财会资料的真实性、完整性负责，为本单位财会监督工作的第一责任人，财会人员要加强自我约束，遵守职业道德，拒绝办理或按照职权纠正违反法律法规规定的财会事项，有权检举单位或个人的违法违规行为。上述表达

形成了财会监督的内部监督，即建立起主要负责人担责、负责财会监督职责的人员履责、财会人员积极参与三道监督防线。企业中三道防线的人员往往既是"裁判员"，又是"运动员"，这在民营企业中表现得更为突出。权力若有了自由使用的机会，就不可避免地要面对各种诱惑。

单位主要负责人和财会人员的认知与行为，对财会监督内容的决策和执行起着关键性作用，也是风险产生的重要内因，从而构成了内部财会监督人本化路径的原点。中华优秀传统文化强调修身处世，因此能够通过影响财会人员的道德理念来改变其行为，通过"慎独"为核心的自我约束实现基于"心化"过程的财会监督，对中国特色的财会监督体系构建具有重要的理论和现实意义。

（一）现行内部财会监督的局限性

目前，我国构建了由党统一领导、全面覆盖、权威高效的监督体系，可以对行使公权力的单位和个人的决策权、执行权及监督权进行有效的监督，这是法的全面性，也是其最具有威慑力的一面，但是对德的内在要求和自律性措施，目前尚存在不足。"千里之堤，溃于蚁穴"，所谓最坚固的制度堡垒，往往是从内部攻破的。很多违法违纪人员，往往不是因制度不全而违法违纪，而是因为不把制度当一回事，在事发之后才追悔莫及。

财会监督应当重视中华优秀会计文化的价值观，不应该仅把目光局限于外在制度上。因为制度总会有缺陷，倘若人有图谋不轨之心，其钻制度空隙的冲动就防不胜防。财会监督应当具有向内审视的一面，"有所不足，不敢不勉"（《礼记·中庸》），主动以会计职业道德规范等具有中华优秀会计文化思想的会计文化审视自己的行为，化被动监督为自我的主动约束，时时反思"人"字左边一画是"真"、右边一画是"正"的人性意义。

批评与自我批评是我党的优良传统和作风，监督与自我监督也应是单位内部财会监督人员的优良传统和作风，相关研究也应当关注会计文化如何影响会计与审计行为。只有不忘初心，具备牢固的正己而不求人的自律精神，才能有效遏制以个人伪造发票、入库单、工资单、银行对账单等方式骗取公款，伪造领导签字以达到重复报账或虚报多报账目的目的，以及上市公司篡改财务数据等违规甚至舞弊行为的发生。

（二）内部财会监督人本化的概念

财会监督管理的原理是组织由拥有共同目标的结构化人群构成，而提升财会监督管理执行力的抓手是对人的管理。财会监督表面上来看是由不同部门不同人员完成的事，深层来看却是因事把人裹挟进来，是由人来完成的。"人能弘道，非道弘人"（《论语·卫灵公》），孔子的这一思想充分体现了作为内因的人在财会监督中的主观能动性。

财会监督系统本质上是对人、财、物的全面控制，其核心是对人的控制，更是人的自律。落实到企业微观层面，企业内部财会监督人本化，就是以企业利益相关者的利益为本，单位负责人、相关决策参与人和财会人员将监督者与被监督者合二为一的财会监督，强调不管他律的状态如何，都要实现自我监督。

（三）构建内部财会监督的传统文化基础

"君子居易以俟命，小人行险以徼幸。"（《礼记·中庸》）伴随着市场经济的高水平发展，人民生活水平显著提高，此时工具理性往往会高于社会价值理性，特别是在金融资本等相关咨询机构的"策划"下，部分人见利忘义导致商业伦理败坏，比如，技术性转移财产、技术性离婚、技术性讨债等，看似是在帮助创业者传承财富，实质上却在制造不幸事件，终将害人害己。

文化会对人的行为产生潜移默化的影响。威廉姆森（Williamson）

提出的社会制度分析框架与逻辑的四个层次中，文化及其他维度构成了第一层非正式制度的主要方面。以儒、释、道为代表的中华优秀传统文化，形成了对中国影响最为深远的文化因素，在很大程度上会影响单位负责人、高级管理人员、会计人员及注册会计师等的个人行为，并直接影响会计信息的质量。

中华优秀传统文化的"知行合一"和"慎独"思想，以及以"礼、义、廉、耻"四维思想为核心的传统道德，经过几千年的传承发展，已深深地融入中华文明的血脉，具有重要意义，时刻影响着社会发展以及民族的秉性、品格和价值观，形成社会伦理，以约束人的自利行为。另外，由董事会、监事会、经理层构成的公司治理结构，融入中华优秀传统文化，可以降低企业代理成本，提高运营效率。

内部财会监督需要人的自律，这与儒家文化提倡"修身、齐家、治国、平天下"的育人思想，强调"修身、养性"的内修之道，以达到"君子慎独"的目的，进而提高人的自律能力相吻合。通过慎独思想，不断提醒自己以"见利思义"的价值观以及"诚信"的道德修养，形成修身自律的职业伦理，建立"忠厚积善"经商、"诚信"做人办事的原则，寻求报酬正义，强调行为后果，以实现社会和谐与共同富裕的目标。

二、财会监督人本化的会计文化界定与"二元耦合论"

财会监督按监督类型不同可以分为内部监督和外部监督，本书探讨的是内部监督层面的问题。单位内部形成内部监督的层级结构。虽然说外部监督，包括上级部门对下级部门的监督，通过激励与约束相结合的方式尚能产生积极的效果，但是任何单位的制度都不可能是完美无缺的，特别是对于单位负责人来说，来自内部的制度"硬性"约束弱，这时"自律"就尤为重要。一些财务造假与审计失败案例，往往是在单位负责人的主导或授意之下发生的，这也是内部监督弱的表现。

（一）财会监督视角的中华优秀传统会计文化界定

中华优秀传统会计文化分为物质会计文化、行为会计文化和精神会计文化三个层面。广义上讲，古往今来以会计实践为基础形成的概念，既包含源于中华大地如《管子》的传统理财思想以及孔子提出的会计方法与价值观等传统会计文化，也包含从外国传入中国的会计思想和方法。比如，在会计行为文化层面，借鉴、引进和吸收国外会计文化中的商业思想、人文信仰与价值观要素建立的会计准则体系、内部控制规范、注册会计师制度，以及在会计精神文化层面引进的会计职业道德，等等。在中国式现代化的背景下，中华优秀传统会计文化涵盖了以社会主义核心价值观为精神内核的会计人员职业道德体系，并超越资本逻辑，能够直接或间接地影响人的会计行为。

关于中华优秀传统会计文化的核心价值观，杨世忠和马元驹（2014）的研究认为，只有会计专业人士都认同的价值观才能成为会计文化的核心价值观。财政部于2023年1月发布的《会计人员职业道德规范》为"慎独"思想提供了直接依据。国无德不兴，人无德不立。作用于财会监督的中华优秀传统会计文化，强调人的"德性"，既是个人的德，也是国家的德、社会的德。在"商业向善"的框架中，要求企业会计行为应当不损害各利益相关者的合法权益，且能够促进企业承担社会责任。

（二）中华会计文化维度的"二元耦合论"机理

自我调节理论提出个体将会系统引导自身思维、情感和行为。班杜拉（Bandura A.）（1986）提出，自我调节过程包括自我观察、自我判断、自我反应三个主要阶段。卫武和黎金荣（2023）通过研究得出结论，正念的自我调节功能能够抑制不道德亲组织行为（UPB），能在自我调节的三个关键阶段起到明显的作用。"知止而后有定"（《礼记·大学》），内部财会监督人本化的个人修养、伦理、道德如何实现？通常来说，人的自律有两种路径：一种是情境主义，另一种是理性主义。中华民族文化传统以及有着深厚底蕴和道德内涵的情境，能够塑造一个人，但是必须有理性主义的精神自觉，在情境之中不断地深刻反思，反观自照，思考情境中诚信的来源。

中华优秀传统的会计文化是融入人文精神的伦理文化，充满正念，能够对全体员工的意识和行为构成柔性约束，激发他们主动参与控制的动力，实现自律和自控。"慎独"是古代儒家创造的自我修身方法，是对人的品德最重要的考验。以"慎独"为核心的中华优秀传统文化涵养会计文化，形成内部财务监督的人本化自律维度，使财会监督人本化，"法治"与"德治"有机融合，在法治的刚性监督之外，提升财会监督的柔性，彰显人性和道德的光芒，从而突破会计职业道德规范把企业文化看成内部控制环境因素的局限，将中华会计文化提升为与财会监督制度化并列的另一种监督形式，形成"法治＋德治"的财会监督方式二元耦合机理，如图6-3所示。

"法治＋德治"的财会监督方式二元耦合论，注重"内部人"在财会监督体系中的作用，并突出会计文化的作用，其理论依据是中华传统文化中的性善论，即发挥伦理道德的德治作用，强调人的自律意识。引导内部财会监督以单位负责人为主的三道防线人员，修身立道，"以人为本"，即在利益相关者的利益均得到适度满足的前提下开展工作。

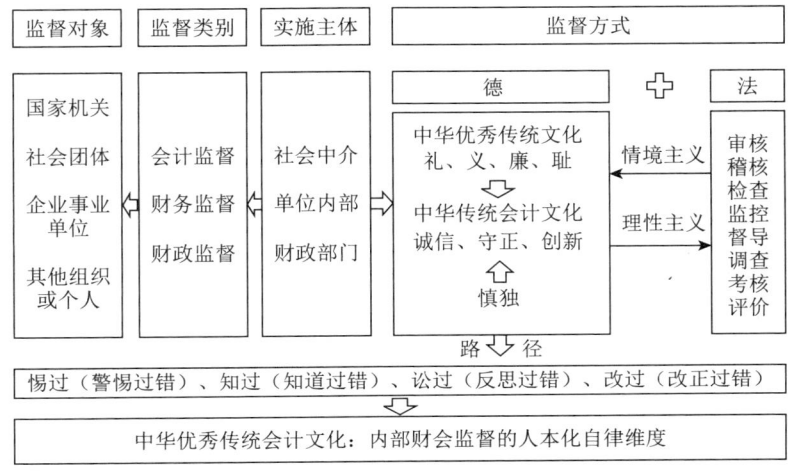

图 6-3　财会监督方式二元耦合机理

财会监督依靠"强穿透、堵漏洞、用重典、正风气"的全方位严格制度体系，构成了理性主义的重要的制度情境基础，可以使会计行为按照既定的计划进行，提高财会监督实施的效率；但是，仅仅依靠制度不利于激发人的主观能动性，因此需要人本化路径做补充，从理性主义出发，弥补制度的不足。"君子爱财，取之有道"，制度主义和道德主义耦合，在共同富裕理念引导下，两者相得益彰，实现财会监督创造性与计划性的互补。

1. 惕过：建立自律思想意识

"慎独"是儒家思想中一个重要的观念，分为两个层面：一是在没有他律监督情况下的高度自律，强调外在行为的"谨慎"；二是强调内心的专注专一，是人性的独特所在。"惕过"即对过错要提高警惕，从"慎独"的视角来看，提醒人即使在他人看不见、听不见的时候，也要谨慎不苟，不做有违道德之事，不辜负良知，遵从本心，以真诚之心待人处世，敬畏法律。

"慎独"注重个人道德的修养，强调个人品行操守。礼、义、廉、耻是人之自律的四个维度，也是"慎独"的抓手。礼即要遵纪守法，义即要诚实守信，廉即为廉洁方正，耻即有羞耻之心。"一维绝则倾，二维绝则危，三维绝则覆，四维绝则灭。"通过"慎独"思想，在不断修身的过程中提高自律能力，用道德四维约束个人的会计行为。综观各种会计舞弊案例，都是不同程度地失掉了四维标准，将利己主义置于制度之上，破坏规则，违背了"义利""仁爱"等道德标准，与中华优秀传统会计文化的价值观相悖。

对于单位负责人而言，要怀有"慎独"之心，在没有外部监督时，也能严格要求自己，"君子慎独，不欺暗室。卑以自牧，含章可贞。"（《礼记·中庸》）要做到这点实为不易，首先要充分认识到在财会监督"强穿透、堵漏洞、用重典、正风气"的全方位严格制度体系下违法的严重后果。其次要学习和理解相关的法律法规，如财政部于 2023 年 1 月发布的《会计人员职业道德规范》，2024 年 9 月 1 日起施行的《国有企业管理人员处分条例》，从中认识到国家对财经管理的法治化决心以及法律法规蕴含的善法要义，化被动监督为自我主动约束。在财会相关决策中，谨记只有"慎始"，才能"善终"，时刻以"慎独"约束自己，才能行得堂堂正正。

2. 知过："德本财末"审视商业之道

知过，即能认识到自己的错误。一味追求公司价值最大化，容易走向操纵利润的极端，如果没有正确的价值观，在虚荣心和功利心的驱使下，容易放纵自我，从而滋生侥幸牟取非法之利的心理，产生财务造假和会计舞弊行为。

"知过"，首先要清楚什么是财会监督认为的"过"，《关于进一步加强财会监督工作的意见》提出了"过"的三种主要情形：一是财政收入不真实不合规，违规兴建楼堂馆所，乱设财政专户，违规处置资产，违规新增地方政府隐性债务，等等；二是财务数据造假，出具"阴阳报告"，内部监督失效，等等；三是伪造会计账簿，虚构经济业务，滥用会计准则，等等。其次要知道"过"的严重后果，以《会计法》对伪造、编造会计凭证、会计账簿，编制虚假财务会计报告，隐匿或者故意销毁依法应当保存的会计凭证、会计账簿、财务会计报告的处罚为例：违法所得二十万元以上的，对单位可以并处违法所得一倍以上十倍以下的罚款；没有违法所得或者违法所得不足二十万元的，可以并处二十万元以上二百万元以下的罚款；对其直接负责的主管人员和其他直接责任人员可以处十万元以上五十万元以下的罚款，情节严重的，可以处五十万元以上二百万元以下的罚款；属于公职人员的，还应当依法给予处分；其中的会计人员，五年内不得从事会计工作；构成犯罪的，依法追究刑事责任。

荀子认为，自省、修身应以"善"为主。因义而利，商业向善，"德本财末"是自律会计文化的基础，离不开利他思想的基奠，这种价值指向在传统文化当中的核心表述在道家是"上善若水"，在儒家是"仁者爱人"，等等。"德本财末，德财相应"是商业根本之道，财富是德性的孪生物，德是资本，企业最大的风险是道德行为上的铤而走险。"君子爱财，取之有道"，这个"道"即是道义，如果为追求利润违背道德，便是有过。企业内部财务监督重在防微杜渐，所谓"千里之堤，溃于蚁穴"并非危言耸听。长期以来，主流经济学认为理性是自利的人追求自身效用的最大化，人们普遍认同其中关键的含义是"利润最大化原则"，由此有了所谓的"损人小而利己大"的学说，造成商场上损人利己误以为正常、人们行"过"而不知"过"的现象。

明代儒学大家刘宗周认为，内心是否有"善"字是君子与小人的区别所在，也是人与禽兽的根本区别。知过就是要时刻反思自己不善的方面，并积极向善的方面发展，落实到实践上就是"勿以善小而不为，勿以恶小而为之"。面对错误的态度，体现了一个人的思想境界和胸襟气度，要做到"闻过则喜，知过不讳"。

3. 讼过：用两种自觉批判修身

讼过就是要主动地对自己的过错进行剖析和批判，从而达到改正错误的目的。批评和自我批评，是我党的三大优良作风之一。习近平总书记在庆祝中国共产党成立95周年大会上指出，文化自信是更基础、更广泛、更深厚的自信。中华优秀传统会计文化构成了会计工作者的核心价值观和行动指南，对于确保会计信息的完整性和真实性、推动经济的高质量发展起着重要的作用，具有中华人文精神的文化自觉在于，将培养人的诚信作为内部财会监督工作的出发点。推进中国式现代化建设的新时代，需要反思股东财富最大化带来的道德危机，要从细小处严以律己，使商业行为有益于社会。

内部财会监督的核心是对人的控制。实践中，公司治理结构有一定的局限性，企业内部监督制度对经营者、管理者的作用比较有限，作为企业内部财会监督制度的制定者，他们有较大的自由裁量权以及重新修订"游戏规则"的权力。企业利益相关者能够对内部财会监督系统施加影响，监督目标能否实现及实现程度，都与人的行为息息相关，甚至关系到内部财会监督的成败。内部财会监督不是股东控制经营者的工具，也不是经营者控制员工的工具，而是维护各利益相关者合法权益的手段，是确保企业能够长期发展的制度安排。内部财会监督实施过程中，需要高度的人本自觉，体现人的主观能动性，实现人的全面发展。

4. 改过：建立正确的财富传承观

"过而不改，是谓过矣。"（《论语·卫灵公》）知过、讼过是为了改过，改过是"慎独"最重要的目的，也是最值得重视的一种功夫，强调自我反省和自我提升的过程，即通过认识并纠正自己的错误，实现个人或组织的进步和完善。如果说知过是大智，敢于改过则是大勇。"孔门十哲"之一的子贡，被誉为"儒商始祖"，他提出："君子之过也，如日月之食焉。过也，人皆见之；更也，人皆仰之。"（《论语·子张》）

目前，有关企业财富传承运用的工具，主要有遗嘱、保险、家族信托和家族基金会，这些工具无一例外聚焦于钱财。财富传承重物质、轻精神，普遍存在唯金钱论之"过"。一些企业经营者热衷于利用高科技进行产品或服务包装或者用所谓互联网思维进行资本运作，形成了"利用实体经济赚流量，利用资本市场赚钱"的不良倾向，上市公司破产危机与创始股东巨富并存的非伦理行为，忽视了一个人最大的财富是"仁义道德"以及企业赖以存在的社会责任，这是上市公司走向衰退的重要原因。

价值观是战略的起点，正确的财富观体现在民间是"五福临门"，即长寿、富贵、康宁、好德和善终。"五福"不仅代表个人的幸福，也象征着家庭、企业和社会的和谐与繁荣。对于企业而言，知足、利他、守正，是企业能够"康宁"的重要因素，"好德"虽然排在第四位，却是"五福"的核心，没有"好德"，一切都是镜花水月。在中国式现代化的国家治理体系中，面对财会监督的"高压线"，要树立积善传财的观念，认识到财富传承最终传承的是制度、文化。因此，财富传承应当是广义的概念，除物质资产外，还应包括非物质资产，比如品牌、声望、地位等，亦是"五福"蕴含的幸福平衡观。如果只有狭义上的金钱传承，可能会导致企业倒闭或者亲人间反目成仇。另外，如果财富传承的是不义之财，只会让后代为难，甚至带来牢狱之灾。改过的基础在于"记过"，即有意识地把自己的过错认真地、一丝不苟地记载下来。

基于中华优秀传统文化提倡的财富传承价值观，要构建自利与利他相平衡的财富传承，一是"积善之家必有余庆，积不善之家必有余殃"，要根植于中华优秀传统文化，利他的背后就是利己，面向未来，以打造"百年老店"为目标，传承"义就是利，利就是义"的经营文化；二是"君子爱财，取之有道"。这两者构成了财富传承与企业治理的唯一出路。

无论是认识活动还是实践活动，由于内部控制的建设性以约束性为前提，在企业内部控制建章建制及贯彻执行中，不可避免地会涉及人与人之间的分工和牵制，由此将带来得与失、情与法、实质与形式、信任与怀疑等各种矛盾，这就要求企业必须贯彻全员道德诚信观，汇聚各方面人的智慧，协调好人际关系，正确处理内部控制主体之间的沟通、协同、学习和调整问题，这个过程覆盖了社会—政治层面，是"人理"，即内部控制的人本因素。

日益激烈的市场竞争中，企业内部控制建设应重视以"人理"和谐促进"物理"效果和"事理"效率，在关注内部控制流程和制度建设的同时，更要关注人本因素的持续优化。

在内部控制设计、实施和评价中，应将以身作则作为高级管理人员和企业员工共同的价值追求，营造并保持诚实守信的企业文化，在各关键岗位中贯彻和落实道德行为规范，注重发挥人的主观能动性和自觉性，构建和谐的人际关系，协调不同主体间的利益冲突，合理配置物理与事理等资源。

第六节　文化审计：企业的价值观体检

企业文化审计（Corporate Culture Audit）是组织行为学与管理学研

究的重要领域，旨在通过系统性方法评估企业文化的现状、与战略目标的匹配度及其潜在风险。随着企业文化对组织绩效、员工满意度和可持续发展影响力的凸显（Schein，2010），文化审计逐渐从理论探讨转向实践工具。企业文化审计是对企业现有文化进行系统性评估的过程，有效的企业文化建立在高共识、高强度、高生产力和高适应性四大支柱之上。通过文化审计，企业可将文化从隐性力量转化为可管理的战略资产。

企业文化审计工作的目的是度量和评估企业文化现状与企业文化需求之间的差距，文化审计的意义在于评估现状、确定差距、解决冲突、提升管理，是企业文化管理职能的一部分，需要建立企业文化审计机制。

一、文化审计的理论基础

1. 企业文化的定义与维度

企业文化经典理论的研究，主要有 Schein（1985）提出的文化三层次模型，包括人工制品、信仰与价值观、基本隐性假设与价值，强调隐性文化对组织行为的深层影响。Hofstede（1991）的文化维度理论，从权力距离、不确定性规避、个人主义与集体主义、男性化与女性化、长期取向与短期取向等维度为跨文化审计提供了分析框架。

Cameron 和 Quinn（1999）从现代企业文化、组织文化诊断与变革的视角进行研究，形成了竞争价值观框架（Competing Values Framework，CVF），将文化分为宗族型、活力型、层级型和市场型，根据文化类型分析各种导向的文化类型对企业竞争力的影响。

2. 文化审计的必要性

Barney（1986）从文化与战略匹配的视角指出，文化作为无形资源，需与战略协同以创造竞争优势。Kotter 和 Heskett（1992）从风险管理视角进行实证，提出文化冲突可能导致战略失效或道德危机。

二、文化审计研究的发展脉络

1980—1990 年为文化审计早期探索阶段，研究聚焦文化描述与分类，研究者通过案例法总结文化特征（Deal & Kennedy, 1982），开发初步问卷和访谈模板，形成了文化审计的工具雏形，但缺乏系统性（O'Reilly et al., 1991）。

2000—2010 年为文化审计方法论成熟阶段，这一时期出现各种量化工具，包括 Denison 的文化模型（2000），从使命、一致性、参与性、适应性四个维度来量化文化健康度。组织文化评价量表（Organizational Culture Assessment Instrument, OCAI）被广泛用于诊断文化类型（Cameron & Quinn, 2006）。此外，有学者开始结合使用员工调查等定量方法与民族志观察等定性方法来提升审计深度（Alvesson, 2012）。

自 2020 年起，企业文化审计开始利用数字化审计，通过大数据分析员工通信、社交媒体情绪，以辅助进行文化诊断（Chandler et al., 2020）。敏捷文化审计要求适应快速的变革环境，强调动态监测而非一次性评估（Frédéric Laloux, 2014）。

三、文化审计的核心

文化审计包括理念文化审计、制度文化审计、行为文化审计和文化形象审计四项内容，其核心在于文化与战略是否匹配，如何有效识别文化风险，以及能否实现真实的企业文化。

1. 文化和战略匹配度评估

文化和战略匹配度研究焦点为如何衡量文化对战略落地的支持性，比如，创新文化是否与增长战略匹配。部分学者认为，强文化未必总有利，反而可能会抑制企业的灵活性（Sorensen, 2002）。

2. 文化风险识别

文化风险识别的焦点一是合规与伦理风险，研究文化缺陷如何导致舞弊（Treviño et al., 2014），比如，德国大众汽车集团利用"作弊软件"使柴油车排放的尾气"符合"欧洲联盟排放标准的违法行为；二是并购中的文化冲突，研究文化审计在并购整合中的预警作用（Cartwright & Cooper, 1993）。

3. 员工体验与文化真实性

挂在墙上的文化不是企业文化，而是宣称文化，只有实践文化才是企业文化，现实中两者间往往存在鸿沟，即员工感知与官方价值观之间往往会有差异（Hatch & Schultz, 2002）。另外，企业文化再造研究也面临代际差异，Z 世代对扁平化、多元文化的需求向传统审计框架提出挑战（Twenge et al., 2010）。

四、文化审计方法论面临的问题

在主观性与客观性的平衡方面，文化审计易受研究者预设框架影响（Martin, 2002），过度依赖高级管理人员访谈而忽视基层的声音。可以采用三角验证法（Triangulation）整合多源数据（Jick, 1979），即至少用 2 种研究方法来考察和分析同一问题，并用不同方法得到的结果进行相互验证，以达到增强结论稳健性和可重复性的目的。在跨文化适用性方面，西方开发的 OCAI 等工具，存在非西方情境下的效度问题（Fang, 2003），可以结合地域文化特性调整维度，亚洲企业的文化审计可以调整为"关系"导向。在动态文化捕捉方面，传统审计工具偏重静态评估，难以反映文化演变进程（Hatch, 1993），可以利用数字技术，利用 AI 实时分析组织沟通数据，追踪文化动态（Leidner & Kayworth, 2020）。

企业文化审计研究历经从定性描述到混合方法的演进，其核心价值在于，将不可见的文化转化为可衡量的管理对象；然而，现有工具在动态性、跨文化适用性及技术整合方面仍需突破。中国企业的文化审计需结合数字化工具与本土实践，构建更具适应性的审计框架。其未来研究方向可以聚焦三个方面：一是技术赋能，强化自然语言处理（NLP）与社交网络分析（SNA）在文化审计中的应用；二是注重可持续文化审计，将ESG目标纳入文化评估体系；三是进行韧性文化研究，研究后疫情时代远程办公、混合团队对文化凝聚力的冲击。

五、企业文化审计的关键步骤和方法

企业文化审计机制的主要内容包括颁布企业文化审计制度，确定企业文化审计原则，明确企业文化审计周期，成立企业文化审计领导小组和工作小组，审批企业文化审计方案，编制企业文化审计结果报告，监督企业文化管理整改方案，评估企业文化整改效果，等等。企业文化审计的关键步骤和方法如下。

1. 明确审计目标与范围

企业文化审计首先要明确审计目标和范围。

（1）确定目标。评估文化对战略的支持性，发现文化冲突，识别员工满意度，等等。

（2）界定范围。明确文化审计要覆盖的总部、分支机构部门、管理层与基层等层级，以及价值观、行为规范等特定的文化维度，制定文化审计评价指标。

2. 组建审计团队

企业文化审计团队由熟悉企业背景的人力资源部门人员、战略部门人员、高级管理人员代表等内部人员构成，也可以增加外部顾问，帮助企业提供客观视角和专业工具。若有必要，团队组建后可进行适当培训，以统一对沙因文化三层次模型、霍夫斯泰德文化维度模型等文化审计模型的理解。

3. 数据收集与分析

企业文化审计数据的收集包括定量数据的收集与定性数据的收集。

（1）定量数据的收集。设计问卷就价值观认同度、沟通效率、领导风格等对员工进行问卷调查，对员工流失率、绩效差异、内部投诉记录等进行数据分析。

（2）定性数据的收集。一是进行深度访谈，高级管理人员以战略与文化的关联性为主，中层人员以执行障碍为主，员工则以日常体验为主。二是进行焦点小组访谈，跨部门讨论文化冲突案例。三是采用观察法，实地考察会议风格、办公环境、年会等仪式活动。四是进行文档审查，包括战略文件、员工手册、内部沟通文件、培训材料、社交媒体评价等内容。

4. 评估文化现状

企业文化现状评估工作涉及以下内容。

（1）文化要素诊断。诊断内容包括：显性层的符号、标语、仪式是否传递了企业所宣称的价值观，是否默许隐性层的实际行为模式、"加班文化"等潜在规则。

（2）战略匹配度分析。对比创新战略等现有文化与战略目标，是否受到保守文化的抑制。

（3）SWOT 分析。分析企业文化的优势（如团队协作能力强）、劣势（如决策层级过多）及其面临的机会（如多元化趋势）与威胁（如代际价值观冲突）。

5. 识别关键问题

企业文化审计工作中应识别以下关键问题。

（1）文化冲突点。比如，管理层强调开放创新，但实际惩罚了创新失败。

（2）风险领域。比如，存在合规文化薄弱引发道德风险或远程办公削弱员工归属感等问题。

（3）员工体验缺口。比如，调查显示 70% 的企业员工不认可工资、职位晋升的公平性。

6. 制订改进计划

企业文化审计要制订改进计划。

（1）优先级排序。按照对客户满意度等的影响程度以及资源投入可行性大小等因素进行排序，抓大放小，解决关键问题。

（2）行动计划。短期计划是修订奖惩制度，增加文化培训；长期计划是制订领导力发展计划、文化传播机制等。

（3）责任分配。指定文化委员会或人力资源业务合作伙伴（HRBP）跟进关键举措。

7. 报告与沟通

报告内容包括企业文化现状总结、问题清单、改进建议、实施时间表。沟通策略包括：向高级管理人员汇报时要注意聚焦战略影响，向员工传达时要强调改进对日常工作的益处，以及使用文化热力图等可视化工具增强员工对企业文化审计的理解。

8. 持续监测与迭代

企业文化审计还要进行持续监测与迭代：一是做好定期复盘，每 6 ～ 12 个月跟踪关键指标，如员工敬业度、创新提案数量等。二是进行文化韧性测试，通过突发公关事件等危机模拟检验企业文化的有效性。

9. 其他

企业文化审计工作还包括以下内容。

（1）工具与模型。企业文化审计工作中会用到组织文化评估工具（OCAI）、丹尼森组织文化模型、脉动调查（Pulse Survey）。

（2）注意事项。一要确保匿名性。员工可能不愿公开批评企业，需承诺数据脱敏。二是得到高层领导的支持。缺乏管理层参与的企业文化审计容易流于形式。三要避免偏见。审计团队需警惕自身文化假设影响结论。四要将传统文化融入企业文化审计。结合传统价值观、行为模式与现代管理工具，以评估传统文化对组织文化的影响。

（3）核心成员的企业文化取向审计。企业核心成员的企业文化取向是否和企业文化一致是非常重要的企业文化审计内容，如果核心成员的价值观和企业的价值观不同，或者表里不一，就不可能有健康的企业文化，因此，对核心成员的企业文化取向进行审计非常重要。在文化审计工作中，定义诚信、创新、客户导向等价值观的具体维度，对高级管理人员、关键决策者、团队领导者等核心成员的价值观进行系统性审计，识别核心成员的价值观是否与组织宣称的价值观一致，是否在其决策和行为中有所体现，是确保组织文化与战略目标一致的关键环节。需要特别注意的是，对企业核心成员进行文化审计要避免将其标签化，因为价值观审计只是一种改进工具，而非道德审判。

六、传统文化对文化审计的赋能
（一）在文化审计中定义传统文化元素

在价值观方面，引入儒家的"仁、义、礼、智、信"，道家的"和谐共生"，以及家族企业的"忠诚与辈分"等传统文化元素。在行为模式方面，引入集体决策及长幼有序的沟通方式，增加祭祖、探亲、年会节日仪式等内容。

在显性层识别文化载体，企业标语可注入"诚信为本"等传统理财思想，采用中式园林办公室建筑风格，和传统文化相关的产业工作日可穿戴汉代传统服饰。在隐性层，要注意"给领导面子"等非正式规则，用好师徒制传承、人情关系网络等"关系文化"。

（二）构建融合传统文化的文化审计框架

1. 文化维度扩展

在现有模型中增加传统文化维度，在丹尼森组织文化模型中补充儒家的"和为贵"思想，以及知识的传承性，从而衡量企业重要知识的延续性。在霍夫斯泰德文化维度模型中加入"集体主义倾向"与"等级接受度"等内容。积极开发传统文化的本土化文化审计评估工具，对"五伦、五常、四维、八德"进行转化，从而量化企业对仁爱、诚信等价值观的实践程度。

2. 混合方法论设计

采用定性与定量相结合的方法，进行混合方法论设计。

（1）定性方法。在深度访谈中聚焦老员工与传统仪式参与者，挖掘隐性文化逻辑；在民族志观察中记录传统节日活动如何影响团队凝聚力。

（2）定量方法。在进行员工调查时，增设传统价值观认同度指标。例如，你是否认可"以和为贵"的冲突解决方式？在进行社交媒体分析时，监测内部论坛对传统管理方式的评价。例如，论资排辈是否阻碍创新？

3. 审计实施步骤

企业文化审计工作有以下实施步骤。

（1）采用传统方式与现代技术结合的方式进行数据收集。传统方式可以采用茶话会形式进行座谈或访谈，以及以非正式形式引导员工表达对传统文化的真实看法。通过师徒关系网络了解文化代际传递中的断层或强化。现代技术注重通过大数据分析，比对内部文件中的传统口号与实际决策案例，比如，诚信原则是否也体现在供应商选择中。利用 AI 情感分析工具，解析员工邮件、会议记录中的传统价值观关键词频率。

（2）文化—传统匹配度分析。①正向匹配，如家族企业利用"家文化"增强员工归属感，降低员工流失率，传统工艺企业通过"匠人精神"塑造高端品牌形象。②冲突识别，如代际冲突，年轻员工对"论资排辈"晋升制度的抵触。③战略矛盾，如互联网企业扁平化管理与传统层级文化的碰撞。

4. 传统文化对价值观的风险评估

企业文化审计要注意企业文化是否有过度传统化风险。一是创新抑制，即过度强调守成导致员工惧怕变革，比如老字号企业面临的数字化转型障碍。二是合规漏洞，人情关系凌驾于制度之上，比如财务审批中存在特事特办等情况。三是文化断裂，新生代员工与传统价值观脱节，导致文化传承断层。

5. 传统文化与现代文化的平衡

可采取以下措施实现传统文化与现代文化的平衡。

（1）选择性强化。保留增强核心竞争力的传统，比如餐饮企业的古法工艺；淘汰阻碍效率提升的旧习，比如官阶性冗长的审批流程。实践发现，师徒制虽然保障了技艺传承，但也导致技术封闭，可以建立开放式创新平台，平衡传统秘方保护与外部合作。

（2）文化再诠释。将"忠诚"重新定义为"对客户与使命的忠诚"，而非仅仅是员工对上级的个人效忠。实践中发现，科技公司存在显著的文化冲突，比如 90 后员工普遍抵制加班是福报的传统奋斗观，可以考虑引入弹性工作制，将"奋斗"重新定义为"高效产出而非耗时"。

（3）制度融合。在绩效考核中纳入传统价值观指标，如互帮互助等协作精神评分，同时保留 KPI 等现代管理工具。

（4）探索阴阳平衡文化模型。评估企业包容性等柔性文化与制度执行力等刚性文化的均衡性。

6. 面临的挑战与解决方法

企业文化审计面临着以下挑战。

（1）传统价值观的模糊性。通过焦点小组明确企业对"仁""义"的具体定义（如"仁＝员工关怀"）。

（2）测量的主观性。采用行为锚定法，将"礼"分解为可观察的行为，比如，会议中人们轮流发言，而非"一言堂"，否则领导定性后其他人只能人云亦云。

（3）变革阻力。联合企业内资深员工等对企业文化有重要影响的人共同推动渐进式改革。

传统文化赋能文化审计，可以利用虚拟现实（VR）技术复原企业历史场景，增强新生代员工对传统文化的认同。在 ESG 方面进行整合，将"天人合一"理念融入可持续发展文化审计，通过将传统文化深度嵌入审计流程，企业不仅能诊断出文化的健康度，还能激活传统基因在现代管理中的独特价值，产生"古今共生"的文化韧性。

阅读延伸

奈飞的"自由与责任"文化手册概要

美国奈飞公司是一家会员订阅制的流媒体播放平台，在 2024 年全球最具价值 500 品牌榜中，奈飞排名第 84 位。《奈飞文化手册》由里德·哈斯廷斯和首席人才官帕蒂·麦考德编著。

《奈飞文化手册》的核心思想是"用成年人的方式管理成年人"，强调在高度自由的环境中，员工必须以高度的责任感来驱动结果，充分尊重员工、信任员工，充分认可员工的价值，形成了奈飞文化的"八大准则"，其核心内容与实践逻辑如图 6-4 所示。

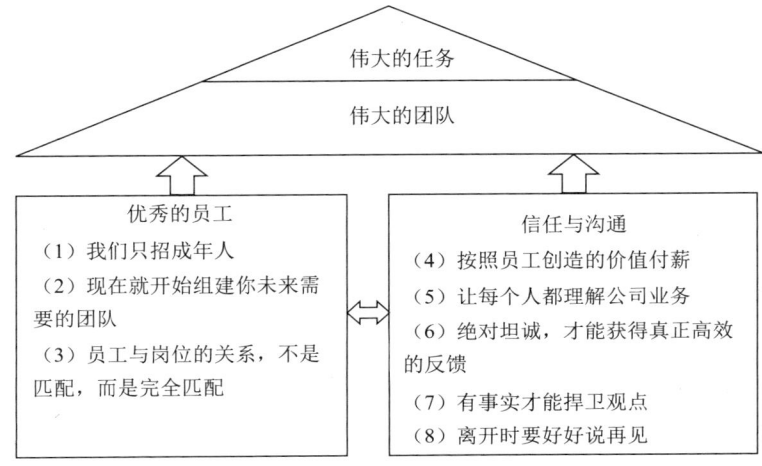

图 6-4　奈飞文化的"八大准则"

1. 核心原则与具体内容

奈飞文化的核心原则与具体内容如下。

（1）高绩效文化。

奈飞公司只留高效能人才，认为优秀员工的工作效率是普通员工的 10 倍以上，因此必须保持"人才密度"。由于必须淘汰平庸者，奈飞公司会定期淘汰表现不达标的员工，以避免平庸者稀释团队能量。奈飞公司曾因业务调整裁掉公司 1/3 的员工，剩余团队反而因"高密度人才"而效率倍增。

（2）自由与责任对等。

取消烦琐的政策规定，奈飞公司没有休假制度，员工可自行决定休假时间与时长，只需与团队自行协调。报销时无须审批，公司信任员工会以公司利益为出发点使用经费；但是自由并不意味着没有责任约束，自由的前提是员工必须主动承担责任，员工需要自主判断工作优先级，并及时向上级反馈风险。

（3）极度坦诚沟通。

奈飞公司坚持绝对透明的原则，财务数据、战略决策及所有业务信息都向全员公开，以避免信息差导致的低成效，奈飞公司高级管理人员会议记录全员共享，员工可随时查看首席执行官（CEO）的决策思路。另外，奈飞公司要求员工直接提出反馈意见，鼓励员工当面提出批评，而非背后议论。

（4）以情境管理代替控制

组织管理采取松散耦合的方式。合作团队间不依赖严格的流程协作，而是通过共享目标和情境信息自主决策。领导者不是审批者，而是信息提供者，领导者的责任在于确保员工掌握足够的背景知识以做出正确判断。

（5）价值观驱动行为

奈飞文化的核心价值观一是判断力，聚焦关键问题，放弃无关细节；二是好奇心，主动探索新领域，而非等待指令；三是勇气，要敢于挑战权威，提出不同意见；四是无私，以团队成功而非个人晋升为目标。

2. 具体管理实践

奈飞文化的具体管理实践如下。

（1）招聘策略。

只招"成年人"，这里"成年人"的意思是自驱力强、无须监督的人，奈飞公司优先录用这类人才。对应聘者进行未来价值测试，在面试时招聘人员会问应聘者："如果岗位消失，你会被分配到其他部门吗？"以此评估应聘者的适应性与创造力。

（2）薪酬与激励。

实施市场最高薪酬，奈飞公司支付行业顶尖薪资，但无股权或复杂的奖金结构，简化激励体系。员工自由流动，鼓励员工与外部公司接触，甚至参加竞争对手的面试，以此检验自身价值。

（3）决策机制。

保留异议备忘录，在进行重大决策前，要求反对者书面记录不同意见，确保从多元视角综合考虑各方意见并做出决策。建设试错免责机制，允许失败，但要求快速复盘并共享教训，如在奈飞技术博客公开宕机事故分析。

3. 奈飞文化的逻辑

奈飞文化具有以下逻辑。

（1）反官僚主义。通过取消政策、减少流程，释放员工创造力。

（2）信任与透明。用信息对称替代员工控制，降低管理成本。

（3）达尔文主义。通过高淘汰率维持组织进化能力。

奈飞文化也存在以下适用性局限。一是依赖高密度人才。行业门槛低或劳动密集型的企业难以复制应用。二是面临文化压力。部分员工会因极度坦诚感到压抑，或难以适应自主决策的责任压力。三是本土化难题。在强调层级与"面子"的东方文化中，直接反馈可能会引发冲突。

奈飞文化的本质是"用自由换责任，用透明换效率"，其成功依赖两个要素：一是要有高人才密度，必须严格筛选并持续优化团队；二是需要领导者示范，高级管理人员需以身作则，践行企业价值观，奈飞公司 CEO 里德·哈斯廷斯就曾公开承认错误。奈飞文化是独一无二的，但奈飞的成功并非不可复制，企业可借鉴其减少控制、强化反馈等文化逻辑，根据自身行业与人才结构做出适当调整，避免盲目照搬，打造自己的"奈飞文化"。

第七节　共同富裕：人本分配

党的二十大报告中指出，要"扎实推进共同富裕"，同时指出"分配制度是促进共同富裕的基础性制度"。"共同富裕"的含义有两个关键点：一个是"富裕"，另一个是"共同"。"富裕"反映了生产力标准要求，是我国继温饱、小康目标之后提出的另一个目标，体现出人民群众在物质生活和精神文化生活方面具有高水平供给和高品质消费的质量属性。"共同"则反映了生产关系性质的要求，是人人有份、公平正义的分配形态，体现了共同劳动、共同创造财富、共同享有发展成果的价值导向（王旭，2022）。共同富裕和分配制度是统一于推进中国式现代化大背景中的有机整体，实现共同富裕，难点在于把"蛋糕"分好。

儒家"不患寡而患不均"的理念与共同富裕的价值内核相通，传统商道"以义制利"的商业伦理有利于可持续财富创造，"天下为公"与现代三次分配体系相呼应，道家"阴阳平衡"的思想体现了资源分配的科学性，"有余者损之，不足者补之"对应区域协调发展战略，传统文化为人本管理会计的利益分配提供了理论基础。

企业的核心竞争力不是人才，而是其人才管理能力，公平的利益分配能够起到"指挥棒"的作用。因此，基于合理的评价进行利益分配非常重要。任正非在深刻洞察人性的基础上，创造性地把文化、价值观等精神因素以及职业发展、利益报酬等物质因素结合起来，实现了"力出一孔，利出一孔"。他认为，华为有两件事最重要：一是找能人、用能人，二是给大家找位子、分钱。

一、避免相对剥夺的幸福感缺失

以市场化导向为目标的组织治理结构的转变过程中，社会经济地位获得机制发生了改变。不管是民营企业还是国有企业，分配体制改变的总体方向是有利于再分配者，而不利于直接生产者。毫无疑问，普通工人在收入分配及企业资产权利分配方面都处于弱势地位，是最容易被剥夺权利且地位最不稳定的弱势群体，而管理人员或经理的权力在厂长／经理负责制实行后大大增强（刘爱玉，2003）。

改革开放以来，我国经济高速增长，目前由高速增长阶段转向高质量发展阶段。我国始终把握各发展阶段的新变化，积极推动薪酬分配制度改革，使劳动生产率不断提升，经济发展提质增效，为实现全体人民共同富裕奠定了坚实的基础；但是在总结成就的同时，也要看到薪酬分配存在的问题，特别是在初次分配时员工的相对剥夺感造成幸福感缺失，由此带来员工的个人焦虑以及隐含的不稳定性。打破"大锅饭"，避免平均主义，提高了生产效率，这是积极的一面，但是也要防止以市场导向为借口的分配方式失去分配正义。

"不患寡而患不均"，这里的"均"常被误解为"平均"，事实上，"均"是指各得其分，其中有着丰富的正义和公平思想。相对剥夺理论是由美国社会学家塞缪尔·安德鲁·斯托弗在1949年提出的，后来由罗伯特·K.默顿在其1957年的著作《社会理论和社会结构》中做出系统阐释。该理论主要解释个体和群体在资源分配过程中的心理反应，特别是当他们感到自己相对于他人或过去处于不利地位时所产生的被剥夺感。相对剥夺理论的核心概念是"相对剥夺感"，即个体或群体在与他人或过去的自己进行比较时，发现自己处于不利地位，从而产生被剥夺的感觉。这种感觉会引起消极情绪，如愤怒、怨恨和不满。相对剥夺感不仅存在于经济领域，还广泛存在于社会、政治和文化等多个方面。

自主机制是现代企业运营的核心机制，在企业运营中起主导作用，这是市场逻辑中企业能够生存和发展的基础。在这种充分自主的机制下，管理层对薪酬制度具有深度的话语权，不仅可以决定员工的收入，也可以在很大程度上决定自己的收入水平，绩效考核对员工来说是硬性指标，对于管理层来说却充满弹性，比如预算指标调整。一提到经营压力，管理层就呼吁基层要奉献；而企业效益不好，管理层又会说基层员工不努力，此时年薪较低的员工反而成为企业"降本增效"的首选目标。一提到降本增效，企业往往会首先把目光投向底层员工。因此，应当注意管理层和员工收入差距过大给员工带来的相对剥夺感。美国人口经济学家伊斯特林解释了收入对个体的主观幸福感有积极作用，但期望对主观幸福感有消极作用，而期望又随着个体收入的增加而增大，最终抵消了由收入带来的积极作用。此外，期望随着绝对收入的增加而增大，是因为期望受到相对收入的影响。

企业界需要"忘己爱苍生"的精神，加大初次分配中员工所占的比例。相对剥夺理论认为，成员产生的不满、疏离等负面情绪会引发集体行为。虽然在中国企业中，集体无行动不是企业劳动"政治"的主流，面对相对剥夺感，员工广泛采取的回应方式是服从、退出及个人倾诉。年轻员工可以选择退出，在就业困难时期，年龄偏大的员工会选择服从，主动性强的员工则选择向人倾诉，但是不管是哪种状态，员工的积极性不足，受损的都是企业。被动性服从的另一面是矛盾，而矛盾积压到一定程度，必然是"水能载舟，亦能覆舟"。中国特色社会主义进入新时代后，单位组织在预防和化解社会矛盾、实现社会整合，进而促进社会稳定方面仍发挥着重要作用，单位组织作为一种独特的本土化组织资源，仍具有重要的组织优势（苗大雷，2023），这是中国企业的社会责任，国有企业更是如此，也是决定企业成败的重要基础。

二、人本分配的分配正义实施途径

推动共同富裕是一项长期任务，需要全面、系统地发挥人本分配的功能和作用。在我国现阶段国民收入分配体系中，广义的基本分配方式主要有 5 种，包括起决定性作用的"劳主多辅"分配方式、起辅助作用的"国家法策"分配方式、起调节作用的"物价变动"分配方式、起胀缩作用的"资本市场"分配方式以及起微补作用的"捐赠穷弱"分配方式，如表 6-4 所示。

表 6-4　共同富裕的分配方式

序号	分配方式	要点
1	"劳主多辅"分配方式	以按劳分配为主体
		多种分配方式并存
2	"国家法策"分配方式	法律法规、税收、转移支付、公共产品和服务等核心子系统
3	"物价变动"分配方式	市场调节与国家调节在物价变动中的有机结合
4	"资本市场"分配方式	依据金融产品价格波动的本质与规律，规范和引导金融服务于实体经济
5	"捐赠穷弱"分配方式	包括先富起来的个人和单位对弱势群体的捐赠

新发展阶段要构建新发展格局，扎实推进共同富裕，我国的薪酬分配还存在一些需要解决的问题，比较突出的是知识、技术、管理等要素参与薪酬分配的实现机制还不够健全。在各类生产要素中，在传统的物本会计模式下，资本、土地等要素参与分配的路径相对清晰，但知识、技术、管理等人力资本要素由于存在非实物性的特点，加之人本会计发展得还不成熟，且存在产权不明晰、制度安排滞后、收益分配不健全等问题，导致难以形成有效的激励机制，人力资本还处于"打工人"阶段，未能取得和物力资本平等的地位。

一方面，人本分配在按劳分配方面要强调分配正义观，构建全体人民在分配过程中的规则公平、机会公平和权利公平，注重分配的公正性、协调性和共享性，既着力构建公平和效率原则相平衡的发展环境与政策条件，又注重激发人民群众勤劳创新致富和精神富足的内生动力，使人民能够通过勤劳智慧创造幸福生活，最终让人民群众共享发展成果。另一方面，知识、技术、管理、数据等与人相关的生产要素由市场评价其贡献，再按贡献决定报酬，特别是人力资本，要与物力资本一样，取得利润的分配权。

薪酬分配制度既要注重效率，推动做大社会财富"蛋糕"，也要在切分"蛋糕"时体现公平，进一步规范薪酬分配秩序，优化薪酬分配格局。初次分配要兼顾效率和公平，而不是只重视效率，否则会增加再分配的难度。一些企业之所以初次分配做得不理想，难的不是技术，而是企业的认识，归根结底是企业文化问题。虽然不同的企业会有不同的文化，但深层的文化一定要源自人们发自内心的善意，其首要目的是实现全体员工的幸福生活，而不仅仅是管理者得到更好的待遇。企业尊重员工是底线，首先要活出一个真的人，只有真，才有善和美。在初次分配中应提高劳动报酬的比重，增加劳动者特别是一线劳动者的劳动报酬，在最低工资保障、破除垄断、防止资本无序扩张、推广企业员工持股计划等方面做出制度安排。

胖东来的创始人于东来到基地企业做调查，第一步是查看企业的财务状况，如果账上资金允许，就会上调员工薪酬。胖东来认为员工薪酬不能太低，只有达到一定的标准，员工才能全身心地投入工作，并制定了具有人本分配思想的零售行业企业标准，如表6-5所示。企业为员工规划好未来，员工就有了盼头。

表 6-5　零售行业企业标准

项目	健康企业	优秀企业	卓越企业
员工收入（扣除社会保险金后的实发工资）	4000 元以上	5500 元以上	8000～10000 元
员工流失率	15% 以内	10% 以内	5% 以内
周工作时长	40 小时以内		
月休假	4～8 天		
年休假	20 天带薪年假	30 天带薪年假	40 天带薪年假
春节休假	3～5 天		
卖场环境	安全、便捷、整洁	安全、便捷、整洁、品质	安全、便捷、整洁、品质、品位
商品管理	满足民生及时尚生活需求，一、二线品牌商品；价格合理；便利店注重小单品，社区注重小单品和中单品，仓储店注重大单品		
经营指标	至少 3% 的净利率	达到 4% 的净利率	达到 5% 的净利率
管理价值	制度管理	文化管理	文化管理
顾客价值	放心、信任	融入顾客生活	提供精神价值

胖东来认为，一个企业的"死亡"，首要原因肯定是团队不成熟，其次就是企业对员工不好，员工没有工作热情，工作不用心，商品和服务质量不好，企业自然就"寿终"了。目前，企业管理者应当看到，政府非常关注减少收入不平等现象以及改善社会保障体制等问题，过去把实现经济快速增长放在首要位置，现在政策目标的重心转向创建一个"和谐社会"，共同富裕是中国式现代化的重要内容。

三、人本管理会计与共同富裕

"共同富裕"意味着富裕是共享的前提，而共享是富裕的目的，这就是富裕的共享和共享的富裕（李实，2021）。人本管理会计与共同富裕密切相关。一方面，人本管理会计的价值理性有助于提高社会生产力以及防范风险，从而更好地实现共同富裕；另一方面，人本管理会计的工具性为共享富裕提供了方法依据，并有助于提高共享富裕的均衡性。马克思把资本逻辑作为批判资本主义社会的一种方式，资本逻辑是追求利润最大化的资本增值逻辑，而共同富裕需要走出资本逻辑的悖论，要升华到人民逻辑，将资本纳入"以人为本"的轨道，从而实现共同富裕。

人本管理会计以共同富裕为驱动要素。在坚持效率与公平原则的基础上，构建有效的宏观、中观与微观结合的分配体系及其博弈框架（冯巧根，2022）。人本管理会计要坚持人民性，坚持长期性和奋斗性，共同富裕是全体人员长期奋斗的结果，不是不劳而获。优化分配制度，首先要提高劳动报酬在初次分配中的比重，其次要实施人本资本的利润分配制度，如海尔实施的共赢增值表。企业除非万不得已，不应把减员增效或者降低工资增效作为增加利润的常规手段。

人本管理会计始终认为，人民群众既是共同富裕的实践主体，又是这一活动的价值主体和利益主体，从而将管理会计从"为股东谋利益"转变成"为绝大多数人谋利益"，直至实现"全体人民共同富裕"。在这一过程中，离不开将资本作为生产要素做大"蛋糕"，但应摒弃"资本中性论"，明确中国式现代化的社会主义市场经济要用人本逻辑驾驭资本逻辑，由此实现"分好蛋糕"的思维转变。

四、共同富裕的人本管理会计分配

我国已明确提出，到2035年全体人民共同富裕要取得更为明显的实质性进展，到2050年，要基本实现全体人民共同富裕，这也为人本管理会计以促进社会公平正义、增进人民福祉为出发点和落脚点的路径指明了方向。胖东来认为，员工工资决定了企业能否更好地生存和发展，一个员工普遍对收入缺乏幸福感的企业，其发展注定是乏力的。可以确定，收入增长仍是实现共同富裕最为有效的手段，但收入不平等和共享不平等的下降同样能够扎实推动共同富裕（王继田，阮敬，2023）。共同富裕可以从两个方面制定考核指标：一是共同富裕的收入水平测量指标，二是共同富裕的收入结构测量指标。

新时代人民群众对分配正义的呼声更高，对共同富裕的追求也更坚定。因此，初次分配和再分配都要兼顾效率和公平，再分配要更加注重公平，这不仅是影响企业活力的关键因素，更是决定企业能否稳步发展的关键因素。企业股东，特别是处于行业发展前列的企业股东，不能把就业困难作为让员工被动接受收入分配的理由，企业应避免以施舍的心态制定工资标准，而要主动让利给员工，在这一点上，同样要有"吃亏是福"的心态。

从企业业绩报告演进过程来看，物本会计的传统利润表是从股东视角编制的，主要为股东服务。后来，西方增值表的推出，体现了较为浓厚的利益相关者价值思想，认为除了股东以外，员工、政府均应视为企业的内部利益相关者，也应参与企业内部价值分配，并将他们纳入业绩报告的计量范畴。

海尔在"人单合一"的道路上一直在探索一种新的商业模式，目标是将员工价值与用户价值捆绑在一起，员工在为用户创造价值的同时会产生新的想法，由此提出了物联网生态业绩报告、共赢增值表（见表6-6）。在这个体系内，企业自然转变成创业的平台，并衍生出多个创业主体，而每一个主体就叫作"小微"。

表6-6　共赢增值表

项目		定义
1. 用户资源	1.1 交易用户	在平台上进行过交易的用户
	1.2 交互用户	在平台上购买产品或服务后，持续参与交互的用户
	1.3 终身用户	平台自演进持续迭代丰富社群生态，形成百万级终身用户
2. 资源方	2.1 交互资源方	链接的所有资源方
	2.2 活跃资源方	能参与共创的资源方
3. 生态平台价值总量	生态平台价值总量	聚焦用户体验增值的各方共创共享实现的物联网生态圈价值总量（3.1+3.2）
	3.1 利润	传统利润＋生态利润
	3.1.1 传统利润	传统收入－传统成本
	3.1.2 生态利润	生态收入－生态成本
	3.2 增值分享	3.2.1～3.2.3
	3.2.1 链群分享	链群共创获得的价值分享，含创客及生态平台等
	3.2.2 支持平台	帮助链群实现价值创造和传递的支持平台，如大共享平台、三自平台等
	3.2.3 共创相关方	各利益相关方（包括资源方、用户创客以及外部资本方）在平台上获得价值分享
	3.2.3.1 资源方分享	各合作资源方（供应商或品牌合作商等）在平台上获得的价值分享
	3.2.3.2 用户分享	参与平台、产品、服务共创、设计的用户取得的价值分享
	3.2.3.3 资本分享	社会化资本方价值分享【可分享利润＋（期末估值－期初估值）】×股权比例
4. 收入	收入	传统收入＋生态收入
	4.1 传统收入	聚焦用户交互与体验的持续迭代，通过销售产品、提供服务等经营业务所形成的收入
	4.2 生态收入	聚焦共创物联网生态品牌的引领目标，小微与各合作方在社群生态平台上通过价值共创持续迭代所形成的收入
	4.3 单用户收入	收入／交易用户

续表

项目		定义
5. 成本	成本	传统成本 + 生态成本
	5.1 传统成本	聚集用户交互与体验的持续迭代，通过销售产品、提供服务等经营业务所形成的成本
	5.2 生态成本	社区交互平台持续迭代升级过程中的投入资源成本
	5.3 边际成本	成本 / 交易用户
6. 边际收益	边际收益	边际收益 = 单用户收入 - 边际成本

和传统的利润表相比，共赢增值表更多地体现了用户资源以及生态各方的增值分享，在利润方面也区分了硬件利润和生态利润。传统利润表体现的是股东收益，而没有体现员工对利润的分享，但在共赢增值表中，员工能清晰地看到自己创造了多少价值，能够分享多少增值，人人都是企业经营者，由于员工可以触及企业分配机制，更容易调动员工的积极性，人本管理会计的重要性得以凸显。

以某生态平台为例，假设 2024 年实现传统利润 400 万元、生态利润 400 万元。共赢增值表第三项特有部分是核算出增值分享，假设创造的增值分享为 200 万元，这些金额将按照 a、b、c、d、e、f 的系数在（平台内部的）体验链群、创单链群以及（平台外部的）支持平台、资源方、用户、资本之间进行分享。不同的生态平台有不同的分享系数。所有利益相关者实现的增值分享 200 万元与传统利润 400 万元、生态利润 400 万元共同构成了生态平台价值总量的 1000 万元。

第八节　管理报告：中国化管理会计报告

会计作为商业语言，向利益相关者传递企业的经营信息，然而，传统的企业财务报告只披露与财务相关的信息，且大量微妙的"高管估计"很可能脱离事实，其信息有用性呈现出快速减退的趋势。中国情境下具有决策价值性的管理会计报告，企业价值定位于整体的价值创造，需打破传统将管理会计报告定位为内部会计报告的局限，要让管理会计报告和财务会计报告共同组成会计报告的内容，扭转会计信息相关性下降的趋势。

王俊清等（2024）构建了中国化管理会计报告框架（见图6-5），旨在通过人文精神和管理会计资本逻辑的融合，使人本管理会计立得住、行得远，有引领力、凝聚力、塑造力、辐射力，有自己的主体性，从而推动人的全面发展及全球经济的包容性增长。中国化管理会计报告将中国式现代化的"人本"内涵纳入企业核心竞争力和价值评价体系，打破了西方财务管理以服务于资本收益为唯一目标的局限，创造出文化、道德、行为等相关的管理会计新形态。

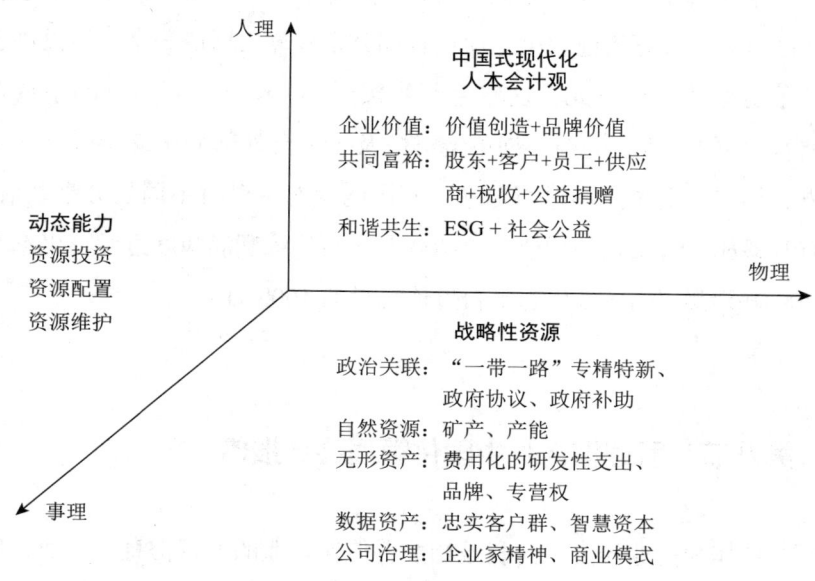

图 6-5　中国化管理会计报告框架

一、中国化管理会计报告中的中国元素

中国式现代化强调融入和创新"中国元素"，推动共性价值观的形成，要注意中国企业的独特使命。

（一）强调家国情怀的企业家精神

企业家精神属于广义的智慧资本，中国式现代化的一流企业最重要的是将技术研发和创新作为第一宗旨和任务。习近平总书记勉励企业家要为国担当、为国分忧，融入国家发展。企业家精神对企业的可持续发展发挥着引领作用，包括创业创新创造上的敏锐眼光、不懈追求和非凡行动力，核心是"无中生有"。在本研究中，智慧资本强调"硬知识"，而企业家精神强调"软知识"，因此在中国化管理会计报告框架中予以单独列示。

（二）共同富裕的价值分配创新

共同富裕是中国式现代化的重要特征，也是人本管理会计创新的核心内容，一流企业要确保发展成果全员共享，从而提高利益相关者中担任最重要角色的员工的主动性与积极性。

共同富裕的价值分配创新，是指以中国式现代化的人本观，将新经济时代的智慧资本在价值创造过程中的作用提升到物力资本的同等地位，甚至超过物力资本，改变传统的物本会计，让智慧资本分享企业创造的价值，实现收入分配公平，最终目标是所有利益相关者都以平等的方式享受企业效益增长的成果，为经济效率的提升提供保障，将"分好蛋糕"作为"做大蛋糕"的前提条件，探索智慧资本以股权化方式参与企业收益分配的新模式，是破解"劳资矛盾"的根本之道。

（三）突破股东利益理论的评价局限

传统的财务分析一般从股东利益的角度关注企业整体经营成果，用到的数据分析指标主要有销售收入、净利润及净资产收益率等。财务指

标的共同特征是更强调过去，利用财务指标对企业以往的业绩进行评价是可行的，但要据此对企业未来发展进行预测，则依据不足。中国化管理会计报告，关注未来经营的基本驱动因素，体现了管理会计报告有别于传统财务报告的有用性特点，展现出企业一年中创造的多维价值，评价标准除剩余经营现金流外，还包括品牌价值、共同富裕、和谐共生等非财报要素，能够据此对企业未来经营情况形成清晰的看法，使利益相关者在全景图中洞察企业战略性资产的优势和劣势，并通过价值创造的结果来判断资源配置是否成功。

二、中国化管理会计报告的意义

中国化管理会计报告精准地反映了行业的战略性资源，使报告的个性化特点更加突出。报告中体现的人文精神，是企业根本的长期目标，揭示了什么样的企业才能让人充满信心，成为让人尊敬的企业，其核心是"在亲民，在止于至善"，这既是对管理会计提出的挑战，也是会计重生的机会。

中国化管理会计报告具有以下几个方面的意义。

（1）补充了传统财务报告中缺失的大量有用信息。

战略性资源能够创造可持续的竞争优势，但是在传统的财务报告中并没有把战略性资产当作资产，比如费用化的研发支出、品牌价值、企业家精神、智慧成本等都没有列入资产列表。在中国化管理会计报告中，只有少量信息是来自财务报告强制披露的内容，而大部分属于新信息。

（2）修正了财务报表中"高管估计"数据的负面影响。

中国化管理会计报告中列示的项目大部分是事实性信息，不需要高管估计、预测和猜测，另外，价值创造指标计算的起点是经营活动净现金流，而现金流信息不易受到层出不穷的"高管估计"和预测的负面影响。

（3）解决财务报告精准度不高的问题。

通过制度设计和监管实施可以提升公司财务信息透明度，但会提高财务报告的披露频率，内容也越来越复杂，使利益相关者更加无所适从。中国化管理会计报告是一种"精准"的报告，千企千面，重点关注战略性资产的配置效率，并将"一利五率"等纳入评价指标，充分考虑到利益相关者对管理会计报告的决策有用性要求。

（4）选择了比净利润更有用的投资观测指标。

投资者追求的利润不是账面上的利润，利润只是通往目标道路上的一个里程碑，投资者真正想要的是现金的增值。显然，从经营活动净现金流出发调整计算出的价值创造，比财务报表中的净利润更加符合投资者的需求。

三、中国化管理会计报告框架应用实例

中国化管理会计报告的重要特点之一是要注意到行业的差异性，因为不同行业的基本战略和商业模式存在明显的差异，战略性资源也截然不同。以油气行业为例，中国化管理会计报告框架如图 6-6 所示。

中国化管理会计报告基于东方智慧的 WSR 方法论，针对管理会计相关性遗失，将中国式现代化蕴含的中华优秀传统文化中的"人本"，作为企业核心竞争力要素，有效突破了传统"物本"财务报告分析的局限，减少了决策者和投资者对企业的误判，提升了企业信息披露质量，是一种更有价值的分析方法，有助于中国式现代化经济发展，是中国会计从管理会计报告角度做出的贡献。中国式现代化强调物质文明和精神文明相协调，人与自然和谐共生，走高质量发展的道路，这也是中国化管理会计报告的价值所在。

物理				事理	人理

战略性资源	资源投资	资源维护	资源配置	企业价值
（1）矿产 （2）产能 （3）专利与商标 （4）重要政府协议 （5）智慧资本 ①高水平专家 ②研发人员 （6）企业家精神 ①研发投入强度 ②社会责任 ③成本降低率 （7）政府关联 ①"一带一路" ②政府补助	（1）组合策略 ①投资 ②处置 ③勘探 ④保留已探明储量 （2）并购 （3）合资企业与 战略联盟 （4）新签重要协议	（1）威胁 公司资源来自 地缘政治和监 管的威胁，以 及所采取的应 对措施 （2）颠覆 颠覆性技术变 化的威胁 （3）公司运营 对油气价格波 动的敏感性	（1）经营活动 ①生产 ②销售收入分解 （2）储量－更新率 （3）运营成本 （4）毛利率 （5）一利五率	（1）高质量发展 ①价值创造 经营活动净现金流 加上：费用化投资支出 减去：资本化支出 　　　权益性成本 ②品牌价值 （2）共同富裕 ①客户 ②供应商 ③员工 ④国家税收 ⑤股东 （3）和谐共生 （ESG）

⇧

中国式现代化人本会计观

图 6-6　油气行业中国化管理会计报告框架

注：图中的"威胁"和"颠覆"选项为定性信息，其余为定量信息。

第七章

人本管理会计的人理维度

　　"人理"在WSR方法论中起着主导性作用，人本管理会计重视发挥人的主观能动性，强调"以人为本"，最大限度地利用人本因素，用"物"把"事"做好，以实现"和谐"目标为最高准则，包括员工关系的和谐、企业与自然关系的和谐、员工的身心和谐等。"人理"是人本管理会计为中国式现代化在社会性道德等方面创造出的普适性的会计价值理论（见图7-1）。人本管理会计的"事理"，核心是以儒家共情同理的"仁"为出发点，以增益公利的"义"为目的，赋予各种物本管理会计工具的"物性"从"仁"到"义"之正道的"德性"，在"人理"维度产生和文化，实现以"人"与"仁"为本的企业仁义之道，企业治理范围由资本驱动转向人本驱动。

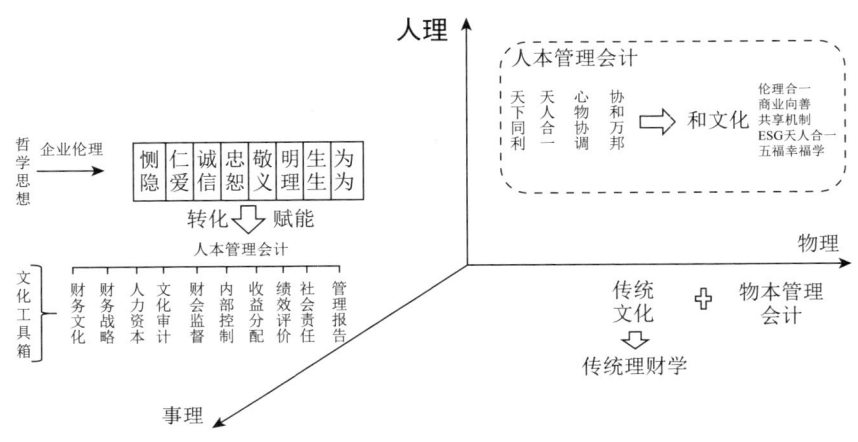

图 7-1　人本管理会计的人理维度

　　以中华民族为代表的东方文明重视人本主义，提倡"社会的组成应该是人化与物化两者的相辅相成、和谐统一"（陈明，2017）。人本管理会计的"人理"维度的人本因素广义上涵盖企业的利益相关者，既包括当代人，也包括后代人，狭义上包括企业负责人、管理人员以及员工的决策和行为机理。作为体现东方传统的系统方法论，WSR方法论将企业生态系统中的物、事、人看成一个动态交互的整体，重视人本因素在系统动态、交互平衡过程中的协调作用，有助于将我国传统文化与企业实际相结合，实现整体、局部与细节的有机融合（柳长森等，2017）。

"人理"通俗来讲就是指做人的道理，对企业而言，就是企业存在的价值理性。现实世界中任何事情的发生与发展均离不开人的力量，因此在实践中必须充分依靠人，以"人"来主导"事"和"物"的发展方向。一个创新生态系统在很大程度上是在人的主观想象基础上创建的，正如企业家精神的首要因素就是创新一样，具有创新精神的企业家是生产者，他对塑造和改变企业的环境有着举足轻重的作用。因此，"人理"层面的因素聚焦于具有主观能动性的企业家精神，人要从把自己都看作工具的现实中解放出来，就要重视人性尊严、创新创造、个人福祉和社会福祉，从而更有效地释放自身的潜能，"天人合一"，为人类进步贡献光与热。

人本管理会计的"人理"分析，基于儒学的逻辑性，俞宁教授提出"仁生德，德生义，故仁生义"的儒学定理，并通过建立博弈模型加以证明，具有重要的理论意义和实践意义。一方面，以现代科学的研究方法，为儒学构建具有严谨逻辑的理论体系，纠正了"儒学无体系而劣于西方哲学"的偏见，将传统儒学思想与现代社会科学理论相结合，为儒学研究提供了新的视角和方法，拓展了儒学的研究领域。另一方面，明晰个人道德行为与社会福祉之间的关系，为社会治理等实践活动提供了理论指导，有助于促进社会成员之间的相互关爱和合作，推动社会整体的和谐与发展。

儒学定理的内涵是在给定简单假设的情况下以及个人决策和博弈均衡中，仁爱能够促进利他行为，即"仁生德"，基于"德生义"的假设，即利他行为能够带来社会福祉的提升，从而得出"仁生义"的结论，也就是说，仁爱通过促进利他而增益社会福祉，如图7-2所示。

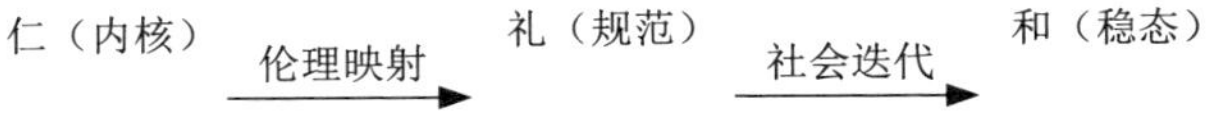

仁（内核）　　　　　　礼（规范）　　　　　　和（稳态）
　　　　　　→伦理映射　　　　　　→社会迭代

图 7-2　儒学定理

仁：对应仁爱社会偏好，是德性的动机，为儒学道德体系的根本出发点，体现为一种内在的、对他人的关爱和善意的倾向。

德：被定义为增益他利的行为，即利他行为，是"仁"这种内在动机的外在行为表现。人们出于"仁"的内心驱动，做出对他人有利的行为，就是在践行"德"。

义：对应社会福祉。"义"代表一种社会层面的价值追求和理想状态，是德性的目的。当个体的德性得到充分实践，众多个体的利他行为汇聚起来，就会促进整个社会福祉的提升，实现"义"的目标。

人本管理会计的理财基准为"德本财末"，是道德势能向经济动能的转化。王阳明的"心即理"认为良知具象化为"诚意"时，自然会产生"修齐治平"的现实效益。在量子社会形态下，德性不再仅是利益的必要条件，更成为价值创造的充分条件。

费孝通先生提出处理不同文化关系的"各美其美，美人之美，美美与共，天下大同"十六字箴言，对于建设人本管理会计的"人理"维度也有很好的指导作用。人本管理会计的企业文化和价值观，离不开"和而不同"的本质。

第一节　和文化：人理维度的落脚点

德鲁克认为，企业有三个问题需要思考：一是我们的企业是什么，二是我们的企业将是什么，三是我们的企业应该是什么。这也是企业文化的三个原点，人本管理会计的企业文化，核心在于建立和文化。

2025 年 2 月考研成绩公布后，一考研英语名师 A 老师在社交媒体发布自己的英语（一）成绩，并附成绩截图与查分视频，引发广泛关注。2025 年 3 月，另一考研名师 B 老师公开质疑 A 老师成绩造假，指出其公布的截图和视频存在修图、拼接痕迹，并强调教师诚信问题不可妥协。A 老师承认其造假行为系个人决策，未与机构合谋。

该事件的师德失范引发价值冲突，广大考生将其视为"内卷困境"的典型符号，反映出青年一代在内卷化竞争与不确定性风险间的精神耗竭，传统选拔机制与人才多元评价需求面临冲突，青年一代在唯分数论的反思与能力本位价值观尚未建立的过渡期正在经历"阵痛"。"教书育人"变成"教书育分"，反映了当前社会转型期商业资本裹挟下的行业失序，多重矛盾存在利益与职业道德的对立，功利主义侵蚀着社会诚信。本次事件之所以从个体纠纷上升为对社会诚信的集体声讨，是因为在制度层面，监管缺位致使市场乱象丛生；在文化层面，诚信缺失引发了价值共识危机。舆论场中支持打假与嘲讽行业的声浪此起彼伏，反映出社会对重建诚信和谐的迫切需求，青年一代将成为未来职场的主力，关注他们的所思所想，也为重构"物人合一"的新型和谐关系提供了反思契机。

一、乌卡时代的矛盾

1. 环境层面的矛盾

环境层面具有以下矛盾。

（1）技术迭代与产业脱节。第四次工业革命推动着技术快速更迭，但传统产业转型滞后导致供需失衡。

（2）地缘冲突与系统性风险。地缘事件加剧了全球化进程的退潮，引发了能源危机、供应链断裂等连锁反应，容易使局部问题演变为全球性危机。

（3）产业链重构的模糊性。美国芯片法案等政策干预加剧了产业链布局的复杂性，在以此为代表的全球化趋势下，企业需在降本增效与安全冗余之间取得平衡。

2. 组织层面的困境

组织层面面临以下困境。

（1）决策机制失效。传统线性管理模式难以应对非线性变化，技术债务积累、跨部门协作障碍等问题使组织敏捷性不足的情况日益突出。

（2）人才能力断层。AI 技术普及导致技能需求剧变，企业面临传统岗位冗余与新兴领域人才短缺的双重压力，每个人都需要终身学习以填补能力鸿沟。

（3）文化适应性不足。过去经验驱动的固化思维与现在模糊性环境间存在冲突，部分企业因保守决策错失了技术转型机遇。

3. 个体层面的挑战

个体层面面临以下挑战。

（1）职业稳定性崩塌。中年群体普遍面临裁员潮与技能过时压力，职业路径的可预测性逐渐消失，需通过跨界知识整合重塑自身竞争力。

（2）心理韧性考验。不确定性环境引发普遍焦虑，职场环境恶化导致的自我价值迷失，要求个体建立动态目标调整机制。

（3）信息过载与认知偏差。数字化加速了信息传播，但流量为王造成虚假信息泛滥，加剧了决策模糊性，需强化批判性思维以应对认知陷阱。

二、"和谐"是解决内耗的唯一出路

和谐的本质在于和而不同，在和谐融洽中保持自己的独立见解，而不是人云亦云，领导说什么就是什么，盲目附和。和谐是一种理想的社会状态，强调人与人、人与社会、人与自然的协调与平衡。和谐社会通过正确处理社会矛盾，调动一切积极因素，增强全社会的创造活力，维护社会公平和正义，形成良好的人际环境和社会秩序，从而达到一种民主法治、公平正义、诚信友爱、充满活力、安定有序、人与自然和谐相处的社会状态。

席西民等（2022）提出的和谐管理理论根据"物"和"人"两种管理对象的不同，将"和谐"拆分阐释。从科学管理的角度来看，"谐"是指通过对制度、流程等进行理性设计和优化，解决"物"的问题所产生的相对确定性的管理问题；从管理艺术的角度来看，"和"对应人及其心理感受，解决"人"的问题所导致的高度不确定性的管理问题。和谐是对"和"和"谐"两种手段进行动态匹配，使经济社会发展处于相对和谐的状态，和谐是"物"和"人"的合一。

以人为本，以德为先，以人为人。"礼之用，和为贵。先王之道，斯为美。小大由之，有所不行，知和而和，不以礼节之，亦不可行也。"（《论语·学而》）古人云：和气生财。不管是对一个家庭还是一个企业而言，只有"和"才能创造让人踏实的财富，做企业是为了让人幸福，重要的是解决人的问题，让自己和家人活得幸福，让管理层和员工活得幸福。

谈到礼，人们常觉得是一种约束，让人不自在，其实这是对礼的误解。礼的用就是"以和为贵"，换句话说，用礼并不是让人产生束手束脚的感觉，让人觉得很难相处，更不是要指出别人的错误，与人保持距离；用礼的目的是让人和谐相处，有时候与人相处就是要拘泥于礼，比如在外交场合；有时候就是要不拘泥于礼，比如在农贸市场。会用礼的人能营造出一种和谐的气氛，更容易赢得大家的拥护与喜爱，使大家更愿意与之讲真心话。

"先王之道，斯为美。"尧、舜、禹、汤、文、武、周公经营的天下，之所以形成一个能够让百姓安居乐业、丰衣足食，而且风气非常好的生活环境，就是用礼，而且知道礼的作用是"和"。一个好企业一定拥有和谐的工作环境，而不会让人心生紧张。和睦协调，可以说是中华优秀传统文化中最具有代表性的理念，也是儒、释、道各家的共同主张，"和"是万事万物的最高追求，也是中国人几千年来源远流长的文化心理、政治信条、智慧要求。

三、传统文化中的"和为贵"

中华传统文化中，和谐被视为一种核心价值理念，贯穿于个人修为、国家治理、社会建构等各个层面。

儒家经典《中庸》中说道："和也者，天下之达道也。致中和，天地位焉，万物育焉。"儒家把"和"看成天道的追求，也是世界赖以成立的本源，"和"是大家都应当遵循的原则。"中和"说是儒家倡导的一种哲学观念，如果达到"中和"的状态、和谐的状态，天地万物就都能恰如其分地生长繁衍了，平和、和谐就是人自身及社会的本质特征。

释家众生平等的生命观，强调"不为自己求安乐，但愿众生得离苦"。从"和"的思想来看，体现了对生命和自然的尊重。讲究燃烧自己，照亮他人。只要做了帮助别人或利益别人的事，就绝不后悔；给予别人恩惠从不记在心上，没有任何希求，不求回报。其中蕴含的"和谐"思想，落实到企业管理中，文化即心性；落到所有人的心态上，即要尊重、要理解、要包容、要平等、要欢喜、要奉献。觉悟人生，奉献人生，改变人的心态，最终以"六和敬"的思想，达到身和、口和、意和、戒和、见和、利和。

道家经典《道德经》中写道："万物负阴而抱阳，冲气以为和。"意思是说，任何事物都存在着阴阳两面，世界的客观规律就是万事万物都是对立统一的，阴气与阳气相冲形成某种稳定的和谐体，进一步讲，只有将事物的对立面统一起来，才能形成最高的和谐境界。《淮南子》也强调："一而不生，故分而为阴阳，阴阳合和而万物生。"这里所说的"合和"，"合"是"合作"，"和"是"和谐"，阴阳合作与和谐，则万物生发。

中华传统文化，特别是以儒释道思想为代表的对和谐的追求，深刻影响着中国人的行为方式。"以和为贵""与人为善""己所不欲，勿施于人"等理念在中国人中口授心传，深植于中国人的精神之中。中华文化崇尚和谐，中国和文化源远流长，蕴含着"天人合一"的宇宙观、协和万邦的国际观、和而不同的社会观、人心和善的道德观。

中医是中华优秀传统文化的重要组成部分，更是强调"和谐平衡"的哲学理念，其要求身体调和，体现了"道法自然""天人合一""阴阳平衡，调和致中"的思维。此外，琴道讲究中正平和，茶艺推崇和静怡真，棋艺对决也在变化中求中和平衡之道，太和殿、中和殿、保和殿亦是"和"在建筑业的重要体现。

四、人本管理会计的"和合"理念

人本管理会计要将"和气生财"放在第一位，以"和合"为行事准则。"和"指和谐、和平、中和等，"合"指汇合、融合、联合等。在企业文化建设中体现为：进行共创共享的价值观塑造，设计多元包容的文化融合机制和动态利益分配机制，推动利益共同体的可持续经营，形成共生型伙伴关系，建设危机协同响应体系。

"家和万事兴"是中华民族几千年来在历史传承中总结出来的至理名言，是家族兴旺之根本，也是企业基业长青的根本。孔子在《论语》中提出"君子和而不同，小人同而不和"的观点，为实现人与人之间的和谐共处以及协调不同意见提供了路径。"贵和尚中、善解能容，厚德载物、和而不同"的宽容品格，是人本管理会计追求的一种重要的财务文化理念。

人本管理会计的和谐观是中国式现代化的人与自然和谐共生，企业必须坚持可持续发展策略，坚持以节约优先、保护优先、自然恢复为主的方针，坚定不移地走生产发展、生活富裕、生态良好的文明发展道路，实现中华民族永续发展，也推动世界各民族的永续发展。

《孙子兵法》讲"归师勿遏，围师必阙，穷寇勿迫"。商业竞争不是为了让对手灭亡，这样会招致竞争对手的"殊死反抗"，更不是商业竞争的目的，竞争是以商业生态思维为整个行业考虑，而不是以邻为壑，竞争是为了合作共赢，做出更好的产品。人本管理会计具有普适性，反映了中国文化对多样性与和谐的追求，因此，人本管理会计准确理解、系统阐释中国和文化蕴含的"天人合一的宇宙观""协和万邦的国际观""和而不同的社会观""人心和善的道德观"，不仅是企业能否让长期主义落地的决定性因素，也有助于世界会计文化领会中华优秀传统文化的核心特质和当代价值。

第二节　伦理合一：意义驱动范式的公司治理

人本管理会计的管理智慧在于"伦理合一"，这里的"伦理"指的是传统伦理和现代管理的融合，将道德伦理嵌入管理实践，使效率与人文价值达到动态平衡。

第四代管理学是管理理论演进的现代阶段，诞生于21世纪，强调人本主义、敏捷性、数字化与生态协同，旨在应对快速变化的市场环境、技术革命及新生代员工需求。其核心理念是，打破传统层级制，构建自组织、数据驱动、可持续的管理模式。相较于前三代管理，即科学管理、行为管理、知识管理，第四代管理更关注创造力释放与系统韧性，核心理念的创新是从过去的工具理性转变为意义驱动，如表7-1所示。

表7-1　管理学理论的代际演变

维度	第一代 （科学管理）	第二代 （行为管理）	第三代 （知识管理）	第四代 （意义管理）
核心理念	效率至上， 标准化作业	关注员工的 社会需求	系统整合， 权变适应	赋能个体， 生态协同
组织结构	严格层级制	略宽松的 科层制	矩阵式、 项目制	扁平化、网络化、 自组织
决策模式	自上而下， 权威驱动	参与式决策	数据辅助决策	数据智能＋ 群体智慧
技术应用	机械化工具	基础信息系统	ERP、CRM 集成系统	云计算、AI、 区块链
员工关系	雇佣关系， 强调服从	情感联结， 团队建设	绩效导向， 能力匹配	伙伴关系， 共创共享
典型企业	福特汽车公司 （流水线）	霍桑工厂	通用电气公司 （六西格玛）	海尔、谷歌、 特斯拉
人性假设及 提出	经济人（亚当· 斯密）	社会人（梅奥）	知识人（彼得· 德鲁克）	伦理人 （传统文化）

第四代管理学是数字文明时代的必然选择，其本质是通过技术赋能人性，构建"智慧"与"温度"并重的管理模式。企业需打破管控思

维，只有当个体德性和组织目标契合时，管理才有可能实现商道，管理转向激活个体、拥抱变化、连接生态，方能在 VUCA（易变性、不确定性、复杂性、模糊性）环境中持续优化。

意义管理的理论基础有两个。第一，工作的意义是让生命产生值得活下去的价值观念，获得工作中的"心流"体验，有目的且不加任何判断地关注当下。第二，生命的意义是让工作为生命赋能，工作不只是谋生的手段，更是自己生命意义的表达，做想做之事，选择适合自己的工作，且可以同时做多份工作；工作不是去"内卷"，而是追求工作与生活的平衡，君子以财发身，而不是以身发财。

孟子认为"君之视臣如手足，则臣视君如腹心；君之视臣如犬马，则臣视君如国人；君之视臣如土芥，则臣视君如寇仇"。遗憾的是，一些企业存在职场 PUA（精神控制）现象，特别是基层管理人员通过精准打击员工的自信，以达到从精神上掌控员工的目的。他们十分享受所谓的权力感，行事也只服务于权力，认为下级应该对其早请示、晚汇报，对其"服从"的员工才是好员工。这是缺乏管理自信的表现，要知道员工没有职业尊严就不可能形成职业精神，没有职业精神就生产不出高质量的产品。

一、意义管理

陈劲等于 2022 年借鉴日本学者关于知识管理研究的理论精髓，系统梳理西方传统管理学体系的发展演化脉络，并吸收中国哲学中的整体观、统筹观以及中华传统文化中的仁爱观，提出"有意义的管理"这一具备中国特色的全新管理范式，主要内容包括信念愿景、人性尊严、创新创造、个人福祉和社会福祉五个方面，如图 7-3 所示。

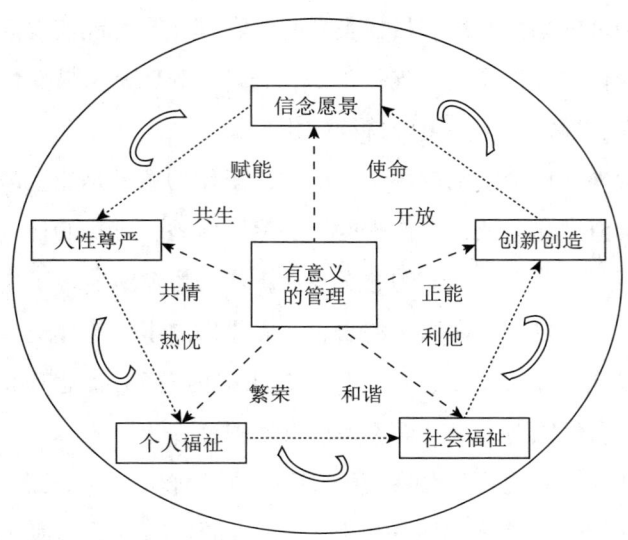

图 7-3　有意义的管理理论框架

管理学的发展始终是工具理性和价值理性交织在一起的发展，当下及未来的管理有必要把伦理决策、意义建构与人文精神纳入管理框架。意义管理与传统管理之间的差异如表 7-2 所示。

表 7-2　意义管理与传统管理之间的差异

维度	传统管理	意义管理
核心焦点	效率、结构、竞争力	意义创造、人性化赋能、可持续价值
员工视角	资源优化对象	意义共创伙伴
管理工具	SWOT 分析、平衡计分卡	意义仪表盘、意义地图、文化叙事框架
成功指标	利润率、市场份额	意义密度指数、员工意义留存率

实施人本管理会计需要适合的企业管理理论做指导，如果指导企业实践的管理理论没有改变，人本管理会计落地就会大打折扣。被称为"第四代管理学"的意义管理聚焦伦理中的幸福和意义，服务于重视人

性尊严、勇于创新、追求卓越的企业管理，不仅关注员工的幸福感、成就感、获得感，让员工感觉到工作和生活的意义；同时重塑企业的意义感，关注企业的社会责任和商业伦理。由此可见，在第四代管理学背景下，人本管理会计才能顺理成章地发展。意义管理的核心原则与特点主要有以下几点。

1. 以员工为中心，进行赋能而非控制

建设扁平化组织，减少组织层级，推行自组织团队，强化内在激励，通过赋予自主权、成长机会和使命感激发员工的潜能。谷歌的工程师能够自由支配自己 20% 的工作时间，用来做本职工作以外的项目，作为一种创新的管理模式，这种自由管理模式曾经为谷歌提供了很多明星产品。

数据与 AI 驱动决策，利用大数据、AI 实时分析业务数据，替代经验主义决策。采用敏捷开发和看板管理等方法，快速试错、持续优化，实现迭代创新。

开展生态化协作，突破企业边界，与供应商、客户甚至竞争对手共创价值。以可持续发展导向，将 ESG 融入战略，平衡商业价值与社会责任。

2. 重新定义管理目标，感受工作的意义

意义管理突破了传统管理的局限，泰勒的科学管理、梅奥的行为管理等经典管理理论，以效率最大化为核心，将员工视为"工具人"，忽视其精神需求。意义管理提出管理的终极目标是，帮助个体与组织共同创造意义，包括促进个人价值实现的个体意义，对他人与环境做出贡献的社会意义，以及带来生命体验丰富性的存在意义。如果公司将环境保护使命融入员工日常决策，让保护地球成为企业岗位的核心 KPI，而非仅停留在口号层面，就可以显著提升员工工作的社会意义。

3. 重构管理者角色，打造人人平等的氛围

"官兵一致"是中国人民解放军政治工作三大原则之一，也是人民军队之魂。管理者从控制者转变为意义赋能者，通过倾听理解员工的深层需求，以叙事方式构建共同愿景，通过庆功仪式等传统文化设计激活团队的意义感。员工管理要敢于向传统实践提出挑战，不唯 KPI 至上，而要提倡意义仪表盘管理，量化员工意义感知度、客户价值认同度等软性指标。

二、意义管理与人本管理会计的融合

意义管理的创新之处不仅在于提出了系统的理论框架，更在于揭示了数字化时代组织存续的关键，即技术替代性强的工作越来越多，人们在利用科技工具生活时，唯有意义才能激发人类不可替代的创造力。意义管理为企业和个人提供了一条从"内卷式"竞争转向意义驱动增长的可行路径，让人成为"人"。

人本管理会计是由资本雇佣劳动转向劳动雇佣资本，这里的"人"是指企业中的所有人，而不仅仅是高层管理团队和核心人才，是全员参与分享公司剩余价值。人本管理会计与意义管理理论融合，连接积极心理学与组织行为学，探索"意义资本"的计量，将其视为比社会资本、人力资本更重要的组织竞争优势来源，对传统激励理论提出挑战。意义感知对员工绩效的影响强度比物质激励更为强烈。

意义管理与人本管理会计的融合如表 7-3 所示。

表 7-3　意义管理与人本管理会计的融合

一级指标	二级指标	意义管理	人本管理会计
以人为本	员工参与	尊严、温情，人性化管理，自驱动	合理分权，划小核算单元，自主负责成本和利润，将个人奖金与绩效直接挂钩，核算个人绩效数据支持员工参与
	激励机制		用劳动雇佣资本设计激励制度，人人都是经营者，提升员工积极性
	尊重		报酬是尊严的基本前提
	个人福祉		人的价值最大化
持续改进	持续改进文化	注重持续改进	及时核算"成本最小化、利润最大化"，通过成本分析和绩效评估提供持续改进数据支持
	反馈机制		直接反馈，帮助管理者及时调整策略
客户导向	客户需求	以客户为中心	用户付酬，通过客户盈利能力分析帮助企业满足客户需求
	客户满意度		用户共创，衡量客户满意度，核算生态收益，支持企业改进服务
创新与学习	创新支持	鼓励创新，激发员工创新活力	通过项目评估和预算控制支持创新项目
	学习型组织		无为而治，试错免责制，共享失败，提供学习与发展的数据支持，促进组织学习
信息技术	信息化管理	依赖信息技术	通过智能财务系统等工具提升数据处理效率
	数据分析		利用大数据和人工智能进行深度分析，支持决策
战略整合	战略一致性	高质量的信念和愿景，强调战略与运营一致	通过文化审计等工具确保战略执行
	长期规划		将 ESG 纳入高级管理人员薪酬考核，支持长期规划，确保企业可持续发展
	社会福祉		利益相关者共同富裕，承担社会责任
风险管理	风险识别	注重风险管理	意义审计，识别组织在意义传递中的断层
	风险控制		定期评估管理层行为与价值观一致性

意义管理指导下的人本管理会计，在管理过程中不仅关注效率和效益，更注重人的价值、组织的使命及社会责任。人本管理会计的意义维度如表 7-4 所示。

表 7-4　人本管理会计的意义维度

一级维度	二级维度	含义
员工的意义	个人成长与发展	关注员工的职业发展和个人成长，提供学习机会和技能提升的途径，帮助员工实现自我价值
	工作满意度	感受"心流"，赋予员工有意义的工作任务，增强员工的成就感和归属感，从而提高工作满意度和幸福感
	心理健康与幸福感	关注员工的心理健康，减少工作压力，营造支持性的工作环境，提升整体幸福感
组织的意义	组织文化的塑造	建立积极的组织伦理文化，增强组织凝聚力以及员工对组织的认同感
	创新与创造力	下下人有上上智，让员工认识到工作的意义，主动创新，为组织带来新的想法和解决方案
	可持续发展	关注长期价值而非短期利益，制定长期目标
客户的意义	提供高质量的产品和服务	强调以客户为中心，关注客户需求，提供真正有价值的产品和服务
	建立信任关系	以诚信和责任感与客户建立长期信任关系，提升客户忠诚度
社会的意义	社会责任	强调组织对社会的影响，鼓励企业承担社会责任，如环境保护、公益事业等
	社会价值创造	发挥"提低"作用，协助解决贫困、教育、健康等社会问题，为社会创造更大的价值
	可持续发展目标	以人与自然和谐共生的现代化为指导方针，建立 ESG 管理体系
管理者自身的意义	领导力的提升	管理者是赋能者而非控制者，放权中提升自身的领导能力
	使命感与成就感	为员工、组织和社会创造价值，获得更深层次的使命感和成就感

续表

一级维度	二级维度	含义
管理者自身的意义	长期影响力	注重长期影响，成为员工成长的导师，帮助管理者在职业生涯中留下持久的正面印记
环境的意义	环境保护	倡导绿色管理和可持续发展，减少企业对环境的负面影响
	资源节约	优化资源配置，减少浪费，实现经济效益与生态效益的平衡

人本管理会计在意义管理指导下的应用场景，一是促进敏捷转型，从年度计划转向季度 OKR（目标与关键成果），如抖音公司"双月 OKR"快速对齐战略；二是用增强数字化领导力进行能力重塑，要求管理者具备数据解读、远程协作、AI 工具应用能力，用成长型思维鼓励员工拥抱云计算与混合办公；三是实现生态化创新，打造开放式创新平台，通过外部合作进行创新，实现用户共创，邀请关键意见消费者参与产品设计；四是用价值观驱动企业文化，进行文化审计，定期评估管理层行为与企业价值观的一致性。

第三节　商业向善：公司治理方向

2019 年 8 月 19 日，美国 181 位企业 CEO 联合签署了一份名为《公司的宗旨》的宣言，这份宣言提出企业存在的目的不应该仅仅是代表股东利益，而更重要的应该是履行企业对消费者和社会的责任。这份宣言可以视为西方社会对物本会计的全面反思。

商业向善是企业发展的唯一通道，为富不仁，自然"富不过三代"，甚至可能即富即失。商业向善是指企业在追求经济效益的同时，主动承担社会责任，关注社会和环境问题，通过商业活动产生积极的社会影响。古往今来，弘扬中华优秀传统文化、努力向善的企业家有很多，范蠡"三聚三散"，他搬迁三次，每次都广散千金，取之于民，报之于民，治国则国盛，治家则家富，近现代以来，陈嘉庚、荣毅仁、任正非、曹德旺等也为企业家树立了商业向善的典范。

创新是企业发展之源，但是企业必须在满足自身生存和发展需要的前提下，在科技开发的过程中主动担负起社会责任，以创新解决社会问题，而不是赚取不义之财。比如，不开发会让孩子上瘾的游戏；在制定企业发展战略时，注重谋求员工福祉和社会福祉，目标纯正，做正确的事，用可持续发展理念指导企业商业价值创造与社会价值创造。

一、商业向善和公司治理

商业向善和公司治理密切相关且相辅相成。商业向善指导企业在创造经济利益的过程中去创造社会和环境价值；公司治理则关注企业内部的制度、结构和流程，确保企业以透明、负责任和高效的方式运营。两者结合才能实现企业的可持续发展，并为所有利益相关者创造长期价值。

1. 商业向善与公司治理的关系

商业向善与公司治理具有以下关系。

（1）共同目标。商业向善和公司治理都旨在实现企业的长期可持续发展，平衡经济、社会和环境目标；两者都强调对股东、员工、客户、社区等利益相关者负责。

（2）相互支持。良好的公司治理为商业向善提供了制度保障，确保企业在追求社会价值时不会偏离高质量发展的目标；商业向善的公司理念可以丰富公司治理的内涵，推动企业超越传统的股东利益最大化追求，以更广泛的社会责任观来运营企业。

（3）风险管控。公司治理通过建立透明的决策机制和风险管理框架，帮助企业识别和应对商业向善过程中可能出现的风险；商业向善则关注社会和环境问题，帮助企业规避因社会责任缺失而引发的声誉和法律风险。

2. 商业向善在公司治理中的体现

公司将商业向善的理念写入企业的使命、愿景和价值观，确保社会责任成为企业文化的核心内容，高层领导示范推动商业向善理念在组织内部的贯彻实施。

董事会应设立专门的社会责任委员会，成员应具备多元化的背景，包括社会责任和可持续发展领域的专家，从而有效监督企业在环境、社会和治理方面的表现。

在公司治理中引入利益相关者参与机制，建立与员工、客户、供应商和社区沟通的渠道，通过定期沟通和报告，向利益相关者展示企业在商业向善方面取得的进展和成果。

建立透明与问责机制。发布年度社会责任报告或可持续发展报告，公开企业在商业向善方面所制定的目标和绩效考核标准，并建立独立的审计和评估机制，确保企业的社会责任承诺落实到位。

在激励机制方面，将商业向善的绩效考核纳入高层管理者和员工考核体系，激励他们为实现企业的社会和环境目标做出贡献。设立奖励机制，表彰在商业向善方面表现突出的团队或个人。

3. 公司治理对商业向善的支持

公司治理对商业向善提供了以下支持。

（1）制度保障。通过制定明确的政策和流程，确保企业在决策中综合考虑社会和环境因素。建立风险管理框架，识别和应对商业向善过程中可能产生的风险。

（2）资源分配。在公司预算中为社会责任项目分配专项资金，确保商业向善举措得到足够的资源支持。通过优化资源配置，提高社会责任项目的效益和影响力。

（3）合规与道德。确保企业在商业向善过程中遵守法律法规和道德规范，避免"漂绿"等行为。建立道德委员会，监督企业在社会责任方面的行为。

（4）长期规划。将商业向善纳入企业的长期战略规划，确保社会责任目标与业务目标一致。通过定期评估和调整，确保商业向善举措能够适应不断变化的社会和环境需求。

二、人本管理会计的商业向善的落实措施

商业向善的核心是将社会责任融入企业的战略和运营中，通过具体的措施实现经济效益与社会价值的平衡。企业可以通过可持续发展、员工关怀、社区支持、产品创新等方式，为社会和环境创造积极影响，同时提升自身的品牌形象和长期竞争力。

1. 社会责任投资

加强 ESG 投资，将环境、社会和治理因素纳入投资决策的考量范围，支持可持续发展项目。注重社会影响力投资，优先投资能够产生积极的社会或环境影响的清洁能源、教育、医疗等企业或项目。

2. 可持续发展管理

运营管理方面，提倡绿色运营，减少碳排放，采用可再生能源，优化资源利用，实现碳中和目标。成本管理方面，推进产品回收和再利用，减少浪费，延长产品生命周期，形成企业的循环经济。打造可持续供应链，选择在环境保护和社会责任方面表现良好的供应商，确保供应链透明且可持续。

3. 员工关怀与发展

薪酬管理方面，提供具有竞争力的薪酬和福利体系，以公平薪酬与良好福利保障员工的基本权益，保护员工职业尊严。以多元化与包容性文化，营造多元化的工作环境，尊重不同背景、性别、种族和文化的员工。为员工职业发展提供支持，以"使用是最大的培养"的观念来帮助员工成长。

4. 社区参与与支持

制定公益项目预算，开展或支持教育、医疗、扶贫等公益项目，改善社区生活质量。鼓励员工带薪适当参与志愿服务，为企业所在社区贡献力量。采购管理照顾本地供应商，做好品质管理，优先考虑采购本地产品和服务，支持本地经济发展。

5. 产品与服务创新

在研发投入上，鼓励解决社会问题，开发能够解决普惠金融、清洁饮水、可负担医疗等社会问题的产品或服务，坚决避免损害用户身心健康的产品开发。推进产品无障碍设计，确保产品和服务能够惠及老年人、残障人士等弱势群体。提供诚信、透明的产品信息，杜绝虚假宣传和欺诈行为。

6. 道德观指导企业治理

财务文化贯彻道德经营，遵守法律法规，杜绝腐败和不正当竞争行为。增强报告的透明度，定期发布社会责任报告，公开企业在环境、社会和治理方面所做的努力。

7. 支持社会企业

以生态链思维与社会企业展开合作，支持社会企业发展，共同解决社会问题。积极设立孵化器或基金，支持社会创业和创新项目。

8. 灾难响应与援助

在全年预算中增加紧急援助项目，在突发自然灾害或公共卫生危机时提供资金、物资或技术支持。参与灾后重建工作，帮助受影响社区恢复发展。

9. 技术与数据向善

用科技赋能数据资产管理，利用技术解决社会问题，如将人工智能用于医疗诊断，将区块链用于公益透明化，等等。强化数据隐私保护，尊重用户隐私，确保数据安全，杜绝数据滥用。

三、人本管理会计的伦理治理

人本管理会计伦理治理方向的商业向善，是指在管理会计的应用过程中服务企业发掘核心业务中的社会价值，并将这种包括中国式现代化要义的社会价值作为企业的终极目标，呈现在企业的战略、业务发展及资源配置当中，企业在解决社会问题的同时能够获得更高的商业价值，成为推动社会进步的重要力量。

商业向善是实现企业可持续发展的最佳路径，一个好企业的创新，一定是具有人文精神的创新，能将自身核心能力与社会痛点紧密相连，从而找到自身的社会价值，企业通过解决社会或环境问题，以利他且利己的方式运营，并在核心业务、资源配置、战略方向上呈现出企业的社会价值，自然而然地会提升企业的商业价值，在"无为而治"中实现企业的长期主义。

人本管理会计的商业向善，核心在于正确处理义与利的关系。中国传统伦理文化中，义利之辩体现了对义利关系的思考。人们通常认为，孔子"罕言利"，因而批评孔子轻视商业，然而孔子并不是这个意思，相反，孔子认为言利是人的天性，不必多说，孔子并不是反对利，而是反对通过不正当方法来获利，更反对官员凭借职位敛财。荀子认为，人的欲望需要节制，这种节制以"仁义"为标准，体现了对欲望和理性的平衡思考。获取财富的正当途径是"见利思义"，因此说"君子喻于义"，利是人之本性，孔子强调要遵循"因民之所利而利之"（《论语·尧曰》）的原则。

实践证明，商业向善是企业重要的核心竞争力，能够真正创造社会价值的企业才能带来更高的商业价值，才有可能成为百年老店，但是"以物为本"常常会偏离这个轨道，见利忘义。传统的中国企业商业向善，可以以晋商伦理精神为代表来说明，"诚""义""信"协调构成晋商商业伦理的完整体系。实践中主要体现为以下几点：一是诚实守信，信誉至上；二是利以义取，和气生财；三是修身正己，勤俭自律；四是群体共赢，互惠互利。

人本管理会计应当具有明确的伦理思想，才能融入商业向善。首先，企业要有一个共益的价值观，强调利他；其次是运用商业的逻辑，找到核心业务和社会需要的结合点，并用创新的方式去创造更大的价值；最后需要有一套全方位的人本管理会计工具体系作为保障，以实现企业的共益目标。

人本管理会计不能机械地处理义利关系，而应该根据企业的实际发展阶段来实施。在企业起步阶段，要因义制利，做到合法合规不作恶，遵守相关的规章制度，依法纳税。在发展阶段，要义利兼顾，承担社会责任，这时是一个义利兼顾的过程。等到了企业成熟阶段，则要因义而利，把解决社会问题及创造社会价值作为企业的主要目标。

中外商业文明实践表明，商业向善不是商业繁荣后的溢出，而是商业可持续的必然。企业越有责任，商业越可持续。商业向善说起来有些空洞，其实很容易落到实处。简单来说，首先要善待员工，舍得给员工涨工资；其次要善待消费者、环境、供应链、社区及整个社会。

　　商业向善不能片面地理解为做慈善，企业不能本末倒置，认为商业向善就是做点好人好事，再大张旗鼓地宣扬一番，借此得到社会各界的好评，以提升企业的品牌形象。企业要明确诚信经营的底线，不管什么时候，商品都是第一位的，要做好生产经营工作，扎扎实实地做好产品，常从消费者的角度理解产品。常言道，"欲速则不达"，经营企业不能急功近利，要坚持长期主义，社会上很多负责任的企业，尽管其经营效益没有快速增长，但一直稳扎稳打，最终走向繁荣。企业应当在有条件时多参与社会公益活动，通过从事公益活动提高企业内部凝聚力，塑造企业的良好社会形象，投入第三次分配的进程中，为社会增加福祉。

　　当然，我们也要重视商业向善的重要补充功能，即慈善的"提低"作用。应当看到慈善从其产生之始，并不具备调节收入分配的职能，其主要职能在于缓解社会问题，这是一项长期的任务，需要激发企业认知，也包括所有人的认知。"提低"指的是提高低收入群体的收入，慈善的扶危济困也是"提低"，在特殊情况下保证人有饭吃，生病后可以得到治疗。

　　人本管理会计要建立正确的慈善理念，行善不是一部分人的"专利"，而应人人可为。我国慈善文化源远流长，乐善好施是我国人民的优秀品质，但也存在与激发第三次分配资源不相适应的认识误区，存在与发挥第三次分配的作用不相适应的体制机制和观念。人们常常陷入一个认识误区，即可以支持公务员等负责再次分配的工作人员领取工资，但不能接受慈善行为中负责第三次分配的工作人员获取报酬，对同一件事有两种态度，说明在普及现代慈善理念方面我们还有很多工作要做。人们要善待人的善行，不要使善意被社会扭曲，使行善的人面临刻意炫富等不必要的质疑。

在扎实推进共同富裕建设的今天，人本管理会计要推动企业的善念，只有国泰民安，企业才有稳定的经营环境，所以企业经营从来不是仅靠资本一个要素就能完成的。一方面，要改变员工收入的占比；另一方面，要发挥第三次分配对于"提低"的不可替代的作用。人本管理会计应当对此予以高度重视，通过管理会计途径，将工具理性和价值理性结合起来，激发企业更多的商业向善。企业和个人共同努力，企业利益相关者都受益，有条件的企业和企业家发力，补齐捐赠短板，才能为资源的第三次分配提供不竭动力。在传递和放大第三次分配的作用的新时代，各慈善组织需要改革创新，不能墨守成规，要充分发挥我国慈善主体多元化的制度优势，弘扬中国社会凝心聚力的文化优势，在中国式现代化进程中发光发热。

人本管理会计认为，对企业管理层而言，最好的慈善就是带好团队，做好企业。商业向善包含"不做坏事"，避免技术作恶，不做危害人类社会发展的事，以及"要做好事"，实现技术为善，企业主动寻找合适的定位，以实现向善和商业发展两层含义。人本管理会计要引领企业德性建设，借鉴孔子的"仁"、老子的"善"、道家的"无为而治"等思想，形成企业明显的德性管理特征，用传统文化影响员工的价值观和行为方式，形成企业的向善文化烙印。

第四节　共享机制：企业的公平主义

21世纪初，随着第四次工业革命的兴起，企业家逐渐意识到，企业需要与周围环境、社区等利益相关者和谐共存、共同发展，从而产生了"共享经济"理念。

2019年8月美国商业圆桌会议（BRT）将过去只强调"为股东创造价值"的公司宗旨重新表述为"为客户、员工、供应商、社区、股东创造价值"，凸显了"股东至上主义"式微和"利益相关者至上主义"崛起的新趋势，标志着价值创造向共享价值创造的历史性转变。

共享机制是由理念和技术共同打造的体系，旨在让商品、服务、数据、人才等具备共享条件的资源形成共享渠道。从使用权的分享来看，其主要特征是不求所有，但求所用，整合分散分布的资源，满足经济活动的多样化需求。从分配权的分享来看，最重要的是解决人力资源和物力资源的平等分配权问题。

共享机制是基于知识经济时代以及现代商业人文精神的需求提出的，也是劳资关系趋向紧张的思考，是对共同富裕理解的不断加深，以及对企业生存终极目的认知上的升华。共享机制强调的是一种共享理念，涵盖了共享经济、共享企业、共享机制和共享型企业家等诸多方面，是在科技进步及社会生产力取得长足发展，以及物质生活较为丰富后提出的全民共享、全面共享、共建共享和渐进共享，旨在逐步实现共同富裕，为解决全球性收入分配两极分化问题贡献中国智慧和中国方案。

人类历史的变革，最终是理念战胜了利益。共享机制仍然要把提高生产效率，创造更多财富，"做大蛋糕"放在首位，实现更广泛的发展以及发展成果的共享，而不是大家都紧盯着"盘子"，而忘记了做事，只有这样的共享才有意义。宋志平阐述的共享理念认为，共同富裕是中国式现代化的本质要求和长期历史过程，目的是打造橄榄型的收入分配结构，要从初次分配做起，解决过去分配不合理的地方，比如财务管理中常说的股东利益最大化问题，在内实现企业多方协同的市场化机制运营，在外促进国有企业整合重组，加快建设世界一流企业。

一、共享机制的逻辑

共享发展包括"谁来共享""共享什么""如何共享"三个基本问题。总体来说，共享的逻辑是人民逻辑和历史逻辑。人民逻辑强调"以人民为中心"，中国式现代化民生为大。共享要以民生为本，旨在逐步实现共同富裕，确保发展机会、过程和成果能够全民共享，而不仅仅是少数人或一部分人的共享，因此在共享的过程中不能设置限制条件，从而把部分人排除在外。历史逻辑体现了中华民族传统价值取向中和谐社会的价值诉求，中外历史都表明财富应当为人类共同拥有，财聚人散，财散人聚，这是中华传统理财学的智慧，也是现实与历史的延续，共享思想可以从历史的积淀中找到其根脉。

共享机制的逻辑既是经济发展理念，也是社会发展的价值观，通过全面共享、共建共享、共生共享、渐进共享的方式，实现全民、全面、渐进的共同富裕。

全面共享包括共享国家经济、政治、文化、社会、生态各个方面的建设成果。共建共享强调通过共同努力实现共享，强调民主和民智的汇聚，企业决策者要相信智慧在民间，充分发挥基层员工的创造力。共生共享源于中华优秀传统文化的"大同社会""天下为公"等理想，有两层含义：一是因为共生所以共享，二是只有共生才能共享。渐进共享认为共享发展的推进是一个从低级到高级、从不均衡到均衡的过程，要顺势而为，不能搞"一刀切"。

共建共享以自由主义的选择责任理论为基础，认为共享的依据是共建行动，要求以参与共建的方式确定共享的方式；共生共享以共同体主义的公民权利的义务理论为基础，认为共享的依据是成员身份，要求具有平等身份的共同体成员平等地参与共享。这两种逻辑相互补充、互为助益，各尽所能，按劳分配，共同推动社会的发展，最终实现共同富裕的目标。

二、共享的机制与平台

社会共生论认为，"共生"是在客观上无法排除其他共生对象的前提下，人类主观地在社会交往中照顾各方利益的最佳机制和架构。从消极共生走向积极共生，不同利益相关者共赢，实现"美人之美，美美与共"的天下大同。新经济、新发展，共享理念不仅重塑了发展理念，而且在我国经济发展过程中具有里程碑意义，标志着经济发展方式的重大飞跃。共享理念体现了发展的方法论和价值观，强调从发展的依靠、目的及生产关系的角度思考发展，是辩证唯物主义和历史唯物主义在发展问题上的应用。

共享发展的历史逻辑深深植根于中华民族的传统价值观中。"不患寡而患不均"，"均"不是平均，而是公平，是各得其分。自古以来，中国人民梦想的大同世界实际上追求的是"均"与"公"，即社会资源的公平分配和公共占有。这一思想影响着从古至今的思想家和革命家，孙中山先生即提出"天下为公"。

共享机制是未来企业应当具有的德性，在这方面恒大集团的财务困境具有重要的教育意义，恒大集团在财富积累过程中，其发展成果通过多种途径被大量运作为个人成果，而不是利益相关者共享，最终造成严重后果。

共享发展强调生产资料的共享，认为这是解放和发展生产力的根本因素。马克思和恩格斯指出，正是由于资本主义制度下的生产资料为私人所占有，才导致资本与劳动的根本对立，造成资产阶级与无产阶级之间巨大的贫富差距，这种不可调和的矛盾最终导致资本主义走向灭亡。他们认为，只有当生产资料转变为社会财产，即实现生产资料的共享，才能真正走向共享社会。

随着数字经济时代技术的发展，共享经济作为一种新的经济模式展现出强大的生命力，人们通过互联网把社会闲散资源和需求集中到一个平台上，采用数字化匹配对接方式进行交易，供方获得报酬，需方获得闲散资源的有偿使用权，这种新的经济模式不仅提高了资源利用率，也满足了人民群众日常生活中多元化、个性化的服务需求。比如，交通共享使人们的出行方式不断向高端化、智能化发展，也取得了很好的社会效应。

　　人本管理会计需要建立共享机制，企业乐于和员工共享收益是关键。目前，共享发展还处于起步阶段，若要形成企业内外共享发展的新局面，还需要做出更加有效的制度安排，鼓励企业将技术创新和商业创新有机结合起来，推动共享经济持续健康发展，推动全体人民在共建共享发展中获得更多参与感，从而增强发展动力。国家财政应保障基本公共服务的资金来源，尤其应向西部、农村等公共服务严重缺失的地区倾斜，提高这些地区的公共服务水平和质量，增进人民团结，真正实现全体人民共享，朝着共同富裕的目标稳步前进。

三、共享机制中的分配

　　共享机制在企业的实践中，主要涉及企业效益与员工利益之间的正相关关系，这种关系是企业的底层逻辑，关系到企业的活力，也是基本的企业共享。企业的公平主义最重要的是分配公平，共享机制的公平分配实现方式多种多样，包括员工持股计划、股票期权、股票增值权、限制性股票、超额利润分享、事业合伙人制度、跟投以及混合所有制改革等多种模式。这些模式不仅在中国企业中得到了广泛应用，在世界范围内也被视为一种有效的激励和管理工具。

　　共享机制下的公平分配制度改革不仅提升了企业的竞争实力和经营韧性，也提升了劳动生产率，进一步提高了公司治理的现代化水平。任正非说，在华为，合理的分配机制能够解决管理中的大部分问题，华为的共享机制正是通过合理的分配机制实现了企业与员工的共赢。于东来认为，零售业的净利率如果达到 4%～5%，则利润的 50% 应归股东，剩余的 50% 应归团队，使员工愿意干，股东愿意投资。

按劳动、资本、土地、知识、技术、管理、数据等生产要素来进行分配，这是一个非常重要的理念创新。企业中哪个要素具有稀缺性、排他性、独占性，哪个要素在生产与分配过程中就有优先性、主导性、控制性，这也符合马克思主义原理。人本管理会计的共享，强调人力资本和物力资本的平等权利，当然，"以人为本"，就应当尊重人，尊重利益相关者，不能像物本会计那样，把股东利益放在首位，并建立排他性制度。共享机制的实现还涉及企业内部管理和运营机制的改革，比如，引入共享用工机制，优化人力资源配置，提升企业劳动生产率，同时通过构建全员新型经营责任制，提升企业治理现代化水平。

从企业的角度来看，一是看能不能和客户共享，是和客户一起发展还是借客户发展自己。二是能不能和员工共享，如果员工在行业里受到尊重，说明企业和员工都有能力，如果不断有员工主动离职，则表明共享存在严重不足。三是能不能和社会利益相关者共享，企业不是为了自己而发展，更重要的是和社会一起发展，实现人的全面发展，成为一个受尊重的企业。

共享机制在企业实践中的应用是多方面的，它不仅能够提升企业的竞争力和效率，也能促进社会的公平和正义，实现共同富裕的目标。通过合理的分配机制和内部管理改革，共享机制将成为现代企业管理的重要组成部分。穷人不能再穷，富人不必出走，中产不断扩大，以人的发展为根本，天大，地大，人亦大，打造"天地人"的命运共同体。

四、共享机制与人本管理会计

人本管理会计共享机制是围绕创新、协调、绿色、开放、共享的新发展理念中的"共享"二字展开的,旨在实现企业的公平正义、财富的公平分配以及企业创新能力和竞争力的协同提升。共享机制将企业视为利益相关者的共享平台,而员工作为企业最重要的利益相关者,是评价共享机制成效的直接对象,从员工工资是否合理、员工是否受到尊重能直观地看出企业是否具有共享思维。人力资本通过员工持"股"等方式参与利润分配,这种持"股"区别于物本会计的"股权",不是员工投入了金钱得来的,而是源于员工自身的行为价值,员工真正成为企业的主人,使人力资本与金融资本获得了平等的利益分享权利。

人本管理会计模式下的共享机制,不是平均主义,也不是人们常说的"大锅饭",更不是见者有份,而是强调在初次分配中承认人力资本的价值,让劳动、知识、技术、管理、资本都有平等的利益分享机会,共同参与分配,共享企业创造的财富。

第五节　ESG：企业的"天人合一"

中国式现代化是人与自然和谐共生的现代化。这是因为人与自然的关系构成了人类社会基本的关系,物质文明和精神文明相协调的现代化是中国式现代化的重要特征之一,企业在实现高质量发展的过程中,需要同时推进物质文明建设和生态文明建设。

ESG 理念从 2004 年提出至今,历经 20 多年,代表了一种关注企业环境、社会、公司治理绩效的投资理念和企业评价标准。ESG 中的"E"（环境）涉及人和自然之间的关系,"S"（社会）涉及人和人之间的关系，"G"（治理）涉及怎样将环境和社会议题引入企业的治理机制。

一、中华传统文化的"天人合一"与ESG理念

从中华传统文化的角度来看，ESG 理念与中国古代的"天人合一"思想高度契合。"天人合一"为中国传统哲学思想，儒、释、道诸家对此都有阐述。《道德经》和《易经》中蕴含着丰富的"天人合一"、人与自然和谐共生的思想。"天人合一"最早由庄子提出，指的是"天地与我并生，而万物与我为一"（《庄子·内篇·齐物论》）的境界，也指天人相合相应，又以"天地一指也，万物一马也"表达了心物一元的观点。此后儒家借鉴该思想，追求"内圣外王"的人生境界，孔子所讲的"天人合一"指的是"天下归仁"。南怀瑾认为，儒家思想注重外在的社会秩序，释家思想注重内在的心灵解脱，道家思想注重"天人合一"的境界。

"天人合一"中的"天"主要是指自然之天，人与自然之天合一的中心是"顺自然"，但这里的"自然"不是我们现在所说的自然界，现代人认为的自然界，在中华传统文化中用"天地万物"来表达，自然之天中的"自然"指"本然"，即万物最初的本性。"道法自然"倡导的"顺自然"，指的是顺从一切事物的本然状态，顺从事物最初的本性。

钱穆先生认为，"天人合一"的思想在传统文化中，将"天"与"人"和合起来，认为"天命"就表现在"人生"上，离开了"人生"无法讲"天命"，同样，离开了"天命"也就无法讲"人生"。"人生"与"天命"最高贵、最伟大的地方是"天人合一"，"天人合一"观是中国古代文化中最古老，也是贡献最大的一种主张。

从中华传统文化的角度，ESG 理念可以概括为"天人合一""天下大同"。ESG 是一个符合中华传统文化"天人合一"思想的理念，以"敬天爱人""尚和合""善文化"为核心要义的中华传统文化与 ESG 理念不谋而合，也就是说，ESG 理念早已嵌入中国文化基因，因此 ESG 对于中国企业来说没有任何文化障碍。一方面，ESG 理念与中国现代化战略高度契合；另一方面，ESG 理念与中国优秀企业的全球引领性目标相吻合，符合企业与自然和社会和谐共生的根本追求。

ESG 理念必将成为企业在长期主义指导下发展的现实内在的驱动力，"天人合一"的思想是企业在发展成为优秀的、伟大的企业的过程中自然呈现的结果。中国式现代化进程中，"天人合一"的思想具有重要的现实意义，它提醒企业在发展中、在处理和自然的关系时要保持谦逊与敬畏之心，尊重自然规律，推动可持续发展。无论是道家还是儒家，都提醒人们，"天人合一"的核心是顺自然、顺万物的自然之性。物本主义存在人天分离的思维，尤其是在今天，随着科学技术的飞速发展，人们尊崇技术至上，很多产品都是在逞人类之强，以人类主义为中心，认为人类可以掌控自然、摆布自然，无止境地向自然索取，甚至破坏自然，这对人类的生存产生了严重的不良影响，必然会遭到大自然的反噬。

人与自然是生命共同体，"以人为本"是中华人文精神的核心，"天人合一"思想体现了"以人为本"的精髓，表现为企业经营战略思维要有"整体关联、动态平衡"的人文思维。荀子说："天有其时，地有其财，人有其治。""天有其时"指天有四时的运行，春生、夏长、秋收、冬藏。"地有其财"是指地能为人类和其他动物提供各种所需的物品，使生命能够延续下去。"人有其治"指人能参与到天地中去治理万物，从而让万物产生秩序。"道大，天大，地大，人亦大"，荀子认为，人之所以能够治理万物，最重要的原因是人懂得礼义廉耻，即人有德性，所以在中华传统文化里，"天人合一"还有另一层含义，即人与天命之天的合一，就是"疾敬德"，要把提高自己的德性放在最重要的位置，表现在企业经营中，就是要坚持"德本财末"。

中华传统文化中"以人为本"的人文文化蕴含的人本管理会计观，以义利合一的商业文化，构成商业伦理的重要组成部分，其核心观点是，决定人类命运的根本因素是人自己的德性。以"德"为本，而不是外在的"天命"，因此不会异化产生"人类中心主义"思想。落实到 ESG 理念，即用"天人合一"理解"E（环境）"，人与自然应和谐共生；用"天下大同"理解"S（社会）"，倡导人与社会和谐相处；用"敬天爱人"理解"G（治理）"，企业要有商业向善的价值观和战略措施来保证"天人合一"和"天下大同"理念付诸实践。

二、杰文斯效应与"啬而不吝"

老子说："治人事天，莫若啬。夫唯啬，是谓早服。"现在常将"啬"和"吝"放在一起组成"吝啬"，"啬"也成为一个贬义词，这其实是一种误解。对自己刻薄、对别人宽厚为"啬"；相反，对自己宽厚、对别人刻薄则为"吝"。故老子提倡贵"啬"，甚至说"啬"是"治人事天"的法宝，管理人、治理天下，都需要遵循一个"啬"字，老子认为节俭是一种很重要的美德。

管仲是"奢侈"的代表，晏平仲是"吝啬"的代表，孔子认为他们都偏离了中道，世间存在一种正确的消费之法，一个人在为个人的利益支出时，应当节俭，在为社会利益支出时，就当慷慨。"生财有大道，生之者众，食之者寡，为之者疾，用之者舒，则财恒足矣"（《礼记·大学》），意思是，创造财富的原则是创造财富的人多，使用财富的人少，管理财富的人勤快，使用财富的人适度，如果能这样的话，财富就能长久地保持充足。这里也提到了使用财富应当适度。

过去数十年来，随着新自由主义全球化及其进程的加快，资本全球流动带来了发达国家的经济发展模式困境，即在带来经济显著增长的同时，也带来了全球变暖加速、自然资源破坏等一系列与人类生存环境和生存体验相关的严重生态问题。皮埃尔·韦尔兹在其 2024 年出版的《未来理想经济》一书中，倡导构建以"人"为核心的经济模式，强调通过生产和消费两端的节制与转型，以及政府角色重塑与"地方转型"，来克服现有模式的弊端，实现绿色发展。

杰文斯效应反映了一种现象，当提高一种商品或服务的资源效率时，它的价格会降低，于是商品或服务变得更有吸引力。其结果是，消费增加带来的资源消耗远远超过产品节省下的资源量，即"减少反而成为增长的驱动力"。要想控制杰文斯效应，唯有"使用节俭"这一条途径，就是减少消费或者转变消费，这是未来理想经济的核心特征和实现路径，其具体内容包括以下几个方面。①节制与转型。通过生产和消费两端的节制与转型，减少资源滥用和环境污染。②政府角色重塑。政府需要重新定位，不仅要促进经济增长，还要确保社会公平和环境正义。③地方转型。地方层面的经济活动需要适应和促进国家整体经济和社会目标的实现。④技术创新。市场主导下的技术创新是解决环境问题和推动经济增长的关键。

人本主义经济以人为中心，聚焦人的能力建设，以及让人充分发展的生活环境，积极发展更具合作性和生态性、更能节约物质资源和能源的经济，落脚点在构建和谐社会。市场主导下的技术创新对经济增长非常重要，技术创新不仅是解决环境问题的关键，也是促进经济增长的动力，但是单纯提升供给效率的发展模式，一方面会加剧生态危机，另一方面也不能惠及民众，因此未来的理想经济模式需要以"啬而不吝"来平衡经济效率、社会公平与环境正义的关系，探索国际、国家、地方层面均衡发展的路径。

中华优秀传统文化凝结着中华民族的独特智慧和中国人民共同的价值追求，是推进人民精神生活共同富裕实践的重要思想根源，也为"啬而不吝"提供了丰富的思想资源和价值导向。民本思想是共同富裕现代化的人民性基石，中国早在商代就有了"民本"思想。《尚书》中说："民惟邦本，本固邦宁。""天之生民，非为君也；天之立君，以为民也"（《荀子·大略》），意思是"上天创造人民，不是为了君王；上天设立君王，则是为了人民"。中华优秀传统文化中蕴含的"民胞物与""一体之仁"的"天人合一"精神，重人轻神、"民惟邦本"的人本主义精神，"太上有立德""以义以为上"的道德精神，"苟利国家生死以"的爱国主义精神等精神内核，是对西方现代化资本逻辑的超越。

实现全体人民共同富裕的宏伟目标，最终靠的是发展。发展是基础，唯有发展才能满足人民对美好生活的热切向往。没有发展，没有扎扎实实的发展成果，共同富裕就无从谈起。"民生在勤，勤则不匮"（《左传·宣公十二年》），共同富裕必须建立在生产力高度发达的基础之上，以勤劳与均惠为实践性路径，"天行健，君子以自强不息"的哲理思想深刻影响着人们的学习和工作，使中国人民成为世界上最勤劳的人民之一。实现共同富裕要走一条不断缩小贫富差距、促进和谐的道路，这条道路要求我们既要尽力而为又要量力而行，共同富裕绝不是脱离实际的"高福利"。均惠不仅包括股东和员工之间的关系，也包括国家和企业之间的关系，儒家强调统治者应秉持"养民也惠"（《论语·公冶长》）的原则，因此国家在制定税收等政策时，要主动让利给企业，同时企业要让利给员工。比如，借鉴研发费用加计扣除的方式，允许职工薪酬加计扣除。中华传统文化中蕴含着丰富的天道均平思想。老子认为，"天之道，损有余而补不足"（《道德经·第七十七章》），孔子则提倡"博施于民而能济众"（《论语·雍也》），这都体现了应当广泛施惠于民并救济大众的民本思想。

"富而不齐"、共同富裕，不仅是一种经济理念，更是一种文化理念，中华传统文化蕴含的"小康""大同""平等""和谐""公平"等思想，都为共同富裕提供了源头活水，体现了勤劳勇敢的中华民族对构建美好社会、创造幸福生活的精神追求。"和合"理念涵育着推动全体人民共同富裕的价值支撑。

三、ESG理念与人本管理会计

2022年中国证监会发布《上市公司投资者关系管理工作指引》，在上市公司投资者关系管理的沟通内容中纳入 ESG 相关内容。2024 年 4 月 12 日，上海证券交易所、深圳证券交易所、北京证券交易所发布了《上市公司可持续发展报告指引（试行）》；财政部于 2024 年 5 月 27 日正式发布《企业可持续披露准则——基本准则（征求意见稿）》；上海证券交易所、深圳证券交易所、北京证券交易所于 2024 年 11 月 6 日发布《上市公司可持续发展报告编制指南（征求意见稿）》。ESG 理念成为人本管理会计实现经济高质量发展和企业可持续发展的重要抓手之一。

英国学者约翰·埃尔金顿在 1997 年提出三重底线理论，旨在指导企业实现经济、社会和环境的平衡发展。三重底线一是指经济底线，即企业的经济责任是要实现盈利和财务健康。企业需要确保其财务状况良好，能够持续运营并创造经济价值。二是指社会底线，即企业的社会责任，包括遵守法律、善待员工、提供优质产品和服务等。企业应关注社会需求，积极参与社会事务，增进社会福祉。三是指环境底线，即企业的环境责任，涉及环境保护和资源管理。企业应关注环境保护及资源的可持续利用，减少对环境的负面影响。三重底线理论的提出是为了纠正传统企业单一追求经济效益的弊端，强调企业在追求经济效益的同时，必须兼顾社会和环境责任。

人本管理会计在关注 ESG 的同时，也要注意杰文斯效应。一方面，不管是从整体 ESG 来看，还是分别从 E、S、G 三个方面来看，企业履行 ESG 都可以降低信息不对称性，建立正面的企业形象，改善和利益相关者的关系，推动企业的财务绩效增长。另一方面，企业在履行 ESG 时必然占用生产经营资源，如果超过一定的界限，ESG 带来的收益回报可能会小于其履行成本，这时 ESG 与企业财务绩效之间反而成为负相关关系。

人本管理会计需建立与 ESG 报告的关联性。ESG 报告存在四大基本假设，即外部性假设、适应性假设、前瞻性假设和多重性假设。前瞻性假设是 ESG 报告区别于财务报告的显著特征之一，ESG 报告必须披露有助于投资者和其他利益相关者评估可持续发展相关风险和机遇在短期、中期和长期对企业发展前景产生影响的重要的前瞻性信息（黄世忠，叶丰滢，2023）。在保持现有财务报告的独立性的同时，我国的 ESG 准则体系中要包含五大发展理念、共同富裕、双碳目标及企业创新等更能体现国家战略和企业综合价值的披露内容，以突出中国特色的双重重要性原则（钟玮，董淼，2024）。从研究情况来看，具体的财务指标，如资产负债率、长期资本负债率、存货周转天数，对 ESG 评分的影响均在 10% 以上，是重点财务指标。蚂蚁集团可持续发展报告蕴含的共享价值创造的理念，体现了"共创、共享、共生"的价值创造新思维（黄世忠，2023）。蚂蚁集团从 2017 年到 2022 年的经济增加值（EVA）均为正，表明这家公司为股东创造了经济价值。在为客户创造价值方面，蚂蚁集团积极参与国家数字政府服务建设，为了促进经济加速回暖，累计向小微企业降费让利 68 亿元，累计向 365 万户商家提供小程序服务，免费提供了 2000 多个数字化工具，增强了小微企业的数字化转型能力。浙江网商银行股份有限公司（以下简称网商银行）最大的股东为蚂蚁集团，其持股比例达 30%。为了破解小微企业融资难的问题，通过数字信贷助力小微企业获得金融支持，网商银行截至 2022 年年末累计为 4500 多万户小微企业提供数字信贷服务。在坚持"以人为本"，为员工创造价值方面，蚂蚁集团 2017—2022 年的 EVA 占税后利润的平均比例高达 72%，员工薪酬费用占税后利润的平均比例达到 50.12%，较好地兼顾了员工利益与股东利益。在秉持商业向善，为公益事业创造价值方面，2021 年和 2022 年蚂蚁集团的公益、慈善捐赠支出分别为 11 亿元和 7.9 亿元，并通过"蚂蚁森林"和"神奇海洋"等数字化平台倡导绿色消费，提升社会公众的环境保护意识以及生物多样性保护意识。蚂蚁集团的做法对于 ESG 时代的企业"天人合一"理念颇具借鉴意义。

第六节　五福：企业的幸福路径

中华优秀传统文化是中国的原创，"以人为本"的人文精神是中国文化的根本精神（楼宇烈，2016）。传统文化的"五福"，来源于《尚书·洪范》的记载，在《洪范九畴》的最后一章，名为"五福"，即"一曰寿，二曰富，三曰康宁，四曰攸好德，五曰考终命"。

一、理论框架

"五福"是禹为治理天下而确立的人们应当追求的价值目标，经过漫长的人文滋养，以"五福临门"为代表的"五福"文化在民间产生了深远的影响。中国式现代化对个人而言，幸福是最直观的感知，是对包括人的物质和精神两个方面的整体生活的完善。

以"五福"为核心理念的人本管理会计，旨在平衡物本会计服务于资本增值、股东财富最大化等金钱至上的财务管理目标。"仓廪实而知礼节，衣食足而知荣辱"（《管子·牧民》），人本管理会计需要反向思考这句话，即不知礼节、不知荣辱，就不会仓廪实，即便会，也只是昙花一现。

幸福是社会整体的美好生活，是中华民族典型的价值标志之一，反映了古老的中华民族对美好生活的向往与追求，是中国人对幸福的系统认识和把握。发掘、弘扬"五福"的人本管理会计的人文精神，形成企业战略理念，有助于匡正物本会计带来的偏执幸福观，纠正西方文化指导下的物本会计"企业就是赚钱"的单一方针，消除人们在企业中感受到的生活就是现实，就是金钱，而忽略心性的修养，导致价值观错配引发的企业道德危机。

中国式现代化推进会计创新，让企业适应新发展格局，需要站在国内、国际两个大局相互联系的高度，审视我国和世界的发展（洪银兴，2022）。中国式现代化是物质文明和精神文明相协调的现代化，物质富足、精神富有是社会主义现代化的根本要求。"五福"幸福观在我国已经具备坚实的基础，用"五福"理念构建"以人为本"的人本管理会计企业幸福学框架（见图7-4），提倡"德本财末"、义利结合，从"管"到"理"，管理结合，实现企业的终极社会价值。

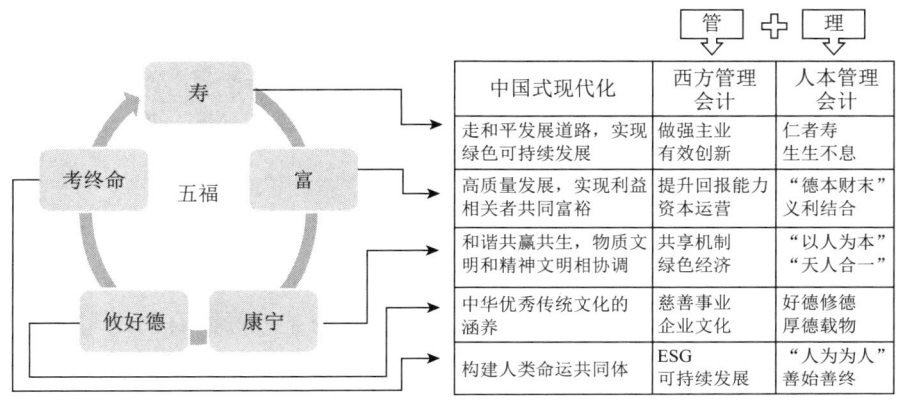

图 7-4　"五福" 理念人本管理会计企业幸福学框架

　　"五福" 理念人本管理会计并不否定现行的以 "物" 为中心的传统会计。传统会计立足于西方价值观，是以 "物" 为中心、为根本的会计，建立在物本主义理论基础之上，在社会经济发展中发挥着重要作用，为促进我国的经济发展做出了贡献。只是为了与人本会计相区分，将其称为 "物本会计"，"五福" 赋能人本会计研究，既不是变换已有的人力资源会计的名称，也不是在物本会计之外另起炉灶建立的一个会计分支，而是继承物本会计的科学成分，在转化和突破传统文化 "以人为本" 的根本性原则的基础上，将其系统地运用于会计领域，从根本上对物本会计进行革新，建立服务中国式现代化的人本会计系统。

二、理论意义

　　从企业生存的意义总结出长期以来为西方社会的主导性认识的股东利益观，其背后的力量是西方资本主义制度（李心合，2021）。基于资本主义的股东利益理论产生了物本会计，资本股东是企业所有者，资本雇佣劳动，从而成为企业真正的主人。企业归股东所有，股东利益至上，为股东服务，企业就是实现股东财富最大化的工具，这些成为社会普遍存在的根深蒂固的思想观念，或者说很多人以为企业本该如此，而没有了解到它源于资本主义价值观，只是企业生存意义的一面，而不是企业生存的终极意义。

过度宣传金钱至上，一味地扩大资本的逻辑，其结果在现实世界的表现就是物欲横流、价值解体、人性异化、文化商业化等，制造出普遍的焦虑感，这些都证明物本会计服务的股东利益理论固有的逻辑缺陷和现实偏差，越来越偏离企业生存的意义，甚至会给社会带来严重的危害。

人本管理会计的"五福"思想，用"天人合一"等中华优秀传统文化的价值体系，指导企业找到生存的终极意义。"中庸"思想是人本管理会计工具落地的"定海神针"，从而使企业成为人类命运共同体的重要成员，不仅造福当代人，也造福后代人。

道家认为，事物的存在和发展必须包含与之对立的另一面，管理会计学的发展亦是如此，西方管理会计思想和以中华优秀传统文化为代表的东方管理会计思想必须共存，在融合中促进管理会计的发展。

三、中医治人："五福"企业的幸福学维度

中国式现代化，学术界与实务界需要紧密合作，努力把最具代表性、最能够彰显中国特色的管理会计理论与实践经验提炼出来，融入世界知识主流，创建彰显中国特色的会计理论学派（胡玉明，2015）。企业作为一个生命体，通常是主要管理者、一项投资、某个定位、某个财务安排四个循环的互相联系、互相作用，从而构成自身循环。认识企业循环，可以帮助企业了解自身的竞争力在哪里，但是对企业来说，真正有决定性影响的还是企业本身。人本管理会计研究，看似从微观角度，

实则是宏观视野，不局限于新古典主义的微观财务观，而是从宏观上系统地认识和把握管理会计。

企业战略和执行的核心是团队与人，管理企业得有"人感"，是基于对人性的基本理解，从中华优秀传统文化的人文精神中获得启发，由人悟企，化企为人，管理会计的学问也就成了做人的学问。中医治人是把人看作一个整体、一个动态的平衡，把握了医道的这一奥妙就可以治病、治人、治企。"五福"系统的五个维度构成人本管理会计视角的企业"幸福学"。

物本会计的股东利益最大化、企业价值最大化，会使人过度依赖金钱，进而过度追求金钱，认为拥有金钱就能拥有幸福，但结果往往是过得并不幸福，甚至迷失方向。因为物质只是寻找幸福的过程方法之一，幸福更多的是心灵的感受。"五福"涵盖了人类幸福生活的基本要素，并在中华民族发展实践中不断拓展充实，具有"以人为本"的彻底性、目标完美性、地位差序性、思维辩证性、迭代循环的系统性五个特征，是真正且持久的幸福学。

1. 寿维度

"寿"，是指享有高寿，排在"五福"之首，对人来说是长命百岁，对企业来说就是追求百年传承，从更大范围来讲，是全人类生生不息的寿。

"皮之不存，毛将焉附"，不管是对人还是对企业来说，长寿都是第一位的，关键是如何才能长寿。孔子提出"仁者寿"（《论语·雍也》）和"故大德……必得其寿"（《礼记·中庸》）。董仲舒进一步解释："仁人之所以多寿者，外无贪而内清净，心平和而不失中正，取天地之美以养其身，是其且多且治。"（《春秋繁露·循天之道》）可以看出，儒学强调"仁心"对生命健康的重要性，是"寿"最直接的影响因素。

物本会计的增强竞争能力，提升创新能力，做强做实主营业务，突出主业，力出一孔，提倡企业家精神，以及强化企业经营管理，都是延长企业寿命的有效方法，但这不是根本的，企业长寿的根本是"商者仁心"，商业向善。何为"仁"？企业的发展要和国家战略、社会利益紧密联系在一起，用中国式现代化内在的"仁"文化思想引领企业去思考传统文化中的经营哲学、文化理念，以及企业责任等深层次问题。企业要向外发展，需要有向内观察的思维，行为要善，产品要仁，只有这样才可以长寿。

2. 富维度

"富"，是指生活富裕，"富与贵，是人之所欲也"（《论语·里仁》），"凡治国之道，必先富民"（《管子·治国》），"有恒产者有恒心，无恒产者无恒心"（《孟子·滕文公章句上》），显然传统文化不讳言人的富有，富不离"道"，更没有提倡人一定要"修苦行"，同样认为，只要是正当的财富，人们用来改善自己的生活条件天经地义。只是说对于财富，在认识上不能太执着，更不能以"人无横财不富"的错误观念谋取不义之财，而应秉持"非吾道虽利不取"（《管子·白心》）、"君子爱财，取之有道"（《增广贤文》）的财富观。

"富"是企业的本能，企业的经营活动无不围绕钱财展开，通过提升回报能力，通过资本运营来创造财富，这是应当的。"五福"的财富观，强调道义之财，体现在"义利"关系上，"君子喻于义，小人喻于利"（《论语·里仁》），"德本财末"是人本管理会计的价值核心，否则就可能形成人人都去争夺财富的不良现象，如孟子所说"上下交征利"。

通常"富"与"贵"相连，"富贵"包含了在民间具有广泛基础的"财文化"和"禄文化"。"五福"言富而不言贵，富了自然就可以贵，但贵不一定富。人若求富，就要去做生意；而要求贵，人们普遍的认识是做管理者、领导者，为民办事。"勿以贵生而害生"（《吕氏春秋》），"贵生"是为了自己过得好，"害生"是危害别人的权益，甚至危害别人的生命，这样的富绝不可取。中国式现代化的"富"是"共同富裕"，"以人为本"是人的全面发展、相互促进，"天下同利"是中国式现代化的生动写照。

3. 康宁维度

人是物质和精神的综合体，身体健康为"康"，可以归为马斯洛需求层次论中的生理需求，偏于物质层次；"宁"是指心神安宁，包含安全需求、爱和归属感、尊重和自我实现，偏于精神层次。"康宁"是精神和物质之间的联系纽带，由"五福"思想转化为人本管理会计"心物协调"的员工人生观与群体观。

经营企业需要有一颗"平常心"，就像华为一样，长期专注于主航道，向下扎根，向上努力生长，而不是看哪个行业有钱赚就投资哪个行业。不搞无谓的多元化出击。这是源自"五福"对生命的透彻体悟，"万念归一，清心涤虑"。

知足、利他、守正，是决定企业能否"康宁"的重要因素。员工安宁是内核，那么如何让员工安宁呢？除了让员工有"做人何为正确"的哲学思想以外，更重要的一点是要做好收益分配，即实现共同富裕。财散人聚，人本管理会计的企业收益分配要实现收入分配公平。自利利他，"诚信者，天下之结也"（《管子·枢言》），树立回报利益相关者的理念，改变物本会计以股东收益为核心的分配方式。通过"分红"让利益相关者分享企业收益，所有利益相关者都以平等的方式享受企业效益增长的成果，为提升经济效率提供保障，将"分好蛋糕"作为"做大蛋糕"的前提条件，实现价值共享，将人力资本通过股权化的方式纳入企业收益分配体系，这也是破解"劳资矛盾"的根本之道。

4. 攸好德维度

"攸好德"不仅是指具有好的德性，而是"行有不得，反求诸己"（《孟子·离娄上》）。修养德性，内观其心，借助外部力量解决内部问题，从而达到更高的人生境界，乃至"天人合一"，是实现人生幸福的重要内容之一。

"五福"的传统幸福价值观念，虽然将德列在第四位，但事实上德是核心。"君子务本，本立而道生"（《论语·学而》），德是"五福"之本，其他"四福"是德的结果和表现，无德就无福。"好德"是企业兴旺的源泉，也是复杂多变的市场环境下的一切好运和福气的根源。企业修德，对员工而言，要将中华优秀传统文化的"德性"融入企业文化中去，对企业而言，要强化和巩固治理能力，基本要求是依法依规，生命至上。企业的德性，是所提供的产品或服务要为人民服务，更不能伤害人的性命，坚持长期主义策略，持续为客户创造价值。冯友兰把个体的人生划分为四种境界，即自然境界、功利境界、道德境界、天地境界。自然境界是野蛮生长、不可持续的，企业至少要从功利境界上升到道德境界。

"德本财末，德财相应"，道德亦是资本，是可见的，只是目前没有记录在账簿上，财富的本质是道德伦理的自然回报。义就是利，利就是义，企业最大的风险是道德行为上的铤而走险，"得道者多助"，即所谓"人气旺，财源自然滚滚而来"。

5. 考终命维度

"考终命"，"考"即老，"终命"即终其天年。因天灾人祸等而死于非命，就不是"考终命"。"生之徒十有三，死之徒十有三，而民生生，动皆之死地之十有三。"（《道德经》）所谓"动皆之死地"，是指本来可以活得长久些，却自己走向死亡之路的，这样的人有3/10，为什么会出现这种情况呢？这是因为他们为自己的生争取过度的奉养，所谓"人为财死"（《增广贤文》）。

唯有惶者才能生存，常言道"置之死地而后生"，企业要提升自身的抗风险能力，就得充分认识到风险的客观性以及经济和行业的周期性，稳健经营，进行必要的人本内控和人本内审。企业能够不断迭代重生固然好，但"百年老店"毕竟是极少数，更多的企业应该做好善始善终的准备，"生的伟大，死的光荣"的企业，也是好企业。

企业的兴衰虽然再正常不过，但对个人的影响可能是不能承受之重，企业员工中年失业，要再找一份称心的工作谈何容易。善终是寿、富贵、康宁、攸好德共同作用的结果，也是每个生命在其历程中最后享受的"福分"，其含义丰富。个人不能"横死街头"，企业也不能以"哀鸿遍野"而收场，企业在进行重大决策时，应当慎重地考虑当最坏的结果发生时企业的结局如何以及该如何应对，要考虑它的长远影响。

古义"归天"是说因人道德高尚，"人道尽，天道返"。"死而不亡者寿"，这是生生不息的道。企业要随着时代发展而发展，即使企业倒闭，员工再创业也是生，要避免的是企业被查封，或者出现严重的事故这样的"人祸"结局。断恶就是风险控制，切记"祸因恶积，福源善庆"（《千字文》），"慎终如始，则无败事"（《道德经》）。

四、长期主义："五福"实践的人本管理会计

"形而上者谓之道，形而下者谓之器"（《易传》），管理会计的应用工具就是管理会计之器。信息技术和新商业模式快速发展，人文精神对促进业财融合、发挥会计在企业价值创造和宏观经济管理中的作用具有重要的现实意义，有助于我国会计理论的创新，进而为建立具有中国特色、中国风格、中国气派的本土会计理论体系提供借鉴与参考（叶康涛

等，2020）。

1. 中国传统哲学的中国企业管理会计经验

管理会计理论和应用工具应当具有中华文明元素，中国企业采用的管理会计工具和方法具有且应当具有中国特色。管理会计创新是本土文化影响的产物，根植于中华民族数千年文化中的企业管理行为，一定会受到中华文化的影响，具有明显的中华人文精神风范（范英杰等，2022）。

由于西方管理会计工具的主导性，在中国经济快速增长的 30 多年中，行之有效的管理会计实践并未得到应有的重视和推广（熊焰韧，2022）。人类命运共同体理论是对中国古代文明的弘扬和发展，古往今来，中华优秀传统文化滋养的商人代表人物，有奉行"薄利多销，无敢居贵""贵上极则反贱，贱下极则反贵"的仗义疏财的范蠡，有主张"人弃我取，人取我与"的白圭，有"己所不欲，勿施于人""君子爱财，取之有道"的子贡，有主张"实业救国"的张謇。会计的逻辑就是诚信的逻辑，诚信应当成为我国会计职业群体的核心价值观（杨世忠，2017）。一个"信"字可治天下，一个"信"字可以兴邦。清代晋商代表人物乔致庸、徽商代表人物胡雪岩，都以诚信经商、"以义制利"为经商原则，且取得了不错的成就，为后人留下了丰富的文化管理经验。

在管理会计实践方面，晋商股俸制的顶身股将企业内的管理层和业务骨干，按其职责、能力和贡献大小确定"身股"多寡，作为人力资本股，与财东的货币资本股一起参与利润分配，谓之"有钱出钱，有力出力，出钱者为东家，出力者为伙计，东伙共而商之"，对实现"共同富裕"有重要的借鉴意义。华为、海尔、福耀、京瓷等优秀企业，更是在中华人文精神的哲学指导下贡献了丰富的管理会计落地工具。

海尔在长期发展过程中，深受我国道家文化影响，道家以水论道的思想形成了张瑞敏的水式管理哲学体系：上善若水，大制不割，无为而治（胡国栋，李苗，2019）。

华为的灰度管理法，是任正非对企业管理成功经验的长期积累与升华。其核心思维是妥协与宽容。在追求正现金流、正利润流、正人力资源效率增长的原则下，任正非提出"灰色管理是企业生命之树"的命题，认为宽容是领导者的成功之道，没有妥协就没有灰度，他坚决反对完美主义，主张因地制宜、实事求是（任正非，2015）。他的观点体现出鲜明的中庸思想。

福耀的董事长曹德旺于2021年5月经由河仁慈善基金会一次性捐款100亿元人民币，筹建福耀科技大学，同年12月因多年来身体力行投身公益，荣获由港澳台慈善基金会主办的第16届"爱心奖"。从曹德旺手绘的福耀科技大学八字校训——"敬天爱人，止于至善"及其首部自传性著作《心若菩提》可以看出，福耀"布施般若"的思想智慧。

日本实业家稻盛和夫的经营哲学亦是源于中华传统文化。"利己则生，利他则久"是京瓷对"敬天爱人"哲学的具体化解读（董金移，2012）。"敬天爱人"契合于"天人合一"思想，进一步分析了"敬天"是对自然、对人力以外的事情要有敬畏之心，要依事物的本性做事；"爱人"就是"利他"，"他"既包括客户，也包括员工、利益相关者和社会（饶惠霞，吴海燕，2014）。京瓷一直秉持使全体员工获得物质与精神两个层面的幸福，为人类和社会的发展与进步做出贡献的经营理念。稻盛和夫曾说："正是依靠'敬天爱人'这样的基本伦理观和道德观来开展企业经营，京瓷才能够获得现在的成功。"

分析海尔、华为、福耀、京瓷四家企业的人本管理会计工具落地核心措施，海尔为"共赢增值表"，华为为"灰度分钱"，福耀为"布施般若"，京瓷为"经营会计"。

2. 人本管理会计的"四诊法"

企业的"五福"幸福学形成长期主义思维。共享理念指导下，企业战略从竞争哲学转向共生哲学，从"零和博弈"走向"正和博弈"（阳镇，陈劲，2023）。组织价值创造目标强调企业综合价值创造的最大化以及共享价值创造的最大化。在组织生态系统中，以共享思维培养每个员工的总裁意识，即人人都是 CEO，鼓励员工当企业的"房东"而不是"租客"。

中华优秀传统文化体系中，中医是"四诊法"典型的具体实践者。中医重视直观直觉，关注思维方式的本然状态，强调自然合理，重视差异性。以中医视角从市场地位、品牌、财务、组织四个方面发展具有中华人文精神的管理会计落地工具，建立"以人为本"的人本管理会计"望闻问切"路径，分解重构"共赢增值表""灰度分钱""布施般若""经营会计"的内涵元素，形成四诊法路径，如图7-5所示。

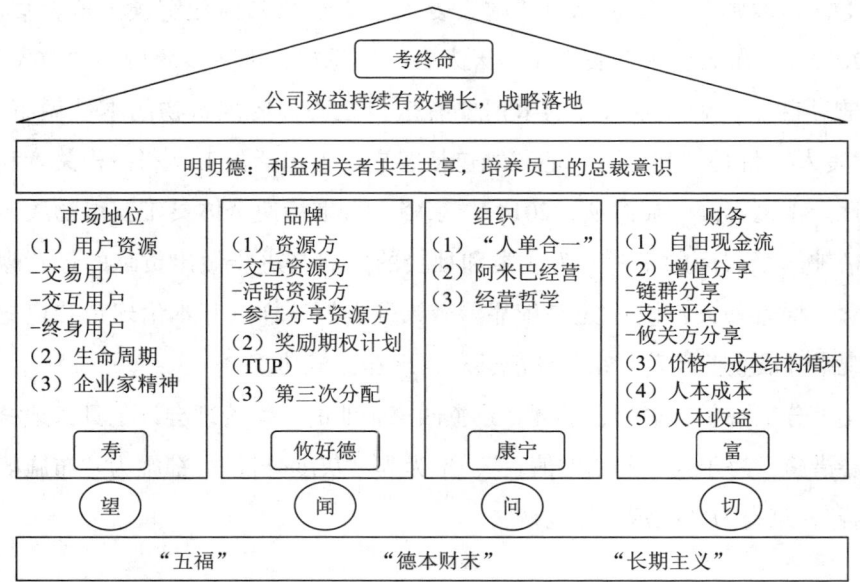

图 7-5 人本管理会计的"望闻问切"四诊法路径

人本管理会计的落地工具始终是"明明德"的过程，目的是让中国式现代化超越"资本逻辑"对"物"的依赖，始终牢记"从群众中来，到群众中去"，统筹共建共享，既要激励全体人民发挥潜能参与"共建"，又要确保发展成果全员"共享"，在实现全体人民共同富裕的道路上，以高质量发展切实提高企业的主动性与积极性。

人本管理会计管理的"望闻问切"路径囊括了财务和非财务数据，评估企业和用户的价值，并动态监测和驱动价值创造，目的是促使用户等利益相关者参与整个过程，衡量公司、用户及服务提供商的新增价值，创造一个繁荣的生态，从而实现更高层次的全人类的"五福"。

（1）望。"望"是看企业的成长性，看企业处于生命周期的哪个阶段，即直观的"寿"。以用户为中心，用最能反映市场领导地位的指标，如用户收入的增长、用户重复购买率来衡量企业的成长性。其理念是企业拥有多个价值创造来源，不仅包括企业的产品，还包括企业生态系统（来自其他服务提供商）和用户。

企业家精神是企业成长的核心，以爱国、创新、诚信、社会责任、国际视野作为一级指标对企业家精神进行评价。

（2）闻。"闻"是指听利益相关者对企业的评价，调查企业的社会责任心，即直观的"德"。具有长期主义思维的企业，秉持用户第一、员工第二、股东第三的经营原则。品牌形象是企业最珍贵的资产，是利益相关者心中的口碑。海尔将资源方区分为产品供应商、服务供应商和技术供应商，资源方与企业的交互及活跃程度反映了双方的合作关系，资源方参与企业收益分享是海尔模式与传统合作方式最大的区别，海尔将资源方纳入评价维度，这是海尔模式的积极意义。华为的奖励期权计划（TUP）将员工纳入评价维度，这种员工激励机制与公司的长期成功紧密联系在一起，鼓励员工长期为公司的发展贡献力量。华为的奖励期权计划本质上是一种特殊的奖金，更接近于分期付款，它先给员工一个获取收益的权利，但收益需要在未来几年中逐步兑现（也可以与其业绩挂钩），是基于员工历史贡献和未来发展前途确定的一种长期但非永久的奖金分配权利。这种奖励期权计划的好处在于，它和股票不属于同一个类别，所以不受诸如《中华人民共和国证券法》之类的政策和法律法规的限制，且操作灵活，能够有效地解决"拉车的人在不拉车的时候的分配问题"，能较好地解决员工与企业的利益分配矛盾。

第三次分配既是一个经济议题，更是一个政治、社会和伦理命题。"天之道，损有余而补不足"（《道德经》）。中华传统文化中的儒、释、道虽具有差异化的"行善"方式，但均具有"劝善"和"乐善"的功能，在推进第三次分配上殊途同归（王汉瑛等，2022）。用企业善行促进 ESG 体系建设，成为企业高质量发展的内生动力，对此福耀的"布施般若"具有向导作用。

（3）问。"问"是问企业员工，企业组织是否充分发挥了人的主观能动性，使人的价值最大化，即实现了直观的"康宁"。"以人为本"，是以实现人的全面发展为目标，将智慧资本充分发挥出来；而传统企业的科层制结构常常引发员工"当官"的错觉，看似四平八稳，实则危机四伏，堂而皇之地隔断了组织中各成员之间的有效沟通，层级系统的本质要点之一就是限制信息沟通（克莱·舍基，2009）。"太上，不知有之"（《道德经》），企业最好的领导者，是员工并不知道他的存在。海尔的"人单合一"模式，简单地说是彻底打破科层制，使企业变成一个生态系统，员工不需要人来指挥，而是成为一个独立的实体。稻盛和夫提出的"阿米巴经营模式"，是一种在权责利相对的基础上将企业划小核算单元、权力下放且注重个体效益和整体效益的方式。

（4）切。"切"是从经济效益的角度解决企业中存在的堵点，积累并分配财富，即实现直观的"富"，为人本管理会计的具体运用之器。

利润是企业的第一目标，是投资、贷款、企业发展、员工生活的基础，因此，企业必须把利润作为生存与发展的"第一毛利"。不过，长期主义推动的财务指标，是自由现金流，这是因为盈利不会直接转化为现金流，而股票的价值只能是未来现金流的现值，而不是未来盈利的现金。人本管理会计的财务指标重点是每股自由现金流的长期增长。

"是故财聚则民散，财散则民聚。"（《礼记·大学》）实现共同富裕，"做大蛋糕"和"分好蛋糕"同样重要，企业要实现价值持续增长必须完善价值共创与增值分享体系。海尔实行的增值分享包括链群分享、支持平台分享、攸关方分享，员工有增值，就可以参与分享，如果达不到目标，所有的投入，包括亏损的部分（包括不良品），需要共同承担，如此有效驱动生态伙伴不断提升生态收入，降低生态成本，提高边际收益，进而实现价值创造和价值分配的良性循环。华为的利润分享计划实行虚拟"利润核算=工资总额+EVA［税后净利润－资本成本（股东）］+投资费用"，将资本所得和员工所得放在同等重要的位置，实现了员工和股东的平等。

亚马逊通过构建"价格—成本结构循环"的增强回路实现长期增长，其核心逻辑是，通过"降成本→降价格→扩规模→再降成本"的飞轮效应打破短期盈利与长期价值的冲突，其财务逻辑如下。

成本＝固定成本/销售量＋变动成本

规模提升销售量，从而产生低成本结构；公司将节约的成本反馈给用户，从而产生更低的价格；更低的价格促成更大的销售规模。如此长期循环，产供销共同作用，使业务变得更为稳健、更有价值。

海尔的"共赢增值表"中，在企业价值创造度量中提出了"边际成本"（生态成本/交易用户）和"单用户收入"（生态收入/交易用户）

的概念，本文分别称之为"人本成本"和"人本收益"，公式中都用到了"交易用户"，而不是"产品产量"或"产品销量"，"以人为本"的视角转换让知识资本得以体现。传统企业的核心竞争力强调以技术为核心，而生态企业的核心竞争力是帮助伙伴创造价值的能力，让生态伙伴主动跟随平台企业一起构建生态系统，共享增值。

五、"五福"系统观的中国管理会计贡献

西方管理会计也早已认识到，以财务指标为主的传统绩效评价模式已无法满足企业的管理需要，罗伯特·卡普兰和戴维·诺顿发展了绩效管理工具——平衡计分卡，经过对2000—2021年发表于国际主流会计学术期刊的文献的梳理与研究，总结得出平衡计分卡和公司战略联系在一起，打破了原有绩效评价体系的局限性，是对企业绩效管理工具的革新（刘俊勇等，2022）。从平衡计分卡的应用来看，积极的一面是它可以帮助企业降低代理成本，推动企业价值创造，提升企业绩效，但也有不少学者提出疑问，认为平衡计分卡的四个维度之间不是因果关系而是逻辑联系，因此其关键假设本身存在悖论。这也是西方文化本身的不足，因此我们还可以从战略地图等多维管理会计工具上看到，它们虽然能够在一定程度上弥补利润单一指标的不足，但在系统思维方面，"五福"系统思维是全过程、全链条，有机且相互作用，动态发展变化的，平衡协调效果最优，特别是在互为因果方面，是中华优秀传统文化特有的智慧。

1. 大道至简：人本管理会计的因果循环系统

管子认为，管理是管理自己，即管理人内在的念头、心理、生理，以及外在的伦理、物理。人和事都有相通之处，故有范仲淹"不为良相，便为良医"的说法。"五福"幸福观作为整体观，反映了人们生活

的美好愿景，实际上并不是五种"福"，而是一种"福"的五个方面，"皇天无亲，惟德是辅"（《尚书·蔡仲之命》），以德为核心，各个方面之间存在密切的联系。古人将"五福"放在一起呈现，必须五者齐备才能称之为"福"，是为了让人们把幸福作为一个整体来看待，去追求美好的生活，不能顾此失彼或彼此妨害。管理会计应用是"何人"在"何种应用场景"下选择应用"何种知识"的知识转化过程，具有明确的目标导向，且以"简单就好、管用就好"为要义（王斌，2020）。企业的制度再详尽，也不能涵盖所有的经营行为，此时"做人何为正确"成为处理事情的重点，会指导员工做出正确的选择。

2. 因果相生：人本管理会计闭合循环系统

"五福"之间有内在的因果关系，"好德"虽然被列为第四福，实际上却是最重要的，只有做到"好德"，才会有第三福"康宁"；"知足少欲，内心安宁""利他自利，广结善缘""积善之家，必有余庆"，就有第二福经营的"富"；开心快乐，就会有第一福"寿"；有了前四福做基础，自然就会有善终的第五福；但是，"五福"的因果关系到这里并没有结束，它是一个闭环，第五福"考终命"是对第一福"寿"的限定，长寿必须以慎终为前提，也就是华为常常提到的"置之死地而后生"的精神。想善终，就得善始，这种理念是平衡计分卡和战略地图等管理会计工具所不具备的。

3. 一分为二：人本管理会计的福祸所倚所伏思维

有问题就要找到解决问题的方法，要得到"五福"就要避免"六极"。"六极"是《尚书》在提出"五福"的同时提出的，"一曰凶短折，二曰疾，三曰忧，四曰贫，五曰恶，六曰弱"。福与祸相对立，但也可以将其视为一体，两者之间相互转化，求福以避祸为基本前提。我们通常说自求多福，求福必须避祸，使祸转为福，防止福向祸逆转。

　　"塞翁失马，焉知非福""否极泰来"等，都表达了"福祸共生"的思想，"勿以恶小而为之"。没有绝对的、永恒的福，也没有绝对的、永恒的祸。企业也应该对此有清醒的认识。在当今这个充满不确定性的时代，如同人一样，疾病、寿命、贫富往往不能控制；但是忧愁、邪恶和懦弱是可以控制的。"福无双至，祸不单行"告诫人们，福是一点一点地累积起来的，不可能出现"双至"的情形，而祸患常常有"扎堆"的效应。企业要谨记"人为善，福虽未至，祸已远离；人为恶，祸虽未至，福已远离"的古训，要始终做好产品，不偷工减料，不偷税漏税。

第八章
人本管理会计的中国实践镜像

黑格尔曾说："一朵绽开了的花朵，它的全部内在规定性都包含在那颗微小的种子之中。"中国商人深受"德本财末"的传统理财思想影响，并长期践行。古往今来，不少商人或企业都认识到"以人为本"的重要性，坚持"以人为本"的管理理念，通过多种方式激发员工的积极性和创造性，以促进企业的持续稳定发展。

人本管理会计强调以"人"为核心，全面开发人力资源，注重发挥人的价值，通过多种激励手段培养员工的共同价值观，重视人力资源配置，考虑到每个人的性格、气质、兴趣及专业知识的不同，尽可能地将合适的人安排到合适的岗位上，使员工的积极性和创造性得到充分发挥，确保每个人都能够在适合自己的岗位上发挥出最大的潜力。

企业改革的关键是利益分配。华为、海尔、福耀、胖东来等中国企业和日本京瓷等国外企业的一些做法，为研究人本管理会计提供了借鉴，也可以视之为人本管理会计理念的应用。这些企业致力于个人与团队的共同发展，鼓励员工参与到企业管理中来，创造出全员管理的氛围。实践证明，人本管理不仅能够激发员工参与企业管理的积极性，还构建出一个良好的平台，增强了企业的凝聚力，使企业目标与个人目标最大限度地达成一致。一方面，企业能够更好地实现目标；另一方面，员工能从工作中获得满足感和成就感，促进了员工自我价值的实现和企业的长远发展。此外，承担社会责任也是人本管理的重要特征，如中国建材集团在2019年12月至2023年5月新冠疫情期间积极发挥自身优势，在全国范围内提供轻质建材，支持抗疫一线，展现了企业的社会责任感和"以人为本"的管理理念。

量子管理奠基人丹娜·左哈尔认为，在数字化时代，世界呈现出复杂、混乱、不确定、快速变化、孤立的状态，从而提出企业管理的"量子管理"思维概念，即将每个员工看作特殊的能量球，企业要放手让员工集体发挥创意，"由下而上"地为公司注入源源不绝的动力。企业坚持"以人为本"的管理理念，重视人力资源配置和员工参与，从而使企业获得持续稳定的发展。借鉴海尔的"人单合一"思想，深刻认识人本管理会计的人生哲学意义及其与物本管理会计的区别，如表8-1和表8-2所示。

表8-1　人本管理会计的人生哲学意义

哲学的人生终极三问		人本管理会计
我是谁	对自我意识的本质的追问	自主人
我从哪里来	对人的本质的追问	人本和物本融合的新范式
我要到哪里去	对自由本质的追问	人的全面发展

表8-2　人本管理会计与物本管理会计的区别

物本管理会计		人本管理会计
宗旨	股东价值最大化	人的价值最大化
管理模式	规模化经营	大规模定制
组织	科层制	链群合约
薪酬	KPI 的宽带薪酬	共赢增值分享

　　大数据与知识经济为劳动雇佣资本创造了客观条件，必将兴起公司治理的新范式。人本管理会计认为，管理要做好权力、责任和利益的分配，把权力、责任和利益等分，形成一个等边三角形，从而构成稳定的管理结构；但也要明确这个等分不是数学意义上的完全等分，而是一种因时因地的近似等分。实践中很多管理者喜欢把权力和利益留下，而把责任分出去；有些管理者则习惯于把权力留下，将责任和利益一起分出

去；还有一种极端的情况，即管理者会把权力、责任和利益全部留在自己手上，根本不做分配。这些管理观都不是人本管理会计的思想，尽管决策权仍然归属于管理层，但企业经营者必须相信群众、依靠群众。

　　人本管理会计赋能的企业制度，能帮助员工发挥出最大的潜能，让员工最大限度地去创造。企业收益分配应当把企业所有者、经营者和员工全部纳入其中，员工不仅享有工资，而且应当分享公司的财富。尽管股东确实投入了资本，但企业的财富不能仅归资本投入者所有，要让人力资本和金融资本共享财富，这才是公正的分配机制。

　　市场不是目的，而是工具，除市场价值外，企业还要关注非市场价值，包括正义、公正、平等、社区感，以及人与人之间的相互责任感。企业管理是基于责任做出的行为选择，必须在界定责任的同时为责任配置相应的资源，并让承担责任的人分享企业取得的成果。因此，基于责任做好权力和利益的分配，才是"以人为本"的管理行为。企业只有在分配责任的同时分配利益，才能真正把人培养起来，如果人在做事的时候不承担责任，人的热情和能力就不能被充分激发出来，也就无法发挥作用，企业只能越做越糟。唯有把责任分配下去，让每一个成员承担起自己的责任，激发他们的热情和能力，再给予他们与责任相匹配的资源和利益，管理的效能就会发挥出来。

——

第一节　中国古代商帮的理财观念

　　中国古代商帮是指在中国历史上，以地域为基础，通过商业活动形成的商人群体。中国古代商帮在明清时期尤为活跃，对中国后世的经济发展产生了深远的影响。

一、中国古代十大商帮

在漫长的历史进程中，王朝兴衰交替，不同时期有不同的政治经济中心，所谓"一方水土养一方人"，中国历史上影响力最大、存在时间最长的十大商帮各有特点，巅峰期实力也各不相同，但它们之间具有一些共同的特点，比如商帮多以地域为基础，形成紧密的群体，具有地域性特征，如表8-3所示。

表8-3　中国古代十大商帮

序号	商帮	地域	特点	代表
1	晋商	山西	晋商以经营票号、盐业、茶叶、丝绸等为主，尤其以票号（早期银行）闻名；注重诚信，建立了广泛的商业网络	乔家、常家、曹家等
2	徽商	安徽徽州（今黄山市）	徽商以经营盐业、典当、木材、茶叶等为主，注重文化教育，许多徽商家族同时也是书香门第	胡雪岩、鲍志道等
3	浙商	浙江	浙商以经营丝绸、茶叶、瓷器等为主，善于开拓海外市场	宁波商帮、龙游商帮
4	粤商	广东	粤商以经营外贸、茶叶、丝绸、瓷器等为主，以广州十三行而闻名，与海外贸易联系紧密	广州十三行商人
5	闽商	福建	闽商以经营海外贸易、茶叶、瓷器等为主，以泉州、厦门为中心，他们善于航海，与东南亚、日本等地有广泛的贸易往来	泉州商人、厦门商人
6	鲁商	山东	鲁商以经营盐业、粮食、布匹等为主，注重实业和手工业发展	济南商人、青岛商人
7	陕商	陕西	陕商以经营茶叶、布匹、药材等为主，在西北地区有较大的影响力	关中商人

序号	商帮	地域	特点	代表
8	赣商	江西	赣商以经营瓷器、茶叶、木材等为主，以景德镇的瓷器商人而闻名	景德镇商人
9	苏商	江苏	苏商以经营丝绸、棉布、粮食等为主，他们注重手工业和制造业的发展	苏州商人、扬州商人
10	川商	四川	川商以经营茶叶、药材、盐业等为主，在西南地区有较大的影响力	成都商人、重庆商人

商帮多以家族为单位，代代相传，在中国传统理财思想的影响下，他们都以诚信为本，普遍注重诚信，建立了广泛的商业信誉，注重文化教育，支持科举，在经商的同时也培养了许多文人学者，并形成了独特的儒商文化。

二、理财思想

中国古代商帮的理财思想深受传统文化、经济环境和社会结构的影响，形成了独特的财务管理理念和实践方法，对中国式现代化会计管理具有积极的借鉴意义。

1.晋商

晋商建立了"贾可习儒，儒亦可贾，贾也可士，士也可不失贾业"的儒贾相通观，摒弃旧俗，褒商扬贾，以经商为荣，认识到"不勤不得、不俭不丰"的道理，具有重要的商业意义。

以诚信为本。晋商非常重视诚信，认为诚信是商业成功的基石，主张通过建立良好的信誉来吸引客户和合作伙伴。

实行稳健经营。以多元化经营来分散风险，比如同时经营票号、盐业、茶叶等。

注重家族财富传承。晋商通常以家族为单位实施管理，注重家族财富的传承和积累，并制定严格的家族规章制度以确保财富的长期稳定增长。

2. 徽商

注重文化教育。徽商主张左儒右贾，非常重视文化教育，以支持科举和教育的方式来提高家族成员的文化素质，认为知识和文化是财富管理的重要组成部分。

注重节俭持家。徽商崇尚节俭，注重积累财富，通过精打细算和严格控制开支来实现财富增值。

注重多元化投资。徽商不仅从事商业活动，还投资土地、房产等不动产，以实现财富的保值增值。

3. 浙商

浙商多是白手起家，属于脚踏实地从小做大做强的平民经济，自强、坚韧、务实、开拓是浙商的精神特征。

注重开拓创新。浙商具有强烈的开拓创新精神，善于抓住市场机遇，经营过程中通过不断开拓新市场和开发新产品来实现财富的增长。

实行灵活经营。浙商注重灵活经营，能够根据市场变化迅速调整经营策略，善于通过灵活的资金运作和风险管理来实现财富的最大化。

注重合作共赢。浙商注重合作共赢，善于与其他商帮和商人建立合作关系，通过合作来扩大市场份额，提高竞争力。

4. 粤商

注重外贸导向。粤商以外贸为导向，善于利用地理优势开展海外贸易，搭建与外国商人的合作桥梁，实现财富的快速增长。

注重风险管理。粤商非常注重风险管理，建立了完善的风险控制机制，从而能够有效地应对市场波动和不确定性，以分散投资和保险等方式来降低风险。

注重资本运作。粤商善于进行资本运作，注重资金的流动性和收益性，善于通过股票、债券等金融工具来实现财富的增值。

5. 闽商

注重航海贸易。闽商以航海贸易为主，善于利用海洋资源开展国际贸易，建立了广泛的贸易网络以实现财富的积累。

注重节俭积累。闽商崇尚节俭，注重财富的积累，通过精打细算和严格控制开支来实现财富的增值。

注重家族合作。闽商尤其注重家族合作，通过家族成员的分工合作来实现财富的最大化，家族内部的紧密合作提高了经营效率。

6. 鲁商

以实业为本。鲁商注重实业发展，认为实业是财富形成的基础，主要通过投资制造业和手工业来实现财富的积累。

实行稳健经营。鲁商注重稳健经营，回避高风险投资，以多元化经营来分散风险，如同时经营盐业、粮食、布匹等。

注重社会责任。鲁商非常注重社会责任，认为商人应当回馈社会，以捐款、修路、建桥等方式来履行自己的社会责任。

7. 陕商

人们将陕商的特点总结为"人硬，货硬，话更硬"，"人硬"是指陕商厚重质朴、心胸宽阔、吃苦耐劳的人格品质，经商以信义为本，以诚实为先，行事光明磊落，从不搞尔虞我诈、勾心斗角、哄抬物价、囤积居奇的事情，用百姓的话来讲，陕商是用心来做生意，而不是用心眼儿来做生意；"货硬"是指陕商对自己贩卖的商品质量把关极严，绝无以次充好、以假充真的现象；"话硬"则是指陕商具有西北人内向、沉默寡言、不善人际交往、言谈生硬、比较难以沟通的性格特点。

注重资源利用。陕商善于利用本地资源，如茶叶、药材等进行商业活动，通过资源的合理开发和利用，实现了财富积累。

实行稳健经营。陕商注重稳健经营，回避高风险投资，通过多元化经营来分散风险，如同时经营茶叶、布匹、药材等。

注重文化传承。陕商注重文化传承，认为文化是财富的重要组成部分，通过支持文化教育来实现财富的长期稳定增长。

8. 赣商

注重手工业发展。赣商注重手工业发展，认为手工业是财富形成的基础，因地制宜，主要通过投资瓷器、茶叶等手工业来实现财富积累。

注重节俭持家。赣商崇尚节俭，注重财富的积累，主要通过精打细算和严格控制开支来实现财富增值。

注重文化教育。赣商注重文化教育，认为知识和文化是财富管理的重要组成部分，通过支持科举和教育来提高家族成员的文化素质。

9. 苏商

注重制造业发展。苏商注重制造业发展，认为制造业是财富形成的基础，通过投资丝绸、棉布等制造业来实现财富积累。

实行灵活经营。苏商注重灵活经营，能够根据市场变化迅速调整经营策略，通过灵活的资金运作和风险管理来实现财富的最大化。

注重文化传承。苏商注重文化传承，认为文化是财富的重要组成部分，通过支持文化教育来实现财富的长期稳定增长。

10. 川商

注重资源利用。川商善于利用本地资源，如茶叶、药材等进行商业活动。

实行稳健经营。川商注重稳健经营，回避高风险投资，通过多元化经营来分散风险，如同时经营茶业、药材、盐业等。

注重社会责任。川商注重社会责任，认为商人应当回馈社会，通过捐款、修路、建桥等方式来履行社会责任。

总体来看，中国古代商帮的理财思想具有以下几个共同特点。一是注重诚信。认为诚信是获得商业成功的基石。二是稳健经营。回避高风险投资，注重多元化经营。三是崇尚节俭，注重财富的积累。四是重视文化教育。认为知识和文化是财富管理的重要组成部分。五是实行家族管理。以家族为单位进行管理，注重家族财富的传承和积累。这种理财思想不仅在当时推动了商帮的发展，也给现代企业的财务管理提供了宝贵借鉴。

三、晋商和徽商理财实践

晋商与徽商作为明清时期中国最具代表性的两大商帮，其历史意义远超商业范畴，深刻影响了中国经济、文化、社会结构乃至国家治理。晋商和徽商的兴衰不仅是我国商业史的缩影，更折射出中国传统社会的运行逻辑与现代转型的深层矛盾，两者的特征如表8-4所示。

表8-4　晋商与徽商的特征

维度	晋商	徽商
战略	稳健经营，以义制利	贾而好儒，儒商一体
核心原则	重信轻利：以"诚信为本"，强调"利以义制"，认为商业信誉重于短期利益，注重长期积累而非投机暴利	以儒治商：将儒家伦理（仁、义、礼、智、信）融入商业活动，强调"以义取利"，注重道德与利益的平衡
	量入为出：主张"宁舍一两银，不欠一分债"，严格把控现金流，避免盲目扩张和负债经营	节俭为本：信奉"宁可清贫，不可浊富"，强调节制消费以积累资本
金融	票号制度：首创中国最早的金融信用机构——票号（如日升昌），通过"汇通天下"实现跨区域资金流转，形成了现代银行业的雏形	宗族资本：依靠宗族资金（如"族产"或"合股"）筹集创业资本，形成"族人共担风险、共享利润"的协作模式

维度	晋商	徽商
金融	资本运作：通过"股俸制"（银股、身股结合）实现资本与人力合作，激励员工与商号共享利益	复利思维：善用资本滚动增值，如将利润投入土地购置、房产经营或金融业（钱庄、典当），实现财富的长期保值
风险管理	多元化投资：晋商"以商为主，兼营他业"，涉足盐业、茶叶、票号、典当等多个领域，分散经营风险	地域网络：以徽州（今安徽省黄山市）为中心，通过"一地一业"的行业垄断（如盐商、典当、茶叶）形成全国性商业网络
	联号制管理：总号与分号间独立核算，形成"母子公司"模式，既统一管理又规避了系统性风险	
家族传承与人才培养	家规约束：通过严格家训（如乔家"六不准"）规范家族成员的行为，确保财富的代际传承	重教兴文：通过投资教育（如兴办书院、资助科举），培养家族子弟"商而优则仕，仕而优则商"，形成"官商互济"的良性循环
	学徒培养：重视选拔和培养学徒，强调"先学做人，后学经商"，形成稳定的人才梯队	

1. 晋商理财的具体实践

晋商在资本积累与分配方面，建立了"顶身股"制度，员工根据能力和贡献获得"身股"（虚拟股份），参与利润分红，从而极大地提升了员工的积极性。实施"倍本"与"厚成"制度。"倍本"是指在账期分红时，按股东股份比例（包括实物资本股和身股）所提留的一部分红利。这部分资金归个人所有，但留在企业参加周转使用，只付给利息而不分红，借以扩大经营中的流动资本。"厚成"是指在年终结账时，将应收账款、现存资产予以一定折扣，使企业实际资产超过账面资产，以增加自身积累。

在风险防范机制方面，晋商采用"预提护本"的利润分配制度，即从总盈余中预先提取固定比例的资金作为"护本基金",用于应对突发经营风险、市场波动及债务危机,借力"镖局押运",长期与镖局合作,从而保障长途贸易的资金安全。

在信息网络与决策机制方面,通过千里传信,以密押、信鸽等方式快速传递市场信息,以抢占商机,同时实行"东伙分离"制度,东家(股东)不直接干预经营,而是委托掌柜(职业经理人)全权管理商铺,实现所有权与经营权分离。

晋商"联号制"是企业生态链建设的原创,晋商通过总分号联动、顶身股等股权激励方式,构建商业网络,类似现代企业生态链战略。复星集团通过全球化投资布局,形成跨产业协同,就是延续了传统商帮的协作智慧。

2. 徽商理财的具体实践策略

徽商注重行业选择与垄断经营。一是进军盐业专营,通过明清时期"盐引制度"垄断两淮盐业,获取高额利润;二是经营典当金融,开设钱庄、当铺,利用地域网络实现资金跨区调度,成为民间金融的重要力量。

在资本运作与风险管理方面,徽商实施合股制,通过"合资经营"分散风险,如在茶叶贸易中通过多人集资共负盈亏。此外,还开展多元化投资,在主业盈利后,广泛投资土地、房产、文化事业(如藏书楼、戏班),形成"以商养文,以文促商"的生态。

在品牌与信誉建设方面,徽商注重"老字号"经营,打造商号信誉(如胡庆余堂"戒欺"祖训),以质量和服务树立长期口碑;重视契约精神,通过"徽州文书"规范交易,经营过程中会留存大量合同、账本等商业档案,体现了一定的法律意识。

此外,徽商强化政商关系与资源整合,通过捐输军饷、修建水利等方式资助官府，换取盐业专营权等政策特权，达到了官商合作的目的；不忘初心，进行乡土回馈，致富后回乡修桥铺路，建祠堂书院，以此巩固宗族根基与社会影响力。

徽商理财形成了独特的制度，用"伙计制"进行人才管理，选拔同乡子弟为"伙计"，通过对品德、算账、交际等方面进行严格考核，培养忠诚员工，形成稳定的人才梯队。用"寄产"的方式实施资产代管，即将财产委托给亲友或专业机构代管，避免子孙挥霍，确保财富的代际传承。此外，徽商还用"族规"约束来达到道德教化的目的，制定《家训》《商规》来规范商业行为，禁止欺诈、奢靡行为，违者将被逐出宗族。

徽商"分散经营，不把鸡蛋放一篮"的风险管控智慧与现代企业的多元化投资逻辑相通。李嘉诚秉持的"不赚最后一个铜板"的风险规避原则，即与徽商的商业风控智慧一脉相承。

3. 晋商与徽商理财思想的对比

晋商创造了中国早期的复式记账法——龙门账，"合龙门"至今仍然是科学的会计原理之一，有会计学家甚至提出，龙门账是我国会计制度的开端。"顶身股"是晋商企业制度在财务核算中的延伸，也是世界最早的人力资源会计。晋商意识到商品资本和现金资本是两种不同的概念，且现金更加重要。算盘是徽商经商的主要工具，黄山是珠算文化的发源地、传承地。在徽商的影响下，会计也渗透到人们的日常生活中。比如，赊欠财物称为"赊账"，盈利分配叫"分账"，将往来客户的欠账叫"客账"，甚至将会计用语运用到生活当中，比如，一件事情了结，叫"了账"。徽商与晋商在理财思想上有着较为明显的区别，如表8-5所示。

表8-5 徽商与晋商理财思想的对比

序号	维度	徽商	晋商
1	文化底色	儒家伦理，重科举与仕途	实用主义，重信用与制度创新
2	资本来源	宗族集资，地域抱团	股俸制（银股+身股），分号联营
3	核心产业	盐业、典当、茶叶	票号、驼队贸易、边贸
4	风险管理	多元化投资，政商绑定	分散经营，预提护本
5	衰落原因	盐业垄断瓦解，近代工业化冲击	票号转型失败，战争与政局动荡

四、晋商与徽商理财思想的现代启示

1. 晋商

晋商理财思想对现代企业的财务管理具有以下启示。

（1）诚信体系的根基性。晋商的成功印证了商业信誉是金融活动的核心这一思想，现代企业同样要重视企业征信、品牌维护及信用管理。

（2）风险分散与金融创新。晋商的多元化经营思维和票号制度启示现代投资者，通过资产配置分散风险，并利用保险、期货等金融工具对冲不确定性。

（3）人力资本激励。"顶身股"制度与现代股权激励异曲同工，强调员工利益与企业利益二者绑定，以提升团队凝聚力。

（4）家族企业的治理智慧。家族企业的代际传承需平衡传统价值观与现代治理结构，打破"富不过三代"的困境。

（5）全球化视野与本土化经营。晋商通过分号网络实现"全国一盘棋"，现代企业可借鉴其本地化策略与全球化资源整合思维。

2. 徽商

徽商理财思想对现代企业的财务管理具有以下启示。

（1）"儒商精神"的价值。现代企业可借鉴"义利统一"理念，平衡企业社会责任与盈利目标，打造可持续发展模式。

（2）宗族网络的借鉴与转型。徽商的宗族协作类似于现代产业集群或商会联盟，启示企业通过资源整合增强竞争力，但需突破地域封闭性。

（3）多元化与稳健投资。徽商的土地、房产、文化投资启示现代财富管理应注重资产配置，兼顾安全性与增值性。

（4）品牌信誉的长期主义。胡庆余堂"真不二价"、张小泉剪刀等案例证明了品牌信誉是企业的核心资产，需要长期维护。

（5）政商关系的边界意识。徽商因过度依赖盐业等政策特权，随着制度变迁而走向衰落，"成也萧何，败也萧何"，警示企业需建立市场化核心竞争力。

五、局限性反思

晋商的理财思想是中国传统商业智慧的集大成者，其核心在于"诚信、稳健、创新、风控"，这些原则对现代企业管理、金融投资和家族财富传承具有重要借鉴意义；然而，由于晋商过度依赖传统模式，后期未能适应近代工业化转型，固守票号而忽视了现代银行竞争，导致衰落。其兴衰也提醒现代企业，要想获得商业成功，需在坚守传统与拥抱变革之间找到平衡。徽商作为明清时期与晋商齐名的重要商帮，其理财思想融合了儒家文化、宗族观念和商业实践，形成了"贾而好儒""义利兼顾"的独特经营哲学，但其管理具有封闭性与排他性。家族化管理的封闭性限制了外部人才和资本的引入，难以适应开放市场的发展要求，致富后将大量资金回流乡土，用于建宅和修祠，从而限制了资本再投入与产业升级。其成功得益于文化赋能、资源整合与制度创新，但其衰落亦暴露了徽商对传统模式和特权经济的路径依赖。

现代企业家应是"儒贾结合"的现代新型儒商，需要具备丰富的软知识。晋商和徽商的理财思想对现代企业的启示在于汲取"长期主义经营""信誉至上""产融结合"等智慧，同时警惕封闭性与政策依赖性，在变局中实现可持续发展。

第二节 华为：灰度管理哲学

任正非认为，清晰的方向往往是在混沌中产生的，会随着时间和空间的变化而发生变化。方向产生之后，它并不是非白即黑，也不是非此即彼，而常常会变得不太清晰，因此需要合理地运用灰度的思想，使各种影响发展的要素在一定时间内达到和谐，在这个过程中，需要的不是坚持而是妥协，通过妥协达到均衡的状态。任正非这一经营管理思想的核心就是均衡，这也是《道德经》中的辩证思维。

华为管理哲学形成了华为的灰度管理法，以开放、宽容为核心，阐释企业在文化建设、选人用人、干部培养、组织建设、绩效分配等管理方面的尺度和原则。华为的灰度管理强调以客户为中心，以奋斗者为本，建立高绩效企业文化，并通过科学的绩效管理体系确保员工绩效与公司目标一致。"以客户为中心"的灰度是指背对领导，面向客户，所有人都要以客户需求为中心。"以奋斗者为本"的灰度是指不以市场人才为本，也不以研发人才为本，而是以在公司各个岗位上奋斗的各种类型的人才为本，这个"本"不是岗位，而是创造价值的人才。高绩效企业文化体现的是一种简洁明了的管理风格，一切以实事求是的结果为导向。

一、灰度用人

选好人，分好钱，摆好队形，构建一个成功的团队，这是华为的人本管理核心。人性是复杂的，不能简单以人性善和人性恶进行绝对的划分。以灰度哲学来看，人才是一种资源，一方面要激发其正能量，另一方面要抑制其负能量。聚阳才能生焰，拢指才能成拳。在华为管理层看来，聚焦公司的目标与战略，团结一切可以团结的人，调动一切可以调动的积极力量，挖掘各种可以挖掘的潜能，这是华为不断向前的动力来源。

华为的用人灰度管理法强调对事旗帜鲜明，对人宽容妥协。在选人用人方面，华为要求人才的指向一定要正确，注重员工的五项素质，即主动性、概念思维、影响力、成就导向和坚韧性；但是在识人方面，华为坚持人无完人的原则，大胆用"偏才""怪才""少年天才"。华为用人遵循六项标准：其一，具有全力以赴的奋斗激情；其二，具有客户为先的服务意识；其三，具有至诚至信的优秀品格；其四，秉持积极进取的开放心态；其五，秉持携手共进的合作精神；其六，具备扎实的专业知识与技能。华为以灰度哲学选人用人，鼓励员工在不同岗位上均衡发展，共同为企业创造价值。

华为的绩效分配强调创新，通过调动员工积极性促进企业的发展。在干部培养方面，华为下放部分权力给中层干部，同时弱化规则标准，宽容团队的奇思异想，以促进组织的创新和发展。华为依据五项素质进行人才评估，制定了零级、一级、二级等对应的人才分类标准，并据此选拔企业领军人才，如表8-6所示。

表8-6　五项素质对应的人才分类标准

基本素质	开创型人才	守成型人才	执行型人才
主动性	二级及以上	一级及以上	一级

基本素质	开创型人才	守成型人才	执行型人才
概念思维	二级及以上	一级及以上	一级
影响力	二级及以上	一级及以上	一级
成就导向	二级及以上	一级及以上	一级
坚韧性	二级及以上	二级及以上	一级

五项素质中有一项为零级，华为不将其视为人才。

二、灰度分钱

企业与企业之间以及企业与员工之间的合作实际上还是利益分配问题。分配是目的，分钱是艺术，更是价值观。分钱的灰度既要求拉开差距，不要实行"大锅饭"，又要以实现共同富裕为目标。企业如果只想实现个人富裕，外部朋友和内部伙伴就会越来越少，企业竞争力自然越来越弱，企业创造的利润也就越来越低，这是一个总的规律。

长期以来，人们习惯了按股权比例进行收益分配，所以十分在意股权多少，却往往忽略了尽管投资人可分配的百分比很大，但如果基数很小，二者相乘结果收益仍然很小的事实。因此，企业最重要的是要把"蛋糕"做大，而把百分比调小，以符合"利益均沾"的原则，"财散人聚"是基于人性基本面形成的规律。

华为的董事会明确不以股东利益最大化为目标，也不以其利益相关者，包括员工、政府、供应商等的利益最大化为原则，秉持以客户利益为核心的价值观，驱动员工努力奋斗，也可以说是在客户利益优先的原则基础上，股东、员工等利益相关者利益相协调，最终使大家都受益。

华为通过给予员工内部股份，将员工的利益与公司的利益紧密捆绑在一起。任正非仅持有 1.4% 的股份，而 98.6% 的股份为员工所持有，这种股权结构保证了员工对公司的归属感和长期忠诚。此外，华为还通过实施分级管理、区别要求的策略，对各级管理者提出不同的要求，形成了一种"场"或"氛围"，以推动和引导企业在正确的轨道上发展运行。

华为重视与合作伙伴的关系，采取开放合作的态度，甚至与竞争对手共同发展，形成利益共同体。这种模式不仅限于与国内企业的合作，还包括与国际企业的合作，通过参股、合资、让利等方式，将各个群体结为利益共同体，共同探索按生产要素分配的内部动力机制。利益均沾模式是一种综合性的战略和管理理念，旨在通过内部股权结构、员工激励和外部合作策略，构建一个广泛的利益共同体，实现企业与员工、合作伙伴之间的共赢和共同发展。

1. 分配导向与分配模式

华为的分钱领域是全面回报，形成一个多层次的目标体系。华为通过实施"利益均沾"原则，确保员工能够分享公司的发展成果。这种"利益均沾"模式不仅体现在薪资待遇上，还体现在退休金、医疗保障、股权红利及其他待遇上，让员工感受到自己是公司发展的重要参与者。

分配面临人性和分配导向之间的平衡问题，华为实施四个"有利于"原则：第一，是否有利于导向海外，因为华为的收入 65% 来自海外；第二，是否有利于导向冲锋，让员工愿意承接公司的难题；第三，是否有利于实现高绩效，因此在奖金分配体系中拉开差距；第四，是否有利于激发组织活力，让大家愿意流动起来，而不是待在原来的位置上不动。

华为基于"分灶吃饭"的薪酬包管控模型，将薪酬包分成固定部分和变动部分。其中的变动部分，对业务线而言，第一个变量是组织绩效，第二个变量是个人绩效，第三个变量是不同职责。薪酬包管控的总量锁定管理原则，体现了人力资本的投入要优于财务回报，用这种方式强制规定钱要分到个人头上，让员工看得见、摸得着，从而对企业产生信任感。利益分配模式主要包括以下几个方面。

（1）按劳分配与按资分配相结合。华为实行能力主义和效益主义相结合的工资和奖金制度，即工资和奖金主要根据员工的劳动能力和业绩来分配。

（2）合伙人制度。华为实施合伙人制度，这是一种利益共享机制，旨在激发核心层员工的动力，使他们与公司的长期发展紧密相连。合伙人制度要求员工承担更大的责任，并共享更多的利益。

（3）按生产要素分配。华为认为，企业家、知识、资本、劳动都是价值创造的元素，尤其是在利益分配上会特别向做出知识贡献的群体倾斜。

（4）动态价值分配。华为实行动态价值分配，将传统保健因素向激励因素转化，以提高员工的工作积极性和效率。

华为在利益分配过程中强调效率优先，同时注重公平和可持续发展，但也需要预防过度福利带来的负面效应，即过度福利可能会削弱员工的饥饿感和危机感。分配灰度在价值分配上的基本逻辑，即在顾客、员工与合作者之间结成利益共同体，各自实现价值后再进行相应的利益分配。这些利益分配模式不仅激发了员工的积极性和创新能力，增强了公司的核心竞争力，还成功地吸引并留住了优秀人才，进一步推动了公司的发展。

2. 获取分享制

华为的获取分享制是一种绩效考核和奖励机制，旨在激发员工的工作积极性，提高工作效率，增强团队合作意识。这种机制包括四个层级：公司层、体系层、组织层和个人层。个人层又分为部门主管和部门员工两个群体，采用不同的奖金分配方法。

获取分享制的核心在于，将组织与个人的物质回报与其所创造的价值和业绩直接关联，强调个人利益和团队利益的统一。具体来说包含以下几个要点。

（1）根据绩效考核结果评估员工绩效。通过评估员工的工作绩效来决定其应获得的奖励和优惠，表现优秀的员工将获得奖金、职位晋升等奖励，而表现不佳的员工可能受到惩罚。

（2）个人利益与团队利益的统一。注重将个人的绩效考核与团队协作精神相结合，鼓励员工在遵守公司规章制度的同时，注重团队合作及提高工作效率。

（3）试行与优化获取分享制。华为从2004年开始试行获取分享制，通过考核导向提高人均效益，以提升公司竞争力。随后，华为持续优化这一机制，强调在创造利润的基础上进行利益分享，避免急功近利的行为，并逐步引入追加奖励、战略奖励等措施。

（4）解决组织内部的问题。随着公司的发展，一些内部问题逐渐显现出来，要防止老资格员工躺在股票分红上混日子的问题发生。推行获取分享制旨在解决这一问题，让员工明白奖金是挣来的而非必然获得的，以及奖金的未来变动性，从而激发员工的工作积极性和干劲。

（5）不搞提成制。华为的灰度管理法还涉及具体的实践应用问题，如通过参加通信展、邀请客户到总部参观、与客户建立联系等步骤，形成一套科学的销售管理流程，避免仅以销售结果来评价销售人员的价值，而是将销售过程量化，使复杂的销售活动变得可衡量，降低对人的要求，同时实现对绩效的合理评估。华为不搞提成制而采用奖金分配制，只要实现了客户准入，即使没有太多的收入，只要取得突破性进展也可以获得可观的奖励。

华为的获取分享制是一种综合性的激励和考核机制，通过将员工的个人绩效与团队及公司的整体业绩紧密结合，提高员工的工作效率，增强员工的团队合作意识，进而提升公司的整体竞争力。

（6）独特的员工持股计划。员工持股计划是华为在发展初期"无资金、无产品、无技术"的条件下实施的，历经 30 余年，从员工持有实股发展到工会持有虚拟股，并于 2014 年实施 TUP 计划（每年根据员工的岗位、级别和绩效，为其分配一定数量的 5 年期权，员工无须花钱购买，即可获得相应的分红权和增值权，但这项权利会在 5 年后清零）。员工持股计划不仅使华为免受债券融资和股权融资风险的困扰，也在一定程度上缓解了公司的现金流压力，从而降低了其融资成本与财务风险。

三、灰度管理中的中华传统文化实践

华为灰度管理哲学考虑了内外部环境的复杂性，关注内部公平性、外部竞争性及企业支付能力，是否有打破过去的薪酬架构内部平衡的决心，以及能否适用不同国家的收入水平、生活条件和社会环境等复杂因素，不仅对华为管理哲学做了深入解析，也为其他企业提供了一种新的管理思路和方法。企业管理过程中通过灰度管理，提升企业的核心竞争力，建设高绩效文化。

灰度管理中不仅含有西方现代管理学思想，而且深度融合了中华传统文化的智慧，包含儒家、道家、法家等思想的精髓，这些传统文化元素支撑了华为的灰度管理实践。

1. 中庸之道与和而不同

儒家倡导"中庸"，即不偏不倚、过犹不及。"少则倾，中则正，满

则覆。"企业管理引导员工在工作及为人处世中，要不偏激，接受差异，调和矛盾，目的在于实现共同进步。华为在管理中强调妥协与包容，在进行战略决策时，利用"红蓝军"对抗等机制，允许不同意见碰撞最终形成共识，而非追求绝对正确。正如任正非所言，"方向要大致正确，组织要充满活力"，这正是中庸思想中"执两用中"思维的体现。

"君子和而不同。"(《论语·子路》)君子与人相处，在追求和谐的同时要保持自己的独立思想，和谐并不是没有差异，而是在差异中寻找共性，在尊重多样性的基础上达成共同的目标。华为倡导多元文化融合，尊重不同背景员工的观点，在恪守原则中讲团结，既包容差异，又保持核心凝聚力，"力出一孔"实现企业目标。

2. 阴阳平衡与无为而治

道家提出"反者道之动"，认为世界上的任何事物都必然走向他的反面。在最黑暗的时候一定会出现光明，而在最辉煌的时候也要保持警觉，这是中国人特有的一种阴阳动态平衡的智慧。矛盾的对立面可相互转化，华为通过双向压力激发组织活力的"拧麻花"理论，即体现了阴阳动态平衡的灰度思维，在激励制度中兼顾短期绩效与长期战略，在创新中平衡风险与机会。

任正非强调，"让听得见炮声的人做决策"，实行"无为而治"的授权机制，以信任激发基层员工的主动性，沿着流程授权、行权、监管，来实现权力下放，简化流程、授权一线，减少高层管理者的过度干预，认为后方最重要的职责是起到保障作用。

3. 实用主义与赏罚分明

法家注重用法律和制度来解决实际问题，强调实用性和效率。华为的灰度管理以结果为导向，同时强调在方向清晰的情况下采用灵活的手段。在绩效考核中设定奋斗者协议以明确目标，但允许根据环境变化调整路径，避免僵化执行。

"法、术、势"结合是法家的主张。"法"是依法治国，"术"是治人策略，"势"是权力基础，抱法处势而用术。华为在管理中采用末位淘汰制形成竞争压力，同时又通过刚柔并济的规则设计，提供内部人才市场等缓冲机制，避免"一刀切"。

4. 以正合，以奇胜

"兵无常势，水无常形"是兵家的核心要义，华为在全球化过程中针对不同的市场采取差异化策略，初期采用"农村包围城市"的策略方针进行市场开拓，强调在管理中要不拘泥于固定模式，而应根据实际情况调整灰度。

《孙子兵法》提出"先胜而后求战"的慎战思想，同样，任正非提出"不在非战略机会点上消耗战略竞争力量"，注重打牢基础，稳扎稳打，又要勇于创新，这种聚焦主航道、拒绝机会主义的思维，为华为长期主义的战略形成打下了基础。

5. 中华优秀传统文化与灰度管理的融合

"己所不欲，勿施于人"体现了儒家的恕道思想，在商业社会中，还要做到"己所欲，施于人"。华为在与竞争对手苹果公司开展 5G 专利授权合作时，秉持"开放合作，利他共生"的开放妥协原则，体现了儒家"己欲立而立人"的互利思维，自己站得住，也要让别人站得住。

华为定期开展自我批判会，团结——批评——团结，在反思中改进组织问题，这与法家"世异则事异，事异则备变"的变革精神一致。

华为将客户需求置于首位，甚至提出客户是华为存在的唯一理由，暗合墨家"兼爱"思想中对服务对象的极致关注。

6. 灰度管理的文化内核

华为的灰度管理并未机械照搬中华传统文化，而是将其精髓转化为适应现代商业的逻辑，对中华传统文化中的智慧进行现代化转型。从"中庸"到"动态平衡"，将中庸的调和思想升级为灰度决策模型，允许试错与迭代；从"无为"到"激发活力"，利用授权机制将道家的"无为"转化为组织自驱力；从"法势术"到"制度化灰度"，用法家的规则框架保障灰度的灵活性不失控。

总之，中华优秀传统文化为华为的灰度管理奠定了哲学基础。在价值观层面，儒家"中庸"、道家"阴阳"、法家"实效"等思想共同构成其文化底色；在方法论层面，将传统智慧转化为"开放、妥协、包容"的管理工具；在实践层面，通过灰度管理平衡扩张与稳健、集权与分权、竞争与合作等实践中的矛盾。任正非曾以"上善若水"（《道德经》）来比喻灰度管理，水无常形却能穿透万物，这是华为在全球化竞争中能保持韧性的文化密码，挺直了民族企业的脊梁。对于人本管理会计而言，华为有以劳动雇佣资本的暗线，因而具有重要的实践意义。

第三节　海尔：永恒的活火

张瑞敏提出的"人单合一"、自以为非，有一条一以贯之的主线，即人的价值最大化。从广度上来看，人的价值最大化主导了战略的发展及转型；从长度上来看，从创业开始，海尔便让员工自由发挥自己的力量，从而让每个人都成为自主人。

古希腊哲学家赫拉克利特提出一个命题：世界是一团永恒的活火，它在一定程度上熄灭，又在一定程度上重新燃烧。海尔以此借喻社会的发展和时代的进步是永恒的，是因为有不竭的创新动力这团"活火"存在，"活火"即是人。

一、人单合一：人的价值最大化

"人单合一"为什么可以融入永恒的"活火"？从本质上可以将其理解成三个"合一"，即与用户合一，与目标合一，与价值合一。

"人单合一"的企业管理理念和机制，强调"以人为本"，通过去中心化，将决策权、用人权、分配权还给基层员工和创业者；遵循道家"无为而治"的领导原则，取消中层管理，让员工与用户直接互动，实现由科层制管理的他组织转变为动态的、非线性的自组织。海尔取消了12 000个中层管理岗位，让每个员工都成为创客，自主联合组成小微团队，最终形成由4000个小微创业团体组成的企业结构，大幅减少管理者的人数，分散管理者的职权，简化职能部门，实现了资源的自主管理和分配，员工成为自主创业者，个体价值得到最大限度的发挥，使企业变成一个生态系统，而且是一个自进化的生态系统。

海尔用生态平台化战略打造的链群合约，使传统的管理模式发生了深刻的变革，产品被场景取代，行业被生态覆盖（见图8-1）。"人单合一"让企业不再由股东或者管理者定义，而是由用户定义，因此需要打造优质的用户体验，使用户对企业产生信任。

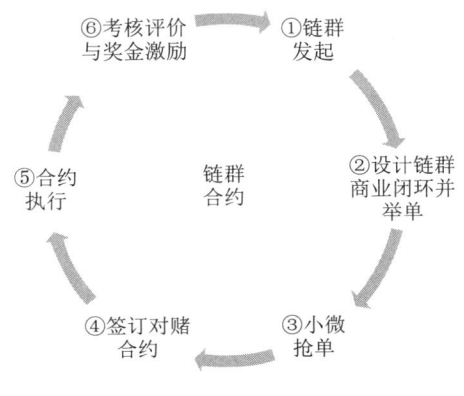

图8-1　链群合约操作步骤

物联网时代可以成为"群龙无首"的时代,"人单合一"就是要形成一种机制,让每个人都能成才、成长,能够自我驱动、自我进步,从而达到自组织的最高境界,为企业创造价值。

做企业就要研究人性。管理学不管是 X 理论、Y 理论还是 Z 理论,最终都需要解决人性的问题。在企业运营的现实情境中,最重要的不是讨论人性善恶的问题,而是要知道企业营造了什么样的环境,员工就会成为什么样的人。企业的问题,归根结底还是组织和个人的目标不一致,海尔把决策权、用人权、分配权让渡给基层员工、创业者,通过资本和人才的社会化,促使自组织真正实现自我优化。

海尔的"以人为本",是以人的创造力为本,而不是以人的执行力为本。"无为而治""无为而无不为",就是管理者本身不发号施令,表面上看起来是无为,但是给基层的所有员工创造了一个有为的平台,让基层员工和创业者都能够有为。是自主性还是自由性,区别在于能否为社会创造价值,以及是否对社会有利。

海尔的企业文化是"自以为非",而不是"自以为是",在这个充满诱惑的时代,每个人都需要自觉与自决。企业永远没有成功这件事,在做成一件事后,就要准备迎接下一个挑战。"人单合一"的思想,是让每个人都变成创造用户价值的创业者,像初创企业一样持续创新,不断颠覆自我,这样就会像热带雨林一样生生不息,这就是海尔所建设的生态系统,大不是美,小也不一定美,能成长为若干小微生态圈的企业才是美。

二、共赢增值表:利益相关者分享财富的工具

生态平台类组织往往强调共享价值和长期发展,而不仅是短期经济利益。由于生态系统中的各参与方难以在事前确定合作收益,所以传统预算管理的逻辑在生态平台中无法成立。为此,海尔建立共赢增值表,

并将其用作衡量和管理企业价值创造的工具。该报表是以用户为中心，专门为物联网生态系统而设计的一套绩效评估体系。区别于传统财务报表，它把用户参与度、资源方参与度和基础设施效率三个关键绩效维度有效融入其中，完整地体现了物联网生态系统的绩效评价思路。

共赢增值表包含六个部分，即用户资源、合作伙伴资源、生态系统价值、收入、成本和边际收益。顾客比率、交互用户比率与终身用户比率的交互关系被称为"用户乘数效应"，产品价值、用户交互价值与生态价值的交互关系被称为"生态价值乘数效应"，二者共同反映了生态系统的协同效率和整体有效性，如图 8-2 所示。共赢增值表广泛应用于战略、预算和绩效评估中。

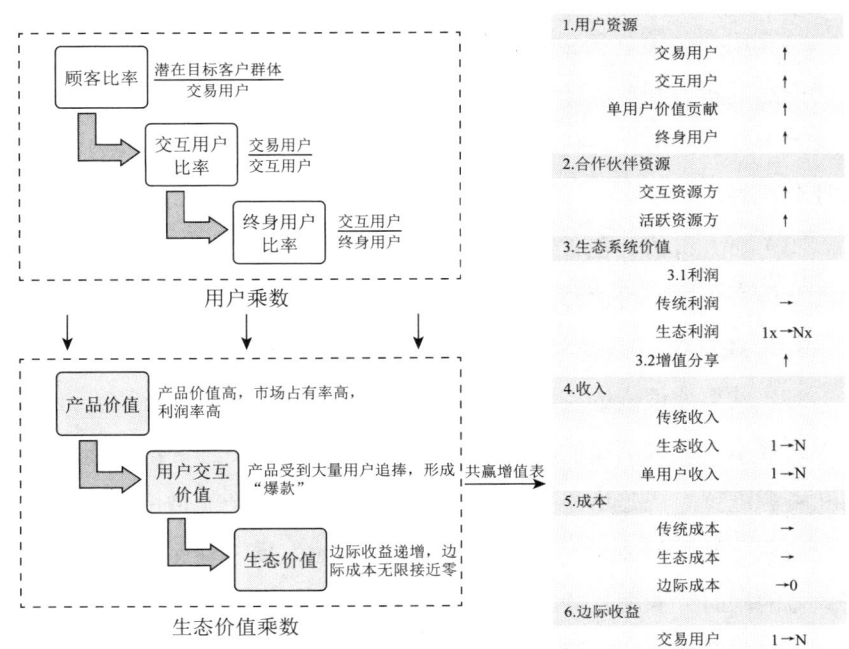

图 8-2　用户乘数、生态价值乘数与共赢增值表

1. 定义与目的

（1）定义。

海尔共赢增值表是一种创新的财务管理工具，它超越了传统的财务报表框架，旨在全面反映企业在创造用户价值和社会价值过程中的增值情况。

（2）目的。

海尔共赢增值表通过量化分析，帮助企业识别价值创造的关键环节，优化资源配置，促进企业与员工、用户、供应商等利益相关者的共赢发展。

2. 主要内容

海尔共赢增值表中主要包含以下内容。

（1）用户价值。衡量企业为用户提供的产品或服务所创造的价值，包括产品质量、服务体验、用户满意度等。

（2）社会价值。评估企业在环境保护、社会责任、技术创新等方面对社会所做的贡献。

（3）财务价值。包含收入、利润等传统财务指标，侧重于这些指标如何支撑实现用户价值和社会价值。

3. 实践价值

海尔共赢增值表的实践应用效果主要体现在以下几个方面：一是提升决策效率。通过清晰的增值路径，使管理层能够更准确地判断投资方向和资源配置。二是增强员工动力。将员工绩效与企业增值挂钩，激发员工的积极性和创造力。三是促进企业可持续发展。确保企业在追求经济效益的同时，兼顾社会效益和环境效益，实现企业的长期稳定发展。

用户付薪和增值分享是链群的核心理念，链群为用户创造的价值与其能够分享的价值密切关联。链群合约促进了智能化管理工具与传统管理会计框架的深度融合，海尔共赢增值表是海尔管理创新的重要成果之一，为企业价值管理提供了新的视角和方法，也为人本管理会计理论与实务的未来发展奠定了坚实的中国实践应用基础。

三、海尔管理中的传统文化思想

"永恒的活火"体现了企业持续创新与自我革新的生命力，员工即是"活火"，海尔用一种能够激发员工价值创造的机制，让每一位员工都焕发出创新的"活火"光芒。

海尔在管理实践中深度融合中华优秀传统文化思想，贯穿始终的主线便是"人的价值最大化"，形成了独特的中西合璧管理模式。

1. "无为而治"的生态化组织

海尔用"无为而治"的自治逻辑打破传统科层制，推行员工与用户需求合一的"人单合一"模式，将企业拆分为4000多个自主经营的小微团队。"治大国，若烹小鲜"（《道德经·第六十章》），烹小鲜频繁翻动则碎，治大国不能政令繁苛，要做到不扰民，不折腾。海尔的去中心化结构契合道家的这一理念，以减少层级干预来激发基层活力。雷神游戏本小微团队仅用3年时间就实现了新三板上市，印证了"无为而无不为"的效能。

海尔以"道法自然"来构建生态系统。物联网生态品牌"卡奥斯"以开放平台链接全球资源，模仿自然生态系统自组织的特性。"万物并作，吾以观其复"，生命的力量本是无穷无尽的，永远不生不灭，海尔以生态观观察企业的运营，寻找在动态平衡中实现资源最优配置的最佳路径。

2. "以人为本"，诚信立业

海尔推行"创客制"，用"仁者爱人"的管理理念为员工赋能，将员工从执行者变为创业者，企业为其提供资源支持而非单纯下指令，日日顺物流小微团队通过员工持股，2019 年企业估值超过 100 亿元。人人都是 CEO，让员工拥有总裁意识，张瑞敏秉持孔子"有教无类"的思想，相信"下下人有上上智"，通过股权激励、小微对赌等机制，使普通员工获得企业家精神成长路径。

1985 年张瑞敏带头砸毁了 76 台存在品质问题的冰箱，是儒家"诚者，天之道"的诚信观的具象化，也是"以义制利"质量哲学的体现，此后海尔建立零缺陷质量管理体系，将质量意识上升为企业信仰，有效推动了海尔全球市场拓展。

3. 在变易与不易的辩证统一中实施战略迭代

海尔自成立以来，历经名牌战略、多元化、国际化、全球化、网络化、生态化六次转型，每次变革均契合"与时偕行"（《周易》）的变通智慧，以"穷则变，变则通"实现战略迭代。

"生生之谓易"，宇宙万物是不断变化的，这是《周易》的中心思想，每天都有一个新的太阳，生生不易，革故创新是世界的本源。海尔在创新机制中设立海尔海创汇孵化平台，以生态圈、生态收入、生态品牌"三生"体系实现持续创新，仅 2022 年就孵化出 5 家"独角兽"企业，印证了"日新之谓盛德"（《周易》）的创新观。

4. 制度理性与数据驱动

法家"法不阿贵"中包含重要的契约治理内涵，讲究一视同仁。海尔推行二维点阵考核体系，量化市场成果（横轴）与生态增值（纵轴），有效贯彻了以法治企的思路。小微团队在创业时需要签订对赌协议，约定未达标者自动解散，体现了法家"刑过不避大臣"的平等原则。

韩非子说："因任而授官，循名而责实。"海尔在数据中台管理中强化循名责实的管理逻辑，用"智家大脑"AI 平台实时追踪 532 项用户场景数据，体现了用数据代替领导决策的有效性。

5. 避实击虚的全球化竞争谋略

"出其所不趋，趋其所不意"是《孙子兵法》中提出的重要战术，海尔采用避实击虚的战术来实现"蓝海"战略。在美国市场中避开主流渠道竞争，主攻大学生公寓细分市场，推出紧凑型冰箱产品，仅用 3 年时间就占据了 25% 的市场份额。在收购美国"通用家电"品牌时保留了其本土团队，同时注入海尔"人单合一"模式，5 年内就将利润率从 4% 提升到 10%，达到"奇正相生"的整合效果。

此外，海尔还将中华优秀传统文化精髓与西方平衡计分卡、阿米巴模式等管理工具进行创造性融合，形成了"中国智慧，全球实践"的"人单合一"管理模式。2023 年海尔连续 14 年蝉联全球大型家电第一品牌，其文化融合实践为传统思想在现代商业中的转化提供了实践路径，"苟日新，日日新，又日新"是中国企业永续发展的哲学。

第四节　福耀："心若菩提"的社会责任

曹德旺以"心若菩提"揭示福耀的成功之道和企业经营哲学。他认为，作为一个企业家，如果不把他所挣的钱反哺给社会就是罪过。"心若菩提"有几个关键要素，包括保持内心的清明与满足，具备前瞻性的眼光和敏锐的洞察力，重视团队协作和人才培养，强烈的责任感和使命感，以及面对挫折时的态度和选择。

企业家只有保持内心的清明与满足，坚守原则和底线，不为名利所动摇，始终心平气和，才能让企业在复杂多变的商业环境中稳步前行。

定能生慧，结合长期的学习和实践，形成前瞻性的眼光和敏锐的洞察力，具备准确把握市场趋势和行业发展方向的能力，这种能力使福耀能够在市场竞争中抢占先机。

曹德旺重视团队协作和人才培养，他相信一个人的力量是有限的，只有依靠团队的力量才能实现更大的目标，因此，他注重培养团队成员的能力和素质，从而形成强大的团队合作精神和协作能力。

国家在前，企业在后，做好企业是企业经营者最大的慈善。企业的成功不仅仅是追求利润，更是为了服务社会、造福人民。因此，曹德旺积极投身公益事业，回馈社会，赢得了社会的广泛赞誉和尊重。此外，心怀感恩，保持积极的心态，不断学习和成长，从挫折中汲取经验和教训，也是企业成功的关键。

一、家国情怀的企业家精神

企业家是一种精神，曹德旺认为，和乔布斯一样的企业领导者就是企业家，因为企业家需要达到一种精神境界。通过市场交易尽可能地换取更大的收益，这是一般企业家要做的事情，除此之外，企业所生产的产品是否成功，还需要义利结合，结合企业承担的社会责任来判断，这才是一个真正的企业家的理想状态。

曹德旺认为，中国企业家创业必须有"为了中国靠我们的共同努力能够强大起来"的胸怀，企业所做的事情必须瞄准国家和社会的需要。真正的企业家要有家国情怀，有抱负，是一个对历史负责的人。做企业应该忠于事实、现实，不能弄虚作假，这种情怀包括两层含义：一是精忠报国；二是中国式现代化，民生为大，要始终致力于改善人民生活，把员工当成家人，不仅仅是改善其生活，更要关注其全面发展。

曹德旺说，创业就是干事，做慈善其实是在学做人，是一场修炼。

企业家就应该具有崇高的品德，必须有精神信仰，讲道德，讲诚信，要有奉献精神。企业家若无广阔的胸怀，无战略思维，无崇高的信仰，无坚定的操守，即便创造再多的财富，也不能称其为真正的企业家。

福耀的心中始终有一股精神存在，即要为中国人打造一片自己的玻璃，"福耀"就是中国汽车玻璃的代言词。"国家因为有你而强大，社会因为有你而进步，人民因为有你而富足。"这是曹德旺坚守的企业家精神，也是他认可的企业家的境界。

二、"知行合一"的公司战略

企业家精神对公司战略管理制度有很大影响，两者之间存在密切的关系，企业提出的企业家精神如果和战略无关，就只是口号。企业家的性格特征会影响企业家精神的内核，企业家精神也会影响企业不同时期的经营战略，可以这么说，企业家精神在很大程度上决定了企业能否获得成功。

自成立以来，福耀始终秉承"质量至上"的发展理念，致力于打造全球优质的玻璃品牌，成为全球汽车制造领域不可或缺的"黄金配角"。福耀始终秉承"勤劳、朴实、学习、创新"的理念，高度重视自主研发，以开放包容的态度接纳新技术、新理念。

福耀战略思想的核心路线，即公司愿景、核心理念、核心价值观、品牌理念，如图8-3所示。

在战略路线的指引下，福耀是少有的把"透明"二字列入发展战略的公司之一，它提出的发展战略是以科技以及创新的文化与人才，系统建立福耀可持续的竞争优势和盈利能力，形成一个被广大顾客、股东、员工及社会各界长期信赖的透明企业。

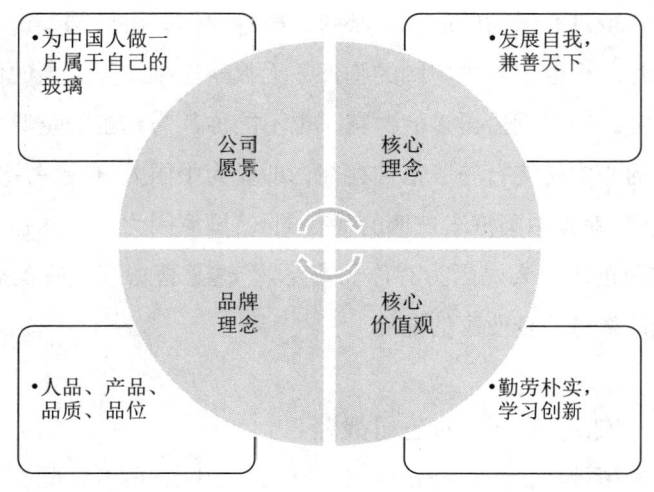

为中国人做一片属于自己的玻璃

发展自我，兼善天下

公司愿景

核心理念

品牌理念

核心价值观

人品、产品、品质、品位

勤劳朴实，学习创新

图 8-3 福耀战略思想的核心路线

1. 知：企业家精神的战略体现

一般认为，企业家精神以企业家独特的素质为基石，以创新精神为内核，是以企业家为载体存在的。博雅公共关系公司的一份研究报告指出，投资人更喜欢溢价买入拥有明星企业家的公司股票。在实务管理学中，领导力分析成为一门公开的研究课程。人们往往通过企业家来理解一家公司，比如任正非对华为、董明珠对格力、曹德旺对福耀等，这容易导致两种结果：一是会将企业的领导者能力个人化而不是体制化，二是大家会自然而然地把公司的"宝"押在 CEO 或企业家的个性和"奇招"上。

具备企业家精神的企业家，要避免在企业内外部形成个人崇拜的氛围，更不可盲目自大。在遇到突发情况时，沉着冷静，以严格的行事标准来管理公司，而不是过度依赖个人魅力，要重视激发员工的工作热情。要依靠自己的能力把企业家精神塑造成企业文化，生成公司战略。

因此，衡量一个企业家成功与否，要看他是否已将这种精神根植于公司的文化、战略，即使他离开公司，一段时间后公司还会继续前进。福耀的企业家精神和公司战略的融合如图 8-4 所示。

企业家精神	•为中国人做一片属于自己的玻璃（愿景） •发展自我，兼善天下。从"树立汽车玻璃供应商的典范"到"福耀全球"（核心理念）
国家因为有你而强大	
社会因为有你而进步	•全球客户的忠实伙伴，全球行业的行为典范，全球员工的最佳雇主，全球公众的信赖品牌（追求） •以技术及创新的文化和人才，系统打造福耀可持续的竞争优势和盈利能力（发展战略）
人民因为有你而富足	•弘扬"勤劳、朴实、学习、创新"的核心价值观，改善福耀文化生态，推进员工"幸福工程"，实现企业与员工同步发展（公司规划） •以董事长为核心的回报社会的行动，福耀一直在追求通过自我发展回馈客户、企业、产业、员工和社会（核心理念）
战略	

图 8-4　福耀的企业家精神和公司战略的融合

2. 行：战略规划，财报分析的战略元素

战略是方向，需要通过规划来落地，也就是说，企业在制定发展战略时，必须制定出实现这一战略的发展规划。

企业制定的发展规划是为公司战略服务的，是有步骤的行动，是对公司发展战略的长期性、综合性、可行性等问题进行反思，以便设计出未来的整套战略行动方法。公司战略是一个宽泛的概念，主要涉及竞争战略、发展战略、公司文化战略等内容，所以公司战略是复杂多变的，但究其本质都是为了公司未来发展所做的规划。

规划需要资源投入，有资源投入就会在财务报告中反映出来，因此，规划是战略和财务报告分析之间的"藤"。福耀 2020 年的战略规划如表 8-7 所示。

表 8-7　福耀 2020 年的战略规划

战略	规划
为中国人做一片属于自己的玻璃	为中国人做一片完全属于自己的玻璃,延伸"一片玻璃"的边界,加强对世界玻璃集成趋势的深入研究，并提出全面的产业解决方案与咨询服务
福耀全球	全面转型升级，通过提高企业为全球顾客提供价值与创造性服务的能力来推动全球化经营
"四品一体"理念（品牌理念）	客户导向，以匠人精神建设福耀零缺陷目标的卓越品质管理体系；以最优化解决方案提高客户满意度，用"四品一体"理念创造"福耀"国际性名牌
发展自我，兼善天下	坚持走技术创新之路，持续创造价值；推广资金集约化管理与全面预算管理，多维度深化精益推进，提质增效，以实现资本效率的最大化目标
创新	坚持市场导向，完善技术流程创新与管理机制创新，将企业技术创新转变为社会生产力，促进福耀由生产性企业向科技型企业转型升级
学习	入职教育、在职培训、管理专项培训，培养福耀自主精益人才
员工生活富足	建设福耀的人文生态，深入推行员工"幸福工程"，以实现公司和员工的共同发展

三、践行慈善的"提低"作用

2024 年 11 月 14 日，曹德旺应邀出席"中华慈善论坛（2024）暨中华慈善总会成立三十周年座谈会"，在专题发言中提到，自 1983 年以来，他的财富累计达到 500 亿元，包括成立河仁慈善基金会前的个人捐赠，捐款接近 300 亿元（含），占其个人总收益的 60%。

2022 年，曹德旺斥资 100 亿元建立的福耀科技大学奠基。曹德旺的愿景是通过这一巨额投资推动中国教育的创新与改革，他认为教育不仅关系到个人的成长，更关乎国家的未来。

企业家要懂得感恩，应怀有感恩之心和悲悯之心，这是慈善的基础。曹德旺认为，企业家积累的财富越多，背负的社会责任也就越重，把财富捐了，身上的担子也就放下了，反而会觉得一身轻松。曹德旺的慈善行为不仅体现在金钱捐赠上，还体现在他对慈善事业的深刻理解上。他强调感恩和承担社会责任的重要性，认为一个人的幸福不仅在于他拥有多少财富，更在于他是否受到社会的尊重和认可。

"心若菩提"，曹德旺用他的亲身经历诠释了道家的哲学思想"敬胜怠，义胜欲；知其雄，守其雌"（《荀子·修身》）的内涵。秉持"义利相济"的中国传统商道文化，尊敬他人、坚守道义、自省内敛，以应对人生的挑战和困境，积极履行社会责任，为社会做出贡献，实现自己的价值和梦想。

第五节　胖东来：美好之路

胖东来的企业目标是传播先进文化理念，培养健全人格，让员工在工作中改变"奴性"，实现个性，成就阳光个性的生命状态。

物本主义使人们把自己当成获得利益的"工具"。于东来提出的"美好之路"的核心思想，集中体现了他的经营哲学和生活态度，强调爱自己、爱生活、爱别人，以及创造价值和贡献价值的重要性。他认为，人生的圆满和幸福来自对价值的创造和贡献。胖东来的经营哲学对处于焦虑当中的企业家有两点启发：一是要快乐，二是要狠心放下利益。

胖东来的企业文化理念可以概括为"公平、自由、快乐、博爱"，以"营造快乐购物家园，提升大众生活品质"为企业使命，同时以"真心待顾客、诚心对员工、爱心献社会、信心求发展"作为企业愿景。胖东来的成功在很大程度上要归功于它解决了两个核心问题：一是如何照顾好员工，二是如何照顾好客户。员工是企业价值创造的源泉，而客户是企业持续发展的动力，任何企业都不例外；但大多数企业将重心放在客户身上，而对于员工的关心很少，认为年终多给员工发些奖金就是最大的恩惠。胖东来则把"以人为本"的管理理念和社会责任感融合为一，使其成为中国零售商业独一无二的样板。顾客是上帝，善待顾客不难，难的是善待员工。

一、成就员工阳光个性的生命状态

胖东来的企业文化强调"以人为本"、员工至上，将员工视为企业最宝贵的财富，而非单纯的劳动力。公司不仅为员工提供优厚的薪资待遇和完善的福利保障，更注重员工的个人发展和成长，倡导"共创共享，协同发展"，鼓励员工积极参与公司的各项决策和活动，让员工真正感受到自己是企业的一分子，工作是与企业共同成长、共同进步。

于东来认为，经营企业也没有那么复杂，员工工资决定了企业的生存，文化决定了企业的品质。只要工资公平，企业基本不会存在生存问题，为此，于东来制定了实现幸福企业的标准：在三、四线城市，员工收入4000元以上，这是企业的"生存线"；员工每周工作40个小时，每年有20天以上的年假，然后逐步实现春节放假2天、5天或一周的目标。此外，于东来还提出，如果净利率达到4%～5%，则利润的50%归股东所有，剩下的50%归团队所有，使员工愿意干，让股东愿意投资。

工资既是员工的"生存线"，也是企业的"生存线"，这一点很多企业并没有认识到。企业尊重员工，员工必然会尊重企业，直观来看，员工流失率是员工收入的"晴雨表"，但是在给员工涨工资时要分析企业有没有这个能力，要先建立相关的运营系统，确保员工保持轻松幸福的工作状态。

胖东来的"无为而治"是建立在完善的标准之上的，健全的标准让员工心中都有一杆"秤"，大家都积极地参与制度和标准的制定，不断建设标准、优化标准。包括岗位标准、工资政策、考核制度等，都要通过员工委员会的审核，要明确标准不是管人的，而是服务于人的。在制定标准时，员工和企业都应该了解自己，正确认识自己，如此才能轻松做事，成就自己，为他人、为社会做出贡献。

二、真正把顾客装进心里

胖东来的企业文化不仅体现在其对员工的关怀和尊重上，也体现在其对顾客的真诚服务以及其对社会责任的承担上，并形成了一种独特且富有影响力的企业文化。

胖东来的经营理念是发自内心的喜欢高于一切。商品是核心竞争力，商品的价值是物有所值。以客户为中心，就是要真正地把顾客装进心里，企业的经营目标是为了保障民生，在"民生为大"的基础上创造时尚，提升品质，探索实现幸福的商业模式。企业始终要问自己：对顾客而言，商品"真诚"吗？价格"真诚"吗？环境"真诚"吗？服务要实实在在，让顾客信任，做不到的不承诺，承诺了就要做到，如果没有做到，就要做出相应的赔偿，不能让顾客失望。

企业的价值是为人类的发展、为人类的生活服务，是为了推动社会的进步。为此，胖东来在制定经营标准时，要求企业具备专业的能力、先进的技术、科学的方法、健康的运营。为了使商品物有所值，胖东来开展了以下四个方面的工作：一是通过基地采购、供应商供货、厂家直供等多个渠道择优规划商品，争取得到更好的商品政策；二是优化现有的三、四线品牌；三是商品品类并不是越多越好，而是要适合当地人的生活；四是自有品牌开发不能仅追求开发速度，更要确保质量。

胖东来要传达的信息是，好的商品能够真正为顾客带来幸福，而最好的营销是真诚。优秀的文化是成人之美，最好的慈善是带好团队、做好企业，这种"以人为本"的企业文化，让胖东来汇聚了一支充满激情、忠诚且富有创造力的团队，他们共同努力，为企业的繁荣和发展贡献力量。

于东来秉持着"心中有爱的种子，一定会结出爱的果实""生命应与爱为邻，与爱为伴"的个人信念，这种信念不仅适用于企业管理，也适用于个人生活，它强调爱与责任在个人成长和企业发展中的重要作用。"人"是一切的核心，是一切的出发点和落脚点，这里的"人"既包括员工，也包括顾客，更包括胖东来超市周边的环卫工人和外卖员，在胖东来那里，人没有高低之分，这种职业平等观更具有时代意义。

胖东来通过其企业文化以及对员工的关怀、对顾客的真诚、对社会的热情，为企业持续发展筑就了坚实的根基。将员工放在首位，其经营之道在于：只有让员工满意，才能让顾客满意；只有让员工高兴，才能让顾客高兴；只有员工幸福，顾客才会幸福。这种管理观与儒家思想的"近悦远来"一致，也与日本稻盛和夫"敬天爱人"的经营哲学相近。胖东来将员工当作自己人，"家文化"是胖东来企业文化的底蕴。

于东来在2024年11月的一篇日志中写道："每个胖东来人在上岗期间要永远保持喜庆、热情、真诚、专业。虽然这样的要求许多企业都曾提出，但人是情绪化的，很难永远保持这种状态，当员工做不到时企业如何处理，这时才真正体现出企业的文化与价值观。"只有胖东来这样的具有人文精神的企业，才可以在完全信任的状态下解决这个问题，像家长对孩子一样，如果员工情绪低落，一时调整不过来，可以休"不开心假"，以免员工将负面情绪带给顾客。胖东来真正把顾客装进心里，也把员工装进心里，以此保障公司服务品质，不断提高员工的综合素养，成就了每个胖东来人独立自信的健全人格，以及轻松、自由、幸福的生命生活状态。

三、服务利润链理论的逻辑

1994 年，哈佛商学院詹姆斯·赫斯克特教授等人提出以顾客忠诚度为企业利润来源的服务利润链模型（见图 8-5），阐释了企业利润、忠诚顾客、忠诚员工及高效员工等要素之间的关系。

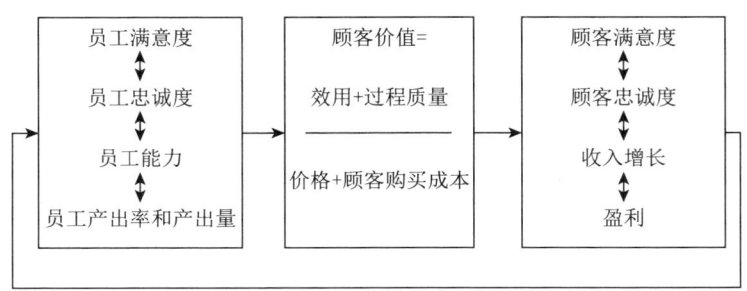

图 8-5　服务利润链模型

服务利润链模型表明，利润是由顾客忠诚度决定的，忠诚的顾客，即通常所说的老顾客，能给企业带来超额利润；而获得顾客忠诚度的前提是顾客对产品和服务达到一定的满意度，企业所提供服务的价值取决于顾客的感知；而富有成效且经验丰富的员工能为顾客创造较高的外部服务价值。归根结底，顾客的满意度取决于员工的满意度。

因此可以说，胖东来模式是服务利润链理论的实践，为企业提供了从员工和顾客两个方面着手来提高服务机构业绩的实践路径。企业应把注意力放在员工和顾客两个方面，为他们提供满意的服务，特别需要关注在企业内部创造员工价值，关注员工的支出是利润而不是成本，并以此来驱动企业的成长和业绩提升，提高企业的市场竞争力。

四、胖东来管理中的传统文化思想

1. 儒家思想

儒家的"以人为本"强调"仁爱"与"忠诚"。胖东来在员工关怀上践行儒家"仁者爱人"的理念，给员工远超行业标准的高工资、带薪休假等薪资福利，员工年假长达40天，体现了对员工的尊重与关怀。这不仅是现代"以人为本"的管理手段的体现，更是儒家家文化的延伸，让员工将企业视为一个大家庭，企业不仅是谋生的地方，也是一个可以获得温暖的地方。

胖东来内部注重经验传承，采用师徒传承的方式让老员工"传帮带"培养新人，倡导尊师重道，以增强团队凝聚力和员工归属感。儒家强调"人无信不立"，胖东来将其融入服务细节，始终坚持无理由退换货、商品透明溯源，甚至主动提醒顾客理性消费，从而取得顾客的长期信任。

2. 道家智慧

胖东来的价值观以"真诚、善良、爱"为核心，员工工作追求自然和谐与"无为而治"，企业只有充分信任员工，才能激发其责任感与创造力。简化层级，授权一线员工直接处理客户投诉，赋予员工自主决策的权力，减少过度控制。

于东来强调工作与生活的平衡，倡导员工享受生活，反对过度加班，体现了道家阴阳调和的哲学，引导员工面对利益时不要急功近利，用健康的身心来追求可持续发展。

3. 传统商业伦理

胖东来将义利兼顾与社会责任坚定地融合在一起，搭建利益共享机制，企业利润分配侧重于分给员工、顾客和社会，打破了资本单纯逐利的物本会计惯例，践行传统商道中的义利共生思想。胖东来曾多次在灾情中捐款捐物，展现了"达则兼济天下"的社会责任担当。

另外，胖东来认识到与社区共生发展的重要性，门店布局与本地社区深度绑定，提供免费充电、免费使用雨伞等便民服务，参与地方文化建设，强化邻里互助的传统价值观，形成良性的社区商业生态。

4. 以文化凝聚人心

胖东来重视传统文化方面的培训，以定期学习会、企业文化手册等方式，向员工传输孝道、感恩、节俭等传统美德，塑造共同的价值观，鼓励员工孝敬父母，将家庭伦理融入企业管理。在春节、中秋节等传统节日期间举办文化活动，利用节日仪式感增强员工的文化认同感。门店设计中融入传统书法、茶道元素，营造传统文化氛围，拉近企业和顾客之间的情感距离。

胖东来的实践表明，传统文化完全可以与现代商业融合，在创新中转化为企业的核心竞争力。胖东来的文化凝聚人心，收到了很好的效果：一方面提高了员工忠诚度，高福利与文化认同使员工流失率降低，服务主动性远超同行；另一方面，顾客黏性增强，在诚信经营和极致服务方面赢得了口碑，形成非价格敏感的忠实客群。胖东来鲜明的人本文化创造了企业的社会价值，企业也被赋予社会企业属性，打破了传统零售商业利润至上的逻辑，实现了多方共赢，最重要的是，让普通员工看到了工作的意义。

胖东来的管理模式本质是将传统文化中的人本精神、诚信伦理、和谐共生等理念，转化为可落地的制度设计和行为准则。其成功不仅在于商业创新，更在于对文化价值的坚守与现代化诠释，为中国企业提供了文化自信与商业向善的范例。

第六节　京瓷：人人都是经营者的阿米巴之道

阿米巴经营是指将组织分成小的集团，通过与市场直接联系的独立核算制进行运营，通过独立核算培养具有经营者意识的人才，让全体员工参与企业经营管理，承担经营责任。这一理念由日本著名企业家稻盛和夫提出，并在其领导的京瓷公司中获得成功应用，使公司在经历 4 次全球性经济危机后仍能持续发展。

阿米巴经营的核心理念在于将组织划分成多个小的团体，这些团体就像阿米巴虫一样，能够独立地进行经营活动，并通过独立核算来培养具有经营者意识的人才。这种模式不仅涉及人力资源问题，还涉及经营战略和企业文化等方面，通过让全体员工参与企业经营活动，使员工成为企业的主人，形成一个"命运共同体"，使经营者意志和员工意志达成一致。阿米巴经营模式从日本引入中国后，帮助很多企业实现了二次成长。2014 年年初，宝钢金属有限公司在成都宝钢制罐有限公司、宝钢集团南通线材制品有限公司、南京宝日钢丝制品有限公司等公司试点推进阿米巴经营模式，2015 年完成的"宝钢金属阿米巴模式与标准成本相结合提升 EVA"课题获得宝钢集团管理创新一等奖，成为阿米巴经营模式在中国落地的典型案例之一。阿里巴巴、华为、海尔等企业，也深受阿米巴经营模式启发。

　　阿米巴经营理念在中国企业的落地能否取得成功，从长期的实践来看，主要取决于两点：一是其哲学基础，即敬天爱人、仁爱立司；二是阿米巴经营的核心方法，即单位时间核算，其思路是使用单位时间核算衡量企业业绩。阿米巴经营是"以人为本"的经营管理模式，上述两个要点与人本管理会计的思想一致，即以人为本发展管理会计。

一、"敬天爱人"的经营哲学

　　"敬天爱人"包括两个方面的含义：一是"敬天"，即崇敬自然，热爱自然，保护自然，为人类做出贡献；二是"爱人"，也就是"利他"。"敬天爱人"源于中华优秀传统文化，企业家如果没有这样的初心，在企业运营中不能建立这样的哲学，阿米巴经营模式就不可能真正落地。

　　京瓷的经营哲学是把"何为正确的做人准则"作为判断事物的基准，并将其渗透到一切行动中。它强调几个核心观点，包括努力、谦虚、反省、感谢、利他、积极思考的"六项精进"，以及通过工作来磨炼心性，进而提升自己的重要性。

　　稻盛和夫认为，努力是从平凡升华为非凡的必要阶梯，强调付出不亚于任何人的努力是成功的关键。提倡简单是做人和做事的最佳原则，认为思维决定人生的发展方向，正面积极的思维方式对个人成长和成功具有非常重要的意义。他认为，身体力行是最好的学习方法，人应当通过实践来学习和成长，要不断实施"六项精进"，提升自我。

　　"敬天爱人"还强调通过工作来磨炼心性、提升自我的重要性。工作的喜悦和进步来自对工作的投入与专注，而不是外在的娱乐或兴趣。企业家应以利他之心经营企业，企业的成功不仅在于获取经济效益，更在于对社会和人类做出贡献。

二、阿米巴经营模式的人本管理会计实质

日本三矢裕教授等在《稻盛和夫的实学：阿米巴模式》中指出，阿米巴经营模式是将领导力培养、现场管理和企业文化三大企业管理的难题集中在一起予以解决的伟大经营模式。阿米巴经营的本质是"量化分权"，它与"经营哲学""经营会计"相互支撑，形成一种完整的经营管理模式，体现的是企业系统竞争力。

我国的《管理会计应用指引》基本上涵盖了管理会计领域的所有关键应用场景，《管理会计应用指引》是专业人员必须掌握的理论方法和分析工具。从《管理会计应用指引》来看，管理会计重点关注组织内部的运营管理，比如成本管理、营运管理和绩效管理。因此，阿米巴经营本质上和管理会计倡导的"经济及管理、财务及管理""管理报告分析和管理行为""财务会计和报表"以及"决策分析和信息系统使用"相通。

阿米巴经营要明确责任者及其义务，确保每个阿米巴团队都清楚自己的职责和目标，也要明确各个阿米巴的业绩目标，定期对经营活动成果和预算进行横向、纵向的比较分析，以便及时发现问题并加以完善。通过"全员全额负责"的体制，将企业经营者意志和员工意志相结合，形成组织体，实现"人本经营"。阿米巴管理会计思想的核心概念是单位时间核算制，阿米巴划小核算单元除了关注利润、成本之外，还关注单位时间创造的利润，通过计算小组每小时创造的附加价值，追求价值的最大化，用公式表示如下。

单位时间附加价值 = 阿米巴利润 ÷ 总时间 =（生产总值 - 费用）÷ 总时间

费用 = 总费用（原材料采购费、利息折旧费等）- 劳务费用

总时间 = 正常工作时间 + 加班时间 + 内部公共时间

可以看出，稻盛和夫提出的计算方法与西方财务会计和管理会计的

规则有所不同，其中最大的区别是，阿米巴经营不将员工的劳务费视为费用，而将其视为附加价值的一部分，所以在费用中将其扣除。单位时间附加值的计算体现了管理会计的精细化管理理念，"以最小的费用创造最大的价值"为原则的每一个阿米巴组织，都在贯彻公司的整体经营战略和整体目标，也与《管理会计应用指引》的成本管理、营运管理、战略管理不谋而合。阿米巴组织的及时核算方式，使员工能够直观地了解自己每个工时所创造的附加价值，并据此衡量自己的业绩，使员工自主规划工作、自主设定目标，从而激发员工的热情、活力和创新精神。这种评价体系调动了员工的工作积极性，提高了企业生产效率，同时也在不断提醒员工反思自己存在的不足，这个过程即等同于管理会计的绩效管理，如图 8-6 所示。

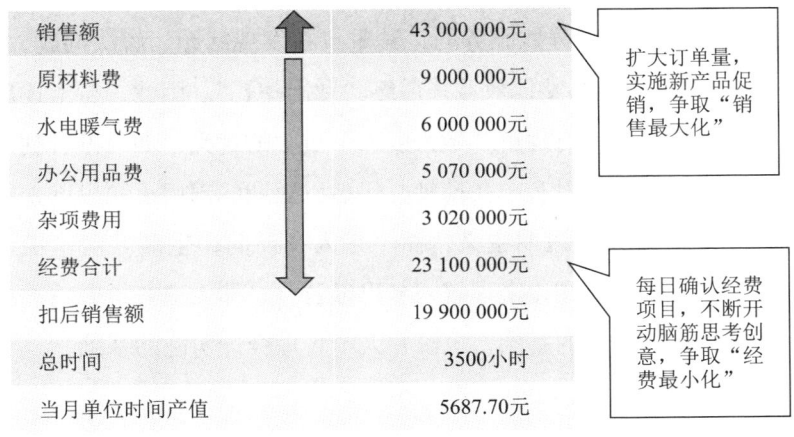

销售额	43 000 000元
原材料费	9 000 000元
水电暖气费	6 000 000元
办公用品费	5 070 000元
杂项费用	3 020 000元
经费合计	23 100 000元
扣后销售额	19 900 000元
总时间	3500小时
当月单位时间产值	5687.70元

扩大订单量，实施新产品促销，争取"销售最大化"

每日确认经费项目，不断开动脑筋思考创意，争取"经费最小化"

图 8-6　单位时间核算机制

阿米巴经营模式中的管理会计概念，是人本管理会计与先进管理模式的融合。除了人工成本的特殊处理以外，阿米巴经营还将激励、预算和绩效管理等理论融会贯通，促进了管理会计理论框架的形成。阿米巴经营模式本质上就是一种经营管理理念，而数字化经营时代的管理会计更注重管理服务于经营，主要研究如何站在管理的角度去看待经营中的财务问题，最终为企业经营服务。

阿米巴经营模式包含大量的管理会计知识，特别是目前我国大力推广的《管理会计应用指引》中的知识，该模式所使用的管理会计工具"以人为本"，与现有传统管理会计模式有根本的不同，体现了人本管理会计的核心内容。

国内也有人认为，阿米巴核算会增加核算成本，促使企业出现"各人自扫门前雪"的现象，形成内耗，得不偿失，因而反对企业采用阿米巴经营模式。这样的认识是不正确的。一方面，随着智能财务的发展，财务核算从量上来看，基本上不会对成本产生影响；另一方面，阿米巴经营不是为各阿米巴分钱服务的，其重点在发现问题，解决问题，"力出一孔"，提升企业的整体效益，最终"利出一孔"。因此，持上述反对观点的人主要还是没有理解"敬天爱人"哲学的含义，如果没有利他之心，没有长期主义，没有忘我精神，仍然以短期的部门逐利思维，以商业导向、功利主义和短期主义，而不是人文导向、生命导向、长期主义、止于至善的企业文化来理解阿米巴经营，自然无法获得成功，也就没有实施阿米巴经营的基础，也没有人本管理会计实施的基础。

第七节　方太：心性即文化，文化即业务

方太董事长兼总裁茅忠群提出的"文化即业务"理念，成为方太的经营管理哲学，强调文化在企业经营中的核心作用，认为文化是业务的

基础，业务是文化的呈现和结果，文化强则业务强。企业唯有知行合一，即实现文化和业务的融合，才能真正让顾客安心，让员工幸福。

中国文化的代表儒、释、道三家，各有一句话总结了心性之学。儒家说"存心养性"，释家讲"明心见性"，道家说"修心炼性"，说明在中华优秀传统文化中，心性是生命的大科学，甚至可以说心性之学是中国文化的精髓。

心性为一切价值之根源，其本质就是人的善念。人的心性体现了他的世界观、价值观，因此提倡涵养心性，使其圆满丰足，达到人生修养的最高境界。

方太基于对中华优秀传统文化的理解，在企业经营中倡导"以人为本"的管理理念，把中华优秀传统文化中的"仁、义、礼、智、信"植入公司的核心价值观，将中华优秀传统文化思想和西方管理之术相结合，形成了"中学明道，西学优术，中西合璧，以道御术"的具有中国特色的方太特色文化管理体系，如图8-7所示。

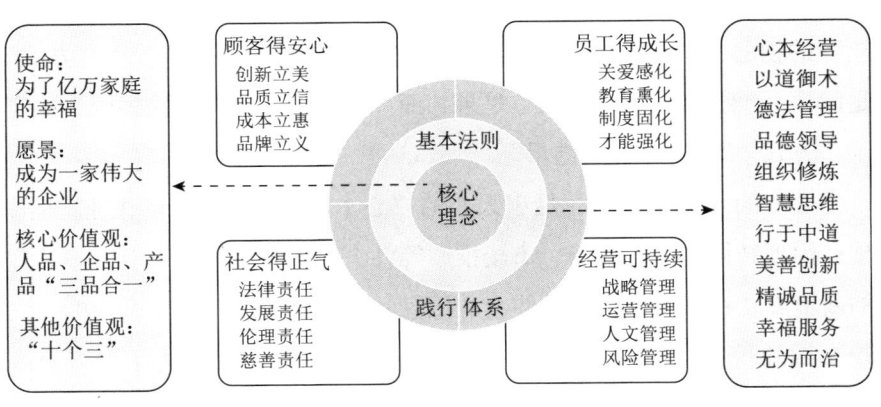

图8-7　方太文化体系

　　方太提出"心性即文化"的理念，认为人的生命价值体现在圆满丰足的心性中，此即"无待他求，当下即是"的人生境界。"心性即文化"将企业文化视为企业发展的核心驱动力，也是企业根本的持久竞争力。方太特别强调心性修炼，这是所有方太文化的起点，具体以"五个一"（立一个志，读一本经，改一次过，行一次孝，日行一善）形成日常修炼的"法门"，目的是驱除人的心性空间中的"不明"与"贪欲"。

　　"听其言，观其行"，这是人们从实践中得出的重要经验。不要看企业的宣传标语怎么说，而要看企业实际是怎样做的。文化与业务是"一体两面"，同样契合"不忘初心，方得始终"的哲理。

　　"企业文化"这一概念虽然已提出很久，但在大多数企业，要么不重视，要么只是口头强调，而没有真正采取行动，或者虽有行动但不得其法，最终流于形式。总体来看，文化和业务"两张皮"的现象非常普遍。真正有效的企业文化，不仅需要获得上至董事长、下至普通员工的一致认同，更需要与具体的管理和业务实践相融合，让文化切实地创造价值。企业文化最终要与业务紧密结合，方能产生价值效果。文化是做业务的初心和方式，而业务是文化的呈现和结果。"初心"和"方式"是因，"呈现"是缘，"结果"是果，而"初心"又是一切的根因，决定了"方式""呈现"和"结果"。

　　方太的管理哲学是立足于人心的"心本哲学"，将其运用到企业管理、治理结构、人才培养、市场推广等各个环节，开辟了企业人本管理的新境界。在方太人看来，使命、愿景和核心价值观相当于企业的"三观"，要回答三个基本问题：一是"为什么"，回答是"为了亿万家庭的幸福"，这是企业使命；二是"成什么"，回答是"成为一家伟大的企业"，这是企业愿景，企业是否伟大并不在于其规模如何，而在于其是否导人向善；三是"信什么"，回答是"人品、企品、产品'三品合一'"，这是企业的核心价值观。

"企业文化理论之父"，美国麻省理工学院斯隆管理学院的埃德加·沙因教授，将企业文化看作一个荷花池。他说，通常人们第一眼看到的是浮在水面之上的荷花和莲叶，这时如果有人觉得荷花很好看，把它摘下来放在自己的池塘里，不过也就维持几天的光彩而已；再进一步，如果人们注意到在荷花和莲叶之下连着梗，于是连枝梗一起移到另一个池塘里，荷花绽放的时间就会更长一些，但最多也就十多天而已；如果再深一点挖到它的根，连根移植过去，就会发现，用不了多长时间，大半个池塘都会被荷花和莲叶覆盖。这就是很多企业觉得学别人的文化"一学就会，一用就废"的原因。人们往往只注意学其表面的繁华，而不掌握其深层次的内涵，或者说不在其本质处用力，自然无法发挥企业文化应有的作用。

"文化即业务"这一理念源自中华传统文化的智慧，强调"天人合一""知行合一"等一元智慧。方太从 2017 年开始推广这一理念，经过多年的实践，取得了显著的成效，不仅得到了方太管理层的广泛认同，也在全公司范围内得到推广，成为方太企业文化的重要组成部分。"文化即业务"强调在"果上反省"，和"因上努力""缘上创造"组成了一个动态循环，使"文化即业务"成为一个动态演化的组织过程。目前，方太已经形成丰富的方法论工具箱，包括密切联系顾客、坚持深入现场、反省和唤醒的"三大作风"，标杆学习、复盘改进、总结教授的"三大剑法"，以及方太领导力行为、价值观行为、关键业务行为的"三大行为"。

方太文化落地，包括以下十个步骤。

步骤一：企业家学习修炼。

步骤二：关爱感化。

步骤三：德育熏化。

步骤四：制定核心理念。

步骤五：制定业务战略。

步骤六：建立绩效管理模式。

步骤七：建立员工激励机制。

步骤八：制定运营管理体系。

步骤九：承担社会责任。

步骤十：持续改善。

遵循"文化即业务"这一理念，方太在做每一件事前都会问：做这件事的初心是什么？应该用什么样的方式来做？方太认为，什么样的初心决定了产品会以什么样的方式生产和最终呈现，又决定了会给人们带来什么样的结果。"利他"是方太人初心的底色，方太人的初心是使顾客安心，帮助员工成长，扬社会正气，实现企业经营可持续。在这样的初心引领下，方太人的思维方式自然就成为"以顾客为中心，以员工为根本，以社会为依归，以可持续为目标"。

"心性即文化，文化即业务"，企业首先要重视心性修养，把顾客的销售体验和售后服务管理好。其次要重视质检业务，认真检验产品品质，以客户为中心，使客户安心。

方太文化弘扬的是儒学的基本理念，过去儒商一手《论语》，一手算盘，一个是价值理性，一个是工具理性。方太把其化为心性和智能财务，回答了人和自然要和谐相处，人与人要和谐相处，人类经济制度安排必须以公平和正义为基础准则。方太文化包含了财务辩证思维，体现在三个方面。首先是利润最大化与可持续增长的辩证统一，不单纯追求利润最大化，而是追求企业的可持续发展。方太认为，企业追求的利润目标应该是"合理的"，而不是"最大的"。利润合理化相比利润最大化，一是可以有效避免短期行为，二是可以培植深耕土壤。其次是人工成本与企业利润的辩证统一，"分好蛋糕"才能"做大蛋糕"。方太实施"以心为本"的心本管理，让每一位员工都能快乐学习、快乐奋斗。方太的利润分享计划通过薪酬、年终奖、补助、身股等形式把员工个人利益与企业利益捆绑在一起。最后是财务与业务的辩证统一，财务要融入业务。财务与业务的关系可以从两个维度来看：一是监督业务，对业务成果的真实性进行审核并做记录；二是服务业务，为业务协调资源，为业务决策提供支持。

方太的成功源于仁爱之道、向善之法和创新之术，以术载道，以法固道，以道驭术，实现了企品、人品和产品的"三品合一"（见图8-8），实现了论语与算盘的义利平衡（陈劲，国容毓，2020）。

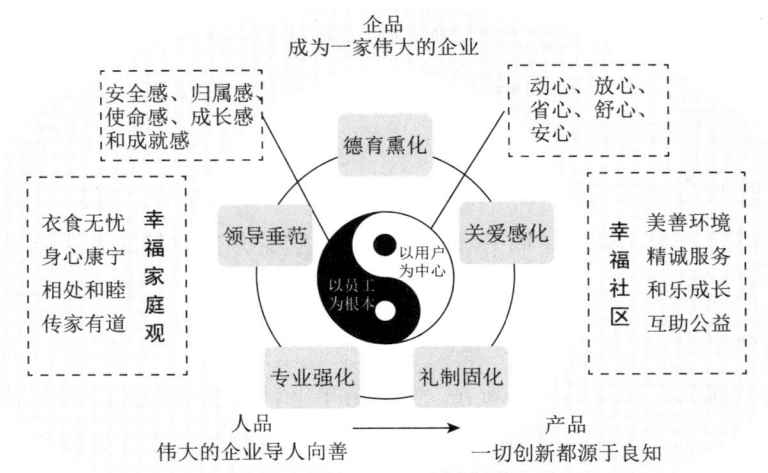

图8-8　方太的幸福生态

第八节 携程：实行家庭友好政策

梁建章认为，有人才能有一切。他曾在多个场合强调人口问题的重要性，在宏观层面强调人口是发展的根本，有人才能推动经济的创新活力与文明的延续，并呼吁将 ESG 的概念扩展到人口可持续发展领域。

携程在梁建章的影响下，以实现社会、员工和公司"三方共赢"为出发点，在家庭友好政策方面采取了诸多具体措施，如生育补贴和混合办公政策。

2023 年，携程正式发布针对全球员工的"程二代成长礼金"生育补贴政策，规定在公司工作满三年的全体员工，每个新生儿都可获得 50 000 元的补贴。该计划预计总投入 10 亿元，以鼓励员工生育，从而构建企业生育友好氛围。经过一年多的实施，有数百名符合条件的员工领取了这笔资金。尽管这项工作的推进意味着公司每年可能要承担上亿元的额外支出，但携程仍希望这一政策能惠及更多员工，并认为这是可以承担且值得投资的举措。

携程自 2022 年开始，在全公司推行混合办公制度，允许员工在每周的特定天数（通常是周三和周五）选择居家办公或其他灵活的工作地点，从而提高了员工的工作灵活性和满意度，同时提升了公司的管理和运营效率。

具体而言，每周三和周五，公司各事业部门和职能部门可以根据实际管理需求，实行或逐步推行 1 ～ 2 天的混合办公。符合条件的员工可以自行选择办公地点，无论是家里、咖啡厅还是度假酒店等，都可以成为他们的工作场所。该政策不针对特定群体，而是无差别覆盖全体员工，且不做薪资调整。作为落地措施，公司同步发布了与之匹配的员工申请和管理流程、设备支持等政策，以确保混合办公制度的顺利实施。

此外，携程还升级混合办公模式，全面启动春节回乡办公政策。以2025 年春节为例，员工可申请 2024 年 12 月 29 日至 2025 年 2 月 15 日回乡办公。携程客服可在春节前一个月返乡，在春节后两周返回公司。

这项政策并不是携程管理层的心血来潮，而是基于 2024 年 1 月 20日至 3 月 1 日 600 余名员工回乡办公的实验数据提出的，分析显示，回乡办公员工的工作效率提升了 5.2%，员工对公司的满意度提高了 10%，同时缺勤率大幅下降。因此，携程服务委员会轮值主席、集团副总裁严丽强调，作为一家倡导"家庭友好"的企业，携程致力于为员工创造更好的工作环境和更大的福利，通过更好地服务员工，提升其服务客户的质量，从而不断推动中国服务标准的提升。

投桃报李，员工在得到企业尊重时，绝大多数会努力工作，用自己的努力来回报企业的关怀，这是中华优秀传统文化根植的基因。

参考文献

［1］ 陈明.“东学西渐”视角下的超个人心理学人性论探析［J］.东岳论丛，2017，38（4）：37-42.

［2］ 陈明.当代西方心理学的哲学转向及其对道家思想的借鉴与融合［J］.湖湘论坛，2017（5）：160-165.

［3］ 陈学明.资本逻辑与生态危机［J］.中国社会科学，2012（11）：4-23+203.

［4］ 陈惠雄.人本经济学的重要理论观点［J］.财经论丛（浙江财经学院学报），2004（3）：68-73.

［5］ 陈惠雄.人本经济学新思维——一个探索性的理论框架［J］.学术月刊，2006，38（11）：64-71.

［6］ 陈劲，魏巍.有意义的管理［M］.北京：机械工业出版社，2022.

［7］ 程博，胡朝会，潘飞，等.管理会计体系建设十年回顾与展望［J］.财会月刊，2024，45（14）：53-59.

［8］ 程博，潘飞，王建玲.儒家文化、信息环境与内部控制［J］.会计研究，2016（12）：79-84.

［9］ 程霖，谢瑶.传统管理思想与中国式管理构建［J］.江西社会科学，2023，43（2）：127-139.

［10］成刚.量子思维颠覆企业管理［J］.企业管理，2018（5）：23-26.

［11］蔡勇，饶瑞久，贾永昌，等.中国石油应用大数据技术开展财会监督的实践和探索［J］.财务与会计，2023（7）：40-43.

［12］戴理达.资本逻辑与数智技术交融下管理会计工具反驯化效应研究［J］.财会通讯，2024（1）：22-29，146.

［13］戴璐，支晓强.管理会计变革是否撬动了战略变革——国企改革进入“深水区”的案例调查［C］.//中国会计学会管理会计专业委员会.2015学术年会暨首届中国管理会计高层论坛论文集，2015：46-61.

［14］杜兴强，谢裕慧，赖少娟，等.儒家文化与会计稳健性［J］.会计研究，2023（1）：57-72.

［15］董金移. 论日本"经营之圣"稻盛和夫的企业经营哲学［J］. 学术论坛，2012，35（4）：137-141.

［16］冯巧根. 新时代的管理会计工具创新［J］. 财会通讯，2022（17）：3-11.

［17］冯巧根. 中国式现代化视角的管理会计创新［J］. 财会月刊，2022（22）：3-8.

［18］冯巧根. 管理会计学术的研究窗口与宏观转向［J］. 财会通讯，2023（1）：3-10.

［19］冯巧根. 新时代的管理会计工具创新［J］. 财会通讯，2022（17）：3-11.

［20］冯巧根. 共同富裕驱动的管理会计创新［J］. 会计之友，2022（23）：149-157.

［21］冯巧根. 管理会计工具的创新——"十字型"决策法的应用［J］. 会计研究，2020（3）：110-127.

［22］冯巧根. 管理会计视角的全面绩效管理［J］. 会计之友，2016（3）：130-136.

［23］傅元略. 中国管理会计理论研究的发展和亟待解决的几个问题［J］. 学海，2010（4）：76-83.

［24］傅元略. "软管理"哲学思想与管理会计数字化转型［J］. 财务与会计，2022（19）：4-7.

［25］傅耀，刘红红. 人本主义经济学的理论内涵和逻辑困境［J］. 广东金融学院学报，2008，23（4）：111-125.

［26］范英杰，刘文秀，赵春琳. 国家文化视角的企业社会责任信息披露特征研究［J］. 财会通讯，2019（4）：17-21.

［27］范英杰，林高飞. 文化对企业管理会计行为影响的研究综述［J］. 会计之友，2021（1）：50-54.

［28］范英杰，张歌，姜研. 儒家文化、管理会计应用与企业价值创造［J］. 会计之友，2023（8）：64-73.

［29］范英杰，姜研，吕俊. 我国文化情境下的管理会计创新研究——基于海尔水式管理哲学小微组织的案例研究［J］. 会计之友，2022（20）：86-95.

［30］焦成焕，魏艳平. 从数字资本逻辑走向人本逻辑——数字劳动推动人的自由全面发展［J］. 山东社会科学，2024（3）：97-105.

［31］金应忠. 从"和文化"到新型国际关系理念——兼论人类命运共同体意识［J］. 社会科学，2015（11）：18-33.

［32］金应忠. 为什么要倡导"共生机遇论"［J］. 社会科学文摘，2020（3）：29-31.

［33］胡春晖，徐国君. 以人为本、行为价值与人本管理会计机制研究［J］. 当代财经，2013（9）：109-117.

［34］胡春晖. 人本会计理论体系研究［M］. 北京：中国人民大学出版社，2018.

［35］胡春晖. 管理会计的新思维——人本管理会计思想［J］. 财务与会计，2016（14）：60-61.

［36］胡玉明. 中国管理会计的理论与实践：过去、现在与未来［J］. 新会计，2015（1）：6-12.

［37］胡玉明，叶志锋，范海峰. 中国管理会计理论与实践：1978年至2008年［J］. 会计研究，2008（9）：3-9.

［38］胡玉明. 强化管理会计理论研究的"中国元素"［J］. 财务与会计，2015（1）：11-12.

［39］胡国栋，李苗. 张瑞敏的水式管理哲学及其理论体系［J］. 外国经济与管理，2019（3）：25-37+69.

［40］黄世忠. ESG时代平衡计分卡的拓展与改进［J］. 财务研究，2024（5）：18-26.

［41］黄世忠，叶丰滢. ESG报告基本假设初探［J］. 会计研究，2023（5）：22-32.

［42］黄世忠. 支撑ESG的三大理论支柱［J］. 财会月刊，2021（19）：3-10.

［43］黄世忠. ESG视角下价值创造的三大变革［J］. 财务研究，2021（6）：3-14.

［44］黄世忠. ESG理念与公司报告重构［J］. 财会月刊，2021（17）：3-10.

［45］黄世忠. 可持续性和可持续发展的缘起和演进［J］. 财会月刊，2024，45（1）：3-9.

［46］黄世忠. 共享价值创造的实践论——基于蚂蚁集团的案例分析［J］. 财会月刊，2023，44（13）：3-11.

［47］何怀宏. 伦理学是什么［M］. 北京：北京大学出版社，2002.

［48］洪银兴. 论中国式现代化的经济学维度［J］. 管理世界，2022（4）：1-14.

［49］广东省2021年度专项会计科研课题组. 党和国家监督体系中财会监督的含义和理论框架探讨［J］. 会计之友，2022（6）：137-142.

［50］郭彦. RPA技术下中国式现代化管理会计创新模式构建［J］. 财会通讯，2024（1）：160-164.

［51］刘俊勇，段文鏸，安娜. 平衡计分卡学术研究评述与展望［J］. 北京：会计研究，2022（8）：121-134.

［52］楼宇烈. 中国文化的根本精神［M］. 北京：中华书局，2016.

［53］李卫斌. 企业社会责任履行机制的构建与实施［J］. 江西社会科学，2012（5）：214-217.

［54］李志斌. 中国会计伦理的构建与推行——传统文化视角的研究［J］. 华东经济管理，2010，24（2）：87-89.

［55］李心合. 儒家伦理与现代企业理财［J］. 会计研究，2001（6）：26-32.

［56］李心合. 企业财务研究的错位与矫正［J］. 财会月刊，2021（14）：16-22.

［57］李实. 共同富裕的目标和实现路径选择［J］. 经济研究，2021，56（11）：4-13.

［58］李诗，黄世忠. 从CSR到ESG的演进——文献回顾与未来展望［J］. 财务研究，2022（4）：13-25.

［59］李井林，杨洪杰. ESG与公司财务：研究评述和展望［J］. 会计之友，2023（15）：69-74.

［60］罗建强，李伟鹏，赵艳萍，等. 基于WSR的制造企业服务衍生状态及其评价研究［J］. 管理评论，2017，29（6）：129-140.

［61］柳长森，郭建华，金浩，等. 基于WSR方法论的企业安全风险管控模式研究——"11·22"中石化管道泄漏爆炸事故案例分析［J］. 管理评论，2017，29（1）：265-272.

［62］孟焰，孙健，卢闯，等. 中国管理会计研究述评与展望［J］. 会计研究，2014（9）：3-12.

［63］毛小平，吴梵. 共同富裕现代化的中华优秀传统文化基因［J］. 理论视野，2024（9）：53-58.

［64］马广林. 企业的量子态与人本企业制度安排［J］. 中国海洋大学学报（社会科学版），2024（4）：66-73.

［65］潘飞，许宇鹏. 中国管理会计体系研究［J］. 会计之友，2017（11）：7-10.

［66］潘飞，雷喻捷. 构建中国管理会计体系的探索［J］. 会计研究，2023（8）：3-17.

［67］潘飞. 非正式控制研究的时代价值——评《管理会计有效性研究》［J］. 新会计，2021，（3）：4-6.

［68］潘爱玲，于明涛. 文化企业高管团队特征与财务绩效关系的实证研究［J］. 广东社会科学，2013（5）：5-14.

［69］潘爱玲，朱磊. 中美文化差异对两国会计管理体制的影响及启示［J］. 山东大学学报（哲学社会科学版），2006（4）：144-149.

［70］邱兆学. 人本财务管理［M］. 北京：立信会计出版社，2016.

［71］辜鸿铭. 中国人的精神［M］. 青岛：青岛出版社，2020.

［72］饶惠霞，吴海燕. 京瓷与华为——殊途同归的经营哲学［J］. 企业管理，2014（7）：70-71.

［73］任正非. 华为的灰度管理［J］. 企业文化（上旬刊），2015（12）：83-85.

［74］任小鑫. 新技术与财会监督协同机制创新研究［J］. 会计之友，2023（20）：158-160.

［75］孙玉甫. 人本财务会计［M］. 北京：立信会计出版社，2015.

［76］申学锋. 财会监督的历史维度与现实维度［J］. 财政监督，2023（9）：5-8.

［77］桑东辉. 新时代实现共同富裕的历史传统溯源［J］. 学术界，2023（1）：142-150.

［78］田新平，高国策. 我国管理会计人文思想溯源与发展［J］. 财会通讯，2016（4）：11-13.

［79］唐大鹏，李渊，楼丽娜，等. 以内部控制制度构建财会监督的确定性规则［J］. 财务与会计，2021（10）：41-45.

［80］唐明燕. 共同富裕的中华优秀传统文化渊源［J］. 齐鲁学刊，2024（4）：71-80.

［81］谭红旭. 关于企业建立与ESG行动相适应的财务管理体系的探讨［J］. 中国注册会计师，2024（5）：81-85.

［82］王海兵. 人本财务研究［M］. 北京：立信会计出版社，2012.

［83］王海兵. 以人为本的企业收益分配研究［J］. 华东经济管理，2012，26（10）：103-110.

［84］王海兵，杨小龙. 以人为本的企业财务文化研究［J］. 会计之友，2012（8）：23-28.

［85］王海兵，张元婧. 传统文化嵌入企业内部控制的机制和路径研究［J］. 会计之友，2019（20）：113-119.

［86］王海兵，蒋悦. 新儒家思想应用于人本审计文化构建的路径研究［J］. 会计之友，2024（8）：110-114.

［87］王俊清，程家旗，虞富荣. 内部审计提升企业商业生态价值的思维与路径探析［J］. 财会通讯，2024（17）：125-131.

［88］王俊清，程家旗，赵世阔. WSR方法论的中国化管理会计报告研究［J］. 会计之友，2024（15）：11-18.

［89］王俊清，程家旗. 双法耦合——高校以人为本的成本核算路径［J］. 财会通讯，2023（20）：161-166.

［90］王俊清，程家旗. 员工激活与基于第四张表的管理会计驱动价值创造实践［J］. 商业会计，2021（5）：87-90.

［91］王满，于浩洋，马影，等. 改革开放40年中国管理会计理论研究的回顾与展望［J］. 会计研究，2019（1）：13-20.

［92］王晓林. 科学发展观呼唤中国人本经济学研究［J］. 经济学家，2005（2）：94-99.

［93］王汉瑛，邢红卫，田虹，等. 第三次分配——儒道佛思想渊源及融通［J］. 上海财经大学学报（哲学社会科学版），2022，24（3）：3-18.

［94］王斌. 论管理会计知识与管理会计应用［J］. 财会月刊，2020（3）：3-8.

［95］王继田，阮敬. 共享发展、共同富裕与收入分配格局的实证检验［J］. 统计与决策，2023（10）：4-13+44-49.

［96］王方华. 当量子管理遇见易之管理［J］. 上海管理科学，2019，41（6）：封2.

［97］王学典. 东方历史文化传统与中国式现代化路径的选择［J］. 济南大学学报（社会科学版），2023（3）：5-14.

［98］吴昊天. 论中国传统文化的共同富裕内涵特征及现代转化［J］. 东岳论丛，2023，44（5）：24-30.

［99］吴天明. 中国传统文化的核心价值观［J］. 学术界，2024（1）：114-122.

［100］吴雅琴，苗倩. 财会监督对高管薪酬契约有效性的影响［J］. 财会月刊，2022（6）：35-44.

［101］温素彬，李慧，焦然. 企业文化、利益相关者认知与财务绩效——多元资本共生的分析视角［J］. 中国软科学，2018（4）：113-122.

［102］巫继学. 人本经济学——以人为本的政治经济学诠释［J］. 中州学刊，2004
　　　（5）：31-35.

［103］卫武，黎金荣. 员工正念如何影响不道德亲组织行为——自我调节理论的视
　　　角［J］. 商业经济与管理，2023（5）：5-16.

［104］魏霄，孟科学. 从"经济管理"到"意义管理"——基于中国式现代化的组
　　　织管理目标升级［J］. 领导科学，2023（6）：58-62.

［105］习近平. 在文化传承发展座谈会上的讲话［N］. 求是，2023 - 06 - 02.

［106］谢志华，敖小波. 管理会计价值创造的历史演进与逻辑起点［J］. 会计研
　　　究，2018（2）：3-10.

［107］谢志华，胡鹰. 财务管理与支撑战略［J］财务与会计，2022（13）：9-14.

［108］徐国君. 三维会计研究［M］. 北京：中国财政经济出版社，2003.

［109］徐国君. 论会计正义［J］. 会计之友，2023（1）：159-160.

［110］徐敏亚，陈丽萍. 牛顿式管理与量子管理［J］. 企业管理，2021（1）：122-
　　　123.

［111］许宇鹏，潘飞. 数字经济时代中国企业管理会计研究框架的初步思考
　　　［J］. 财务研究，2024（2）：12-19.

［112］熊焰韧. 构建人类命运共同体管理会计——《管子》思想探源［J］. 中国文
　　　化与管理，2022（2）：83-94.

［113］项久雨. 共同富裕的文化逻辑［J］. 人民论坛，2022（17）：102-105.

［114］辛杰，谢永珍，屠云峰. 从原子管理到量子管理的范式变迁［J］. 管理学
　　　报，2020，17（1）：12-19+104.

［115］许倬云. 中国文化的精神［M］. 北京：九州出版社，2018.

［116］席酉民，刘鹏. 和谐管理理论及其应用［J］. 前线，2022（9）：36-39.

［117］余绪缨. 管理会计理论的新洞察［J］. 中国经济问题，2005（9）.

［118］余绪缨. 论体验经济与管理及管理会计创新［J］. 厦门大学学报（哲学社会
　　　科学版），2005（4）：5-13.

［119］余绪缨. 余绪缨综合文集［M］. 北京：中国财政经济出版社，2003.

［120］余绪缨. 知识经济条件下管理柔性化等问题研究［J］. 中国经济问题，2004
　　　（5）：32-37.

［121］余绪缨，傅元略. 企业创新与管理会计创新的相关问题研究［M］. 北京：中
　　　国财政经济出版社，2007.

[122] 杨建梅，顾基发，王丁华. 系统工程的软化——第二届英—中—日系统方法论国际会议述评［J］. 华南理工大学学报（自然科学版），1997，25（4）：20-25.

[123] 袁敏. 关于财会监督的几点思考［J］. 财务与会计，2023（8）：29-30.

[124] 杨世忠，马元驹. 论中国特色社会主义会计文化建设的路径与重点［J］. 会计研究，2014（6）：17-24.

[125] 杨世忠. 诚信的价值——兼论会计职业群体的核心价值观［J］. 会计之友，2017（1）：2-6.

[126] 叶陈毅. 会计信用文化视域下的现代商业伦理研究——内涵、机理与路径［J］. 会计之友，2023（7）：2-10.

[127] 叶康涛，刘金洋，曾雪云. 会计管理活动论的当代意义［J］. 会计研究，2020（1）：5-15.

[128] 阳镇，陈劲. 儒家文化与中国式管理构建［J］. 清华管理评论，2023（10）：40-4.8.

[129] 赵国杰，王海峰. 物理事理人理方法论的综合集成研究［J］. 科学学与科学技术管理，2016，37（3）：50-57.

[130] 张晓娟，王磊. 本土化管理理论研究与实践探索的回顾与展望——"管理学在中国"2013年会（第6届）述评［J］. 管理学报，2014，11（2）：181-189.

[131] 张兵红，吴照云. 中国管理理论概念研究——演变、重构及延伸［J］. 商业经济与管理，2021（11）：47-61.

[132] 张蕴萍，栾菁. 数字经济平台垄断治理策略研究［J］. 经济问题，2021（12）：9-15.

[133] 周本红，祖密密. 共享发展理念的价值意蕴［J］. 理论导刊，2019（5）：39-44.

[134] 周祖城. 企业伦理学［M］. 4版. 北京：清华大学出版社，2020.

[135] 张波. 人本主义、国家秩序与经济增长——试论孔子、孟子、荀子经济思想中的"人本经济学"研究范式［J］. 经济评论，2009（3）：95-100.

[136] 张旭. 中国经济学：历史、理论与实践［J］. 经济学家，1998（3）：4-11.

[137] 张璠，王竹泉. 财会监督体系重构新思路［J］. 财务与会计，2020（24）：13-16.

［138］张多蕾，刘永泽，池国华，等. 中国会计教育改革40年——成就、挑战与对策［J］. 会计研究，2019（2）：18-25.

［139］张守连，肖建杰. 基于量子思维的管理范式变革探析［J］. 领导科学，2021（18）：51-54.

［140］朱元午. 试论会计和财务守正创新中的扬与弃［J］. 财务研究，2024，（1）：5-13.

［141］钟玮，董淼. 公司财务特征与企业ESG评分的内在关联［J］. 会计研究，2024（7）：175-192.

［142］郑海英，陆青山. 新质生产力视角下企业智力资本的会计核算研究［J］. 会计之友，2025（3）：24-30.

［143］迈克尔·桑德尔. 金钱不能买什么——市场的道德局限［M］. 邓正来，译. 北京：中信出版集团股份有限公司，2022.

［144］塞缪尔·亨廷顿. 文明的冲突［J］. 张林宏，译. 国外社会科学，1993（10）：18-23.

［145］克莱·舍基. 未来是湿的——无组织的组织力量.［M］. 胡泳，沈满琳，译. 北京：中国人民大学出版社，2009.

［146］BANDURA A. Social foundations of thought and action: a social cognitive theory［M］. Englewood Cliffs, NJ: Prentice-Hall, 1986: 169-185.

［147］CAMERON K S, QUINN R E. Diagnosing and Changing Organizational Culture［M］. Massachusetts: Addison-Wesley, 2006.

［148］GRAY S J. Towards a Theory of Cultural Influence on the Development of Accounting Systems Internationally［J］. Abacus, 1988, 24（1）: 1-15.

［149］GURAGAI B, N C HUNT, M P NERI, et al. Accounting Information Systems and Ethics Research: Review, Synthesis, and the Future［J］. Journal of Information Systems, 2017, 31（2）: 65-81.

［150］HOFSTEDE G H. Culture's Consequences: International differences in workrelated values［M］. Newbury Park, Calif.: Sage Publieations, 1980.

［151］HATCH M J, SCHULTZ M. The Dynamics of Organizational Identity［J］. Human Relations, 2002, 55（8）.

［152］LEIDNER D E, KAYWORTH T A. Review of Culture in Information Systems Research［J］. MIS Quarterly, 2020, 44（1）.

[153] SCHEIN E H. Organizational Culture and Leadership [M] . Californial: Jossey-Bass, 2010.

[154] SWIDLER A. Culture in action: symbols and strate—gies [J] . American Sociological Review, 1986, 51 (2) : 273-286.

[155] WILLIAMSON O E. The new institutional economics: Taking stock, looking ahead [J] . Journal of Eccnomic Literature, 2000 (3) : 595-613.

后　记

　　踏入财务这个行业，不经意参加工作近三十年了，我现在成了一名"老会计"。回看自己作为一个普通的会计实务工作者，一路脚踏实地、仰望星空地走来，在会计这个底色略显单调的行业里，分明留下一抹阅己、越己、悦己的人生成长亮色。

　　会计是场修行，越往后走，越需要由内向外地生发出快乐，既然是修行，就要具有利他的思想。"中华优秀传统文化在现代管理中的创造性转化与创新性发展工程"旨在将中华优秀传统文化与现代管理融会贯通，希望中国管理学界汲取中华优秀传统文化的智慧和力量，从管理思想的根上守正创新，把弘扬中华优秀传统文化这项事业推向企业、推向社会，教化人们管理有道、生财有道、成己成物，为社会和谐发展做出贡献。"择一事，终一生"，2020年后，我的会计人生即以弘扬"人本管理会计"为职志，结缘、报恩、和谐、正派、诚信、韧性、公平、正义、发心，凡是净化的、善美的，有助于增进企业员工福祉的，都是"人本管理会计"需要关注的内容。做一位"人本管理会计"的阐述者和践行者，是我的荣幸，也是一名会计人的责任。

　　最初为我的管理会计思维注入人文精神的是稻盛和夫的经营哲学"敬天爱人"，在此之前，虽然认为理财目标是"企业价值最大化"，但"股东财富最大化"对我的影响才是最大的。我一度认为，财务天然地应该把出资人的利益作为首要的财务目标，因此在为员工争取利益时总觉得底气不足，甚至陷入良心的困局。在学习了稻盛和夫的阿米巴经营理念后，我开始尝试划小经营核算，利用价本利测算团队的盈亏平衡点，将员工收益放在第一位，从而打开了绩效考核困局，且收效显著，帮助企业平稳地度过了新冠疫情困难时期，由此形成的《数字经济时代创新阿米巴经营模式在技术服务业中的应用》获 2019 年辽宁省企业管理进步成果二等奖，2021 年本人更是获得中央财经大学会计学院和中国管理会计研究与发展中心颁发的管理会计优秀实践专家和中国管理会计优秀实践奖。更值得欣慰的是，2022 年年底我调离原单位，很多同事发来信息，送上感谢和祝福，直到现在，同事再见到我时还会提及这一制度，让我理解了什么叫"但行好事，莫问前程"，大家的认可给了我极大的信心，为我研究"人本管理会计"奠定了深厚的实践基础。

中华优秀传统文化博大精深，我所学到的只是皮毛而已，见天地、见苍生、见自己，永无止境。感谢北京师范大学文学院博士生导师孟琢教授，跟随孟老师我学完了《论语》《大学》《中庸》《孟子》；感谢"哲学王子"王德峰教授，跟随王老师我学习了《阳明心学与当代人生》《马克思的哲学与当代意义》《传习录》《中西方文化差异的渊源》《道德经》《坛经》《红楼梦》《大学》《金刚经》等；感谢钟永圣博士讲解的《管子选讲》《中国经典经济学》。恒大集团的财务困境是促使我写《人本管理会计》一书的重大起因，我深深地感受到，如果人内心的"导航系统"出了问题，即便有再精准的科技导航又有什么用？我认为，财务管理者内心的"导航系统"就是中华人文精神，中国式现代化必须为传统管理会计的各种科技工具导航体系建立"中国传统理财思想"这一"总指挥"。2024 年 11 月，读完《红楼梦》后，我好长时间回不过神来，感觉内心被掏空了。宝钗在第五十六回中说："学问中便是正事，此刻于小事上用学问一提，那小事越发作高一层了。不拿学问提着，便都流入世俗去了。""人本管理会计"就是这样的学问。如果没有"人本管理会计"的人文精神，传统管理会计"见物不见人"的利益最大化，会像王德峰教授所说的那样，使越来越多的人为争取个人利益而不择手段，基层民众生活困苦却得不到应有的关注，成功人士之间明争暗斗，普通百姓对所谓"精英阶层"也生出不满。人的工作如果除了谋利再没有其他意义，自然会丧失精神家园，企业也不过是"你方唱罢我登场"，我也会淹没于世俗中，内心必将充满不安。

大漠、雪山、戈壁、森林，玄奘西行的路是九死一生，但这阻挡不了他求得真经的信念。玄奘的一生虽然历经艰辛，但他有自己的目标和信仰，将毕生的精力倾注于他的事业，内心与道相应、与法相契，这是最富有的人生，所以我是羡慕他的。"静坐常思己过，闲谈莫论人非。"在本书中能够说出自己对财务管理的真实感悟，能够为提高文化自信做点事情，为建设中国自主会计知识体系出一分力，所谓困难也就不值得一提了。

感谢我的工作单位大连理工大学，每天从家里到单位，行走在校园里，看着迎春花、桃花、玉兰花、樱花、丁香花、蔷薇花陆续开放，直到梧桐叶黄了，银杏叶也黄了，还有凌水湖里的黑天鹅，遛弯闲逛的小猫咪，仿佛是一幅画儿。感谢王清湘教授，躬耕三尺讲台，木铎金声，滋兰树蕙，对我而言是"高山仰止，景行行止"，认识王老师近二十年，他不管是在工作中还是生活中，都是坚定地鼓励我、认可我、关心我，甚至袒护我，让我在温暖中坚定地走自己的路。感谢王延章教授，他任大连理工大学电子政务研究院院长、电子政务模拟仿真国家地方联合工程研究中心主任，在信息管理与集成技术等领域声名远扬，是我学习的楷模，他学问做得好，对身心系统自我管理也颇有研究。在很长一段时间里，我中午都会和王老师打一个多小时的乒乓球，感受着他的人格魅力。感谢王老师的言传身教，让我体会到他的达观人生，净化了我的身心。感谢多年来共同前行的领导和朋友，包容我的愚钝，指导我把职业当专业，把专业当事业，这份浓情在我心里成为永久的积淀。感谢我的导师傅丹教授和窦洪波教授等，恩师多年来一直关注着我，让我不敢懈怠。感谢东北财经大学的樱花雨，烂漫财园。感谢我的家乡甘肃黄土高原，行走在乌鞘岭上遥想少年霍去病封狼居胥，感受"大漠孤烟直，长河落日圆""黄河远上白云间，一片孤城万仞山"的故土风光，血液里流着八千年文化的基因，复苏了秦腔里"愿得此身长报国，何须生入玉门关"的家国情怀，出生在那儿，注定我就是一个传统的人。

最后，我要深深地感谢我的家人。感谢父母含辛茹苦养育了我，感谢岳父岳母对我无微不至的关心，他们已是古稀耄耋，而我仍在远游，望保重身体，祝你们身体健康，我们一定会常回家看看。感谢我的姊妹们，感谢你们长期以来对父母的照料，免除了我的后顾之忧。曾记得，小时候步行到镇上赶集，人困马乏，跟两个姐姐约定，等我挣钱了，给她们买火车站前小吃摊上的卤肘子吃，是那么的单纯美好。今年春节回家，大姐听我说夏天腿凉，大冬天出去挖草药，剪好装在袋子里，嘱咐我等入伏了煮水泡脚；二姐和妹妹，到野外找寻麻子蜂窝，向别人要了苦胆汁，寻得"偏方"治我的腿凉。感时思弟妹，不寐百忧生，等书出版了，我会给你们每人一本，虽然可能不知我写的是什么，但我知道你们是开心的。感谢我的妻子常燕妮，要说上学时爱学习是一种优点的话，工作后我还不停地学习与考试，无疑让她吃了很多的苦。一路走来，记忆推远到1989年的秋天，那高中的时光，兰州的春夏秋冬，以及我们共同熟悉的歌，这是我们简单的幸福。感谢儿子，心地善良是我最大的欣慰，我希望在我的身上，你能看到"天行健，君子以自强不息；地势坤，君子以厚德载物"的进取向上的精神与包容担当。我们大多数都是缺乏智慧的人，唯一的共同点是头顶苍穹，弯着腰往高处走，努力地生活，以虔诚面对人生，始终心怀感恩，谦虚律己，同时不忘对他人施以关爱和善意。

本书的出版离不开各位专家、教授的审阅和指正，衷心地感谢他们！本书也是在学习和借鉴前人研究成果的基础上完成的，在此，对这些素未谋面的作者们致以诚挚的谢意！

王俊清
二〇二五年一月于大连理工大学令希图书馆

N